幕末の女医

楠本イネ

シーボルトの娘と家族の肖像

宇神幸男 著

現代書館

まえがき

幕末から明治を生きた一人の女性がいました。名を楠本イネといい、来日したシーボルトと長崎の日本人妻たき（タキ、瀧）との間に生まれたいわゆる混血女性です。イネ（稲、以祢、い祢、伊篤）は父と同じ医師になることを志し、さまざまな苦難を乗り越えて夢を実現した、と伝えられています。

昭和四十五年（一九七〇）、ＴＢＳの連続テレビドラマ「オランダおいね」（脚本横光晃）によって、著者は楠本イネを初めて知りました。話題作であったと記憶します。昭和五十二年（一九七七）のＮＨＫ大河ドラマ「花神《かしん》」（原作司馬遼太郎）で、楠本イネは再びテレビに登場します。

昭和四十五年以降と限定しなければなりませんが、この二つのテレビドラマで楠本イネは広く知られるようになりました。しかし、画面に登場したイネは実像とはかけ離れています。

近年、シーボルトの顕彰・研究・出版はますます盛んで、毎年、シーボルトに関する何らかの論文が発表されています。一方、楠本イネの伝記は、児童図書や漫画のほかには一冊もありません。

シーボルト記念館元館長の福井英俊氏が、多くの文献にイネのことが書かれているが、小説を根拠にしたものさえある、と指摘したのは平成三年（一九九一）のことです。昭和五十三年に刊行された吉村昭の『ふぉん・しいほるとの娘』は優れた小説ですが、いまもってイネの人物伝として読まれ、同著を安易に引用あるいは要約して楠本イネを紹介している例はあとを絶ちません。

また、楠本イネ（と娘高子）について書かれた粗雑な文章は、インターネット上も含め、枚挙にいとまがありません。

著者は楠本イネ（と家族）の実像を再現すべく、最新のものも含めて既出の史・資料、文献・図書・論文を検証し、疑義や不明な点は先学にご教示を仰ぎ、俗説・誤説・通説と史実を截然しました。また、幸運にも、いくつかの新史料を得ることができました。

イネと高子の生涯が劇的であることを、著者はある程度は想定していましたが、その生涯の波乱万丈、その人生の悲痛なことは想像をはるかに超えていました。その報告書とでもいうべき小著ですが、御一読願えれば、これにまさる喜びはありません。

なお、在野の著者の調査能力には限界があり、浅学菲才ゆえの錯誤もあるかと思います。御批正を仰ぎたく存じます。

- 人物の年齢は、享年あるいは数え年と書いていない場合は、すべて満年齢である。
- 和暦を優先し、必要に応じて西暦を優先あるいは併記した。
- 元号は、改元された年の一月一日に遡及しない。（例）安政が万延と改元されたのは安政七年三月十八日である。桜田門外ノ変は万延元年三月三日ではなく、安政七年三月三日とする。
- 作中、文書や書簡等の紹介・引用にあたっては、その多くを現代文に訳した。原文は当時の文語体（いわゆる候文）であることに留意されたい。
- 本文中の敬称は略した。

幕末の女医　楠本イネ

——シーボルトの娘と家族の肖像

目次

コラム

楠本イネ略系図

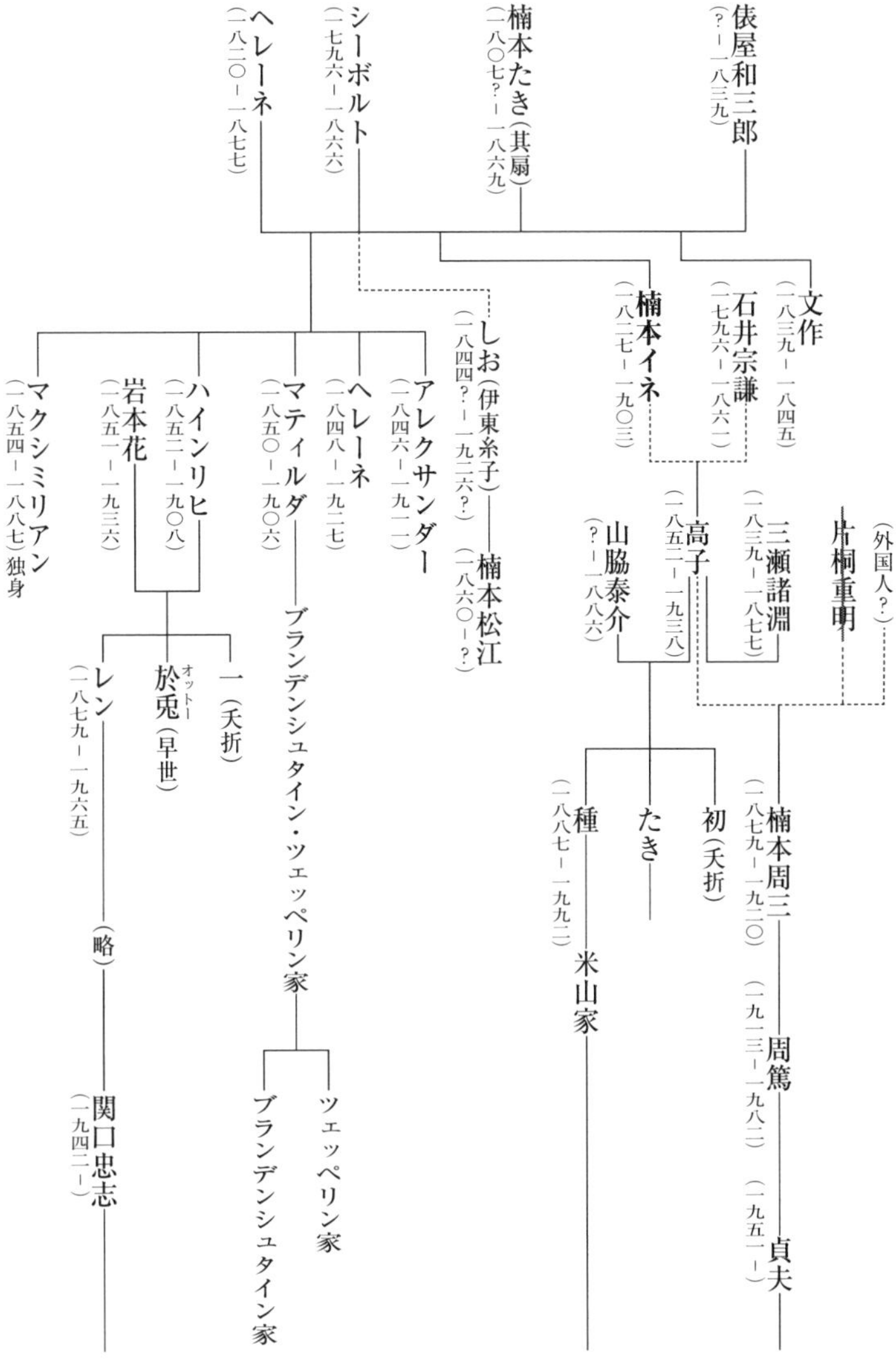

俵屋和三郎（?－一八三九）
楠本たき（其扇）（一八〇七?－一八六九）
シーボルト（一七九六－一八六六）
ヘレーネ（一八二〇－一八七七）
文作（一八三九－一八四五）
石井宗謙（一七九六－一八六一）
楠本イネ（一八二七－一九〇三）
しお（伊東糸子）（一八四四?－一九二六?）
楠本松江（一八六〇－?）
アレクサンダー（一八四六－一九一一）
ヘレーネ（一八四八－一九二七）
マティルダ（一八五〇－一九〇六）
ハインリヒ（一八五二－一九〇八）
岩本花（一八五一－一九三六）
マクシミリアン（一八五四－一八八七）独身
（外国人?）
片桐重明
三瀬諸淵（一八三九－一八七七）
高子（一八五二－一九三八）
山脇泰介（?－一八八六）
楠本周三（一八七九－一九二〇）
周篤（一九一三－一九八二）
貞夫（一九五一－）
初（夭折）
たき
種（一八八七－一九九二）
米山家
一（夭折）
於兎《オットー》（早世）
レン（一八七九－一九六五）
（略）
関口忠志（一九四二－）
ブランデンシュタイン・ツェッペリン家
ツェッペリン家
ブランデンシュタイン家

第一章　シーボルトの来日と追放

来日まで

シーボルトについては多くの文献・図書があり、いまさらの感もあるが、楠本イネの父である以上、言及しないわけにはいかない。

フィリップ・フランツ・バルタザル・フォン・シーボルトは、一七九六年（寛政八）二月十七日、バイエルン王国のヴュルツブルク★に生まれた。ヴュルツブルクは、南ドイツのマイン川中流域に位置し、中世には宗教都市として栄え、一五八二年（天正十）に大学がつくられると、学問・文化の中心地となり、シーボルトが生まれた頃はバイエルン王国の雄都であった。シーボルト一族は医学の名門で、祖父、父、叔父がヴュルツブルク大学の医学部教授であった。父ヨハンはシーボルトが一歳一カ月のとき、三十一歳で急逝した。シーボルトには兄と妹がいたが、いずれも夭折し、母マリア・アポロニア・ヨセフィンは一人息子のシーボルトを連れ、シーボルトの伯父にあたるフランツ・ヨゼフ・

ヴュルツブルク
ヴュルツブルクを訪れたモーツァルトは妻への手紙に「きらびやかな街」と記し、ゲーテやワーグナーもこの街を賞で、ヘルマン・ヘッセは「この街が私の故郷であればよいのに」と語っている。

ロッツのもとに身を寄せた。この伯父は、ヴュルツブルクからマイン川を少しさかのぼったハイディングスフェルトの教会の司祭で、熱心に甥の教育にあたった。

一八一五年（文化十二）、シーボルトはヴュルツブルク大学医学部に進学した。シーボルトに多大な影響を与えたのは、父ヨハンのかつての友人であったイグナツ・フォン・ドリンガー教授で、ドリンガーはシーボルトを自宅に下宿させ、解剖学、生理学、動植物の観察と分類方法などを手ほどきした。学生時代のシーボルトは青白い優等生ではなく、コルプス・メナーニャという学生団の議長に選ばれ、負けず嫌いで、しばしば剣をぬいて決闘に及び、その顔にはいくつもの刀疵があった。

一八二〇年（文政三）九月、大学を卒業したシーボルトは、母の暮らすハイディングスフェルトでひとまず医院を開業したが、ヨーロッパを離れて動植物学や人種学の研究をしたいと夢見ていた。シーボルトの叔父にアダム・エリアス・フォン・シーボルトというベルリン大学医学部教授がいた。この叔父はオランダの軍医総監ハルバウアーと旧知の仲だったので、甥の希望を叶えるべくハルバウアーに相談した。その結果、日本のオランダ商館の医師になる道が開かれた。

なお、シーボルトの日本派遣には以下のような歴史的・政治的な背景があった。

一七九五年（寛政七）、オランダ（ネーデルランド連邦共和国）は、ナポレオンによってフランスに占領され、その虚をついてイギリスがオランダ領東インドに侵攻した。やむなくオランダは、中立国であるアメリカの船を傭い、ほそぼそと対日貿易を続けた。一八一一年（文化八）、イギリスがジャワ島のバタヴィア（ジャカルタの古称）を占領すると、オランダは日本に貿易船を派遣できなくなり、長崎出島のオランダ商館は完全に休業状態となった。

やがてナポレオンが失脚すると、オラニエ王子がオランダ国王ウィレム一世となり、一八一四年（文化十一）、オランダはイギリスと平和条約を締結し、イギリスに奪われていた旧オランダ領東インドが返還された。

新生オランダ王国は、財政再建の一助として対日貿易の拡大を目論んだが、そのためには日本の総合的な再調査が急務であり、シーボルトはまたとない適任者だった。すなわちシーボルトは、オランダ政府からすれば情報調査員で、表向きはオランダ人医師として日本に派遣したドイツ人ということになる。

その頃の日本

シーボルトが生まれた一七九六年は、日本では寛政八年で、寛政年間には日本に異国船がしばしば出没した。

寛政四年（一七九二）九月、使節アダム・ラクスマンの乗るロシア船エカテリーナ号が根室に来航した。ペリーの黒船騒動の五十年前である。ロシアに漂流した大黒屋光太夫ら三人の送還と開国要求が目的で、幕府は対応に苦慮したが、「異国船は打ち払うことになっている。国書を持参しても受け取らない。国交窓口は長崎だけであるから江戸に来ることは認めない。漂流民は長崎もしくは蝦夷地《えぞち》で受け取る。通商については長崎奉行と相談すること」と回答し、長崎入港許可証（信牌）を与えた。ラクスマンは一定の成果を得たと考え、長崎へは回航せず、帰国した。

文化元年（一八〇四）九月、信牌を携えたロシアの世界一周艦隊が長崎に来航し、国交を要求したが、使節レザノフは長崎に半年ほど軟禁されたあげく、「中国、朝鮮、琉球、オランダ以外の国とは国交しないのが日本の掟で、議論の余地はない」と申し渡され、国外退去を命じられた。

レザノフは報復措置として、文化三年九月、樺太南部の松前藩の施設を焼き討ちし、文化四年四月、択捉島《えとろふ》で守備兵と交戦した。「文化露寇」あるいは「露寇事件」とよばれる紛争である。

文化五年十月四日、オランダ船拿捕《だほ》の任務を帯びたイギリス海軍のフェートン号がオランダ国旗を掲げて長崎に入港した。オランダ商館員二名と通詞が船に乗り込むと、商館員は艦内に監禁され、通詞は海に身を投じて脱出した。フェートン号はユニオンジャックを掲げ、武装ボートで湾内のオランダ船を捜索し、上陸して狼藉を働いた。

長崎奉行松平康英は、長崎港を警備する佐賀藩と福岡藩にフェートン号焼き打ちの準備を命じたが、泰平の世に馴れた佐賀藩は長崎警備兵を無断で減員していた。急遽、松平康英は薩摩藩、熊本藩、久留米藩、大村藩に援軍を求めた。

フェートン号は薪水と食糧を要求し、応じなければ湾内の日本船と中国船を残らず焼き払い、長崎の街も焼くと脅迫した。松平康英は時間稼ぎのために少量の水を提供したが、オランダ商館が充分な薪水と牛、豚などの食糧を送ったので、フェートン号は長崎湾を測量しながら去った。松平康英は責任を取って切腹し、佐賀藩は家老等数名を切腹させて幕府に謝罪、藩主鍋島斉直《なりなお》には百日の閉門が命じられた。――「フェートン号事件」である。

文化八年、国後島《くなしり》を測量中のロシアのディアナ号を松前藩が捕捉し、艦長ゴローニンらを抑留した。

翌年、ゴローニン抑留の報復として、北洋漁業の開発者高田屋嘉兵衛が国後島でロシア人に捕らえられた。文化十年、ゴローニンと高田屋嘉兵衛の捕虜交換で事件は終息した。

将軍徳川家斉の文化文政時代、享楽的な町人文化が爛熟する一方、外国との摩擦によって鎖国体制が揺らぎ始める。シーボルトがやって来たのは、そういう時代の日本である。

出島と鳴滝の塾

一八二三年八月八日（文政六年七月三日）の夕刻、シーボルトと新任の商館長ヨハン・ウィレム・ド・スチュルレルの乗る商船が長崎湾南端の野母崎《のもざき》沖に停泊した。

臨検のため、奉行所の検使と数人の通詞が乗船した。シーボルトは、通詞の流暢なオランダ語に驚く。通詞はシーボルトのオランダ語に違和感を覚え、次つぎに質問を浴びせた。オランダ人ではないことが露見すれば入国はできない。シーボルトは「自分は高地ドイツ人である」と答えたが、通詞はこれを「高地オランダ人」と誤訳した。オランダに高地はない。オランダ語には堪能な通詞もオランダという国については知識がなかった。それでシーボルトは危うく難を逃れた、というのは有名な話である。

出島には商館長、商館長次席、商館員、商館医師、彼らの従者の住宅があり、貿易品の倉庫があった。ビリヤードができる娯楽室もあり、庭でバドミントンに興じることもできた。菜園があり、牛、豚、山羊、羊の小屋があり、鵞鳥が放し飼いにされ、猿、犬、猫、オウムもいた。また、通詞や出島乙名とよばれる町差配の官舎があり、わずかな町人もいた。出島は超過密施設で、あちこちで異国語と日本語が飛び交い、家畜や鳥の鳴き声、犬の吠え声が聞こえ、潮の香りに混じって家畜の異臭が漂う賑やかな異空間であった。

シーボルトは東インド政庁から年俸以外に多額の研究費を支給され、出島の居宅の増築費用、植物園の管理費用も支給された。シーボルトが整備した出島の植物園は、植物標本を作るためであったが、日本茶、もち米、藍などの園地でもあった。苗木はバタヴィアの栽培園に輸送され、そこから遠くヨーロッパへと運ばれた。

商館医は日本人の治療をすることがあったし、日本人医師への指導も認められていた。シーボルトは医療活動のほか、医学や自然科学を講義したが、受講を希望する者が多く、彼らは通詞の従者ということにして出島に出入りを許可された。

出島に出入りができるのは奉行所役人、通詞、出島乙名、出島町人、遊女に限られていた。オランダ人も原則として出島を出ることを禁止され、商館員たちは出島を「国立監獄」と自虐的によんでいた。商館医は薬草採集の名目で長崎近郊に出ることを許され、役人と通詞が付き添った。医師シーボルトの名は津々浦々に知れ、病人を路傍に連れ出して診察を乞う者もいた。シーボルトは治療の報酬を金銭ではなく、もっぱら物品で受け取り、収集品★とした。やがて、シーボルトは自由に出島の外へ出たいと願い、商館長スチュルレルが長崎奉行に嘆願した結果、蘭方医吉雄幸載、楢林栄建・宗建兄弟の塾に出かけて医療や講義ができ

収集品
明治35年、帝国学士院会員三上参次がオランダのライデン市の日本博物館を訪ねた際、その点数の夥しいこと、位牌の置かれた仏壇、浅草で見世物になっていた人魚のミイラまで展示されていたことに驚いている。これらをシーボルトは「日本の珍奇品収集物」と称していた。

るようになった。

医師シーボルトは腹水穿刺、腫瘍切除、鉗子を用いた分娩術、散瞳薬を用いた眼科手術など、当時としては最先端の大胆な治療を行った。その名声は上方、江戸はもちろん日本各地に伝わり、多くの蘭方医が長崎にやって来た。門人はいずれも十代、二十代で、シーボルトは、オランダ語を話す若い日本人医師たちが続々と押しかけて来たことに驚いた。するうちに、シーボルトは出島の外に民家を購入し、収集品の収蔵庫及び研究室、塾舎にすることを思い立った。これは前例のないことであったが、町年寄高島四郎太夫、通詞中山作三郎らの尽力によって実現した。

六千坪ほどの土地と民家は市街地の北、法華宗七面社の参道の途中にあり、鳴滝という小さな滝があった。家屋は木造二階建ての母屋と土蔵からなり、シーボルトは母屋の一階を診療室、二階を学塾にした。以後、鳴滝邸は医学教育の現場となり、日本研究の拠点となる。

長崎港と出島図（シーボルト著『日本』所収）

シーボルトの研究対象は百科全書的で、自然、地理、歴史、風俗、さらには政治・軍事に関する調査も含まれていた。シーボルトは研究を効率化するため、塾生にテーマを与えて論文を提出させ、植物標本を製作させた。
シーボルトの門人で名前が伝わっている者は五十名を超え、多少ともその教えを受けた者は数知れない。美馬順三（一七九五〜一八二五）はシーボルト門人中の最年長で、鳴滝の塾の初代塾頭である。シーボルトに入門すると、師に傾倒心酔した。美馬はシーボルトの母アポロニアに手紙を送るなど、師弟の関係は非常に濃密だったが、入門二年後、三十歳で病没し、シーボルトを落胆させた。

以下、楠本イネと関わりのある門弟について、生年順にその略歴を記しておく。

石井宗謙（一七九六～一八六一）は美作《みまさか》（岡山県）の医家に生まれ、シーボルトの最初期からの門弟である。オランダ語に優れ、シーボルトから日本の昆虫、特に蜘蛛に関する書物の翻訳や論文の提出を命じられた。シーボルト離日後は岡山城下で開業し、のちに江戸で幕府に仕える。

高良斎（一七九九～一八四六）は阿波徳島藩の上級藩士の家に生まれ、眼科医高錦国の養子となる。塾生として論文『日本疾病志』を提出している。シーボルト退去後は大坂で眼科を開業、大名を診察するなどした。

佐野博洋（一八〇一～七七）は豊後杵築藩の医家に生まれ、文政九年から十二年までシーボルトに入門した。

鳴滝塾図（長崎大学附属図書館経済学部分館蔵）

二宮敬作（一八〇四～六二）は伊予宇和島藩領に生まれ、十五歳のとき、長崎に遊学し、通詞中山作三郎、吉雄権之助からオランダ語、美馬順三からオランダ医学を学んだ。シーボルトの弟子になると、鳴滝邸に住むことを許され、生活費の援助を受けた。
高野長英（一八〇四～五〇）は陸奥水沢出身で、窮乏していたため鳴滝の塾に住み込み、翻訳料を給付された。提出した論文に「日本における茶樹の栽培と茶の製法」などがある。
門弟ではないが、長崎の絵師川原慶賀（一七八六～不詳）はシーボルトのお抱え画家となり、多数の描画を残した。

たきとの結婚

出島の入口の橋のたもとに制札場があった。制札に書かれた禁制第一条は「傾城《けいせい》之《の》外《ほか》女《おんな》入事《はいること》」で、「遊女以外の女性は立入禁止」ということである。

長崎の丸山遊郭は江戸の吉原、京都の嶋原とならんで日本三大遊郭といわれ、長崎は国際都市だけに丸山遊女の衣裳、装飾品の絢爛豪華なことは吉原、嶋原の比ではなく、その生活ぶりも豪奢であった。遊女には日本人を相手にする「日本行き」、唐人を相手にする「唐人行き」、出島のオランダ人を相手にする「阿蘭陀《おらんだ》行き」があった。

宮本由紀子の論文「丸山遊女の生活――『長崎奉行所判決記録犯科帳』の分析を中心として」（『駒澤史学』31号）によれば、延宝年間の記録では丸山町に遊女屋三〇軒・遊女三三五人、寄合町に遊女屋四四軒・遊女四三一人がいた。遊女七六六人のうち太夫一二七人、日本行きはわずかに十人であった。日本行きは最高位の遊女で、太夫がこれに次ぎ、阿蘭陀行きは唐人行きより格が低かった。

長崎の遊女については、古賀十二郎★の大著『丸山遊女と唐紅毛人』に詳細な記述があり、シーボルト、妻のたき、娘イネに関する貴重な研究も収録されている。

二十七歳のシーボルトは、来日後三カ月も経たない九月（日不詳）、其扇《そのぎ》という十五

古賀十二郎
明治12年生まれ、昭和29年没。長崎学の始祖といわれる郷土史家。

歳の阿蘭陀行き遊女を出島に迎えた。其扇の本名はたき。たきの茶色がかった瞳は西洋人にとって神秘的で、たきはその容姿でシーボルトの心を奪った。

たきの先祖は長崎の海岸部野母崎の住人で、その後、長崎市中の銅座橋近くに移り住んだという。代々、商家（材木商か）を営み、楠本と名乗っていた。長崎市の高台にある海雲山皓臺寺《こうたいじ》に楠本家墓所がある。楠本家の初代は嘉四郎といい、明和二年（一七六五）に没している。

たきの父は左平、母はきよといった。たきは左平の七人の子の四番目の娘で、姉につね、よね、まさ、弟に善次郎（善四郎とも）、妹にさだ、ふみがいた。左平は家業の経営に失敗し、銅座橋近くの屋敷は人手に渡り、銅座跡の長屋でこんにゃく屋を開業した。困窮した左平は、長女つねを丸山遊郭引田屋の遊女にする。つねは源氏名を千歳といい、阿蘭陀行きの遊女となった。たきも一家を救うために引田屋の遊女となり、其扇と名乗った。

オランダ商館員には、たいてい専属の遊女がいた。シーボルトの同僚では、商館員アルベルト・マヌエルに引田屋の滝尾がいて、一子を生している。フルケルキ・ヒストゥリュスには筑後屋の高瀬、ヒイトル・ファン・オウンテレンには引田屋の左門太がいた。

文政八年（一八二五）六月、シーボルトの助手としてフィレネーフェとビュルガーが出島に派遣されるが、フィレネーフェは油屋の青柳、ビュルガーは引田屋の千歳（たきの姉つね）を専属の遊女とした。商館員には複数の遊女と関係を持つ者もいたが、シーボルトが馴染んだのは其扇だけであった。

川原慶賀が三十歳頃のシーボルトを描いた肖像画がある。高い襟と金モールの肩章がついた藍色の軍服を着て、左肩に黒いマントをかけている。決闘による顔の刀疵は描かれていない。美化されているとして、それを割り引いても、猟犬のような精悍な風貌である。しかも、シーボルトは長身の偉丈夫であった。たきにはさだめし畏怖すべき紅毛人に見えたに違いない。しかし二人は結ばれ、シーボルトはたきを「オタクサ（おたきさん）」、「ホマエ（お前）」、「ソノギサマ（其扇様）」などとよび、十二歳年下の美少女に惜しみない愛情を注ぐ。

「わたしもまた、古いオランダの習慣にしたがい、一時的ではありますが、愛くるしい十六歳の日本女性と結ばれています。わたしは、おそらく彼女をヨーロッパの女性と取り換えることはないでしょう」

シーボルトが伯父ロッツに宛てた一八二三年（文政六）十一月十五日付の書簡の一節である。古いオランダの習慣というのは、オランダ東インド会社の規約のことで、商館員は日本に女性を帯同できない代わりに、現地での日本人女性との結婚を奨励されていた。

同じ日に書かれた母マリア・アポロニア宛ての書簡にも、「わたしは賢く選択し、愛くるしい十六歳の日本の女性を迎え、アジアの美人に抱かれています。わたしは彼女をヨーロッパの女性と取り換えることはないでしょう。つい今、わたしの愛する其扇様から母上への手紙が届きました。彼女は何よりも母上の幸せと健康を祈っており、そしてまたわたしを大好きだと言っています」とある。

シーボルト肖像（複製）
（長崎歴史文化博物館蔵）

手紙が書かれたのはシーボルトが来日してわずか三カ月後である。シーボルトが特定の遊女と馴染んで、出島に迎え入れるのは早過ぎるという見方がある。そこで強調されるのが以下の説である。——シーボルトの来日直後、たきが患者として診察を受けた、この若く美しい患者をシーボルトが気に入り、たきは引田屋の仮の遊女として出島に迎えられた。

この仮の遊女は、名付遊女とか仕切遊女とよばれていたというが、はたしてたきは仮の遊女だったのだろうか。

遊女か非遊女か

仕切遊女、名付遊女なる者が存在したのは事実である。宮本由紀子の論文によれば、仕切遊女・名付遊女とは、遊女屋に一〇両から三〇両の金を払って売春する者のことで、宝暦元年（一七五一）四月十九日、仕切遊女・名付遊女一二〇人が奉行所に検挙され、奴女郎（強制された遊女）として三年間の奉公を命じられたという記録がある。しかし、たきはそのような非合法の遊女ではない。

大正十三年（一九二四）四月二十七日、シーボルト来日百年祭が鳴滝塾跡で開催され、たきの孫娘山脇たか子（当時七十二歳）が出席した。このとき配布された『シーボルト先生渡来百年記念論文集』に「シーボルト先生孫女山脇タカ子刀自談　永山時英（長崎県立長崎図書館初代館長）筆記」が収録されている。

「祖母が娼妓であったように思っている人がいるが、母いねから詳しいことを聴いているので、世間の誤解を訂正したい。祖母たきが生まれた銅座跡の楠本家は、長崎県下の野母から出た家で、楠本家の始祖は篤学な人であったという。祖母たきは年頃になると、銅座橋を渡った薩摩屋敷の向かいの、薩摩藩御用の服部屋という貿易商に行儀見習として奉公した。服部屋に出入りする唐人船の船主がたきを見初めた。おりから、たきの噂を聞きつけたシーボルトが通詞の世話でたきを訪ね、一目惚れした。結局、くじ引きでたきはシーボルトに帰した。当時、遊女以外は出島に出入りできなかったので、方便として籍を引田屋に置き、遊女其扇を名乗って出島に出入りした」

世間の誤解を訂正したいとあるから、大正十三年の時点ではたき遊女説が流布していたのであろう。江戸時代にあって遊女は特に珍しい存在ではないし、父母には孝行、遊女屋主人には報恩という儒教的な美徳を体現した女性で、必ずしも世間から蔑視されていたわけではないが、明治以降の西欧化・近代化によって賤業として差別視されるようになり、高子は祖母を遊女ではなかったと強調しているのである。

大正十五年に刊行された呉秀三★の大著『シーボルト先生　其生涯及功業』は、

一、たきは引田屋の抱遊女其扇であった。

二、たきは長崎の富商服部家の侍女であったが、唐人の船長とシーボルトに見初められ、たきはどちらとも決めかねたので、シーボルトと唐人がくじ引きをした結果、たきはシーボルトに帰した。

三、たきは肥後細川家の奥女中で、細川家がシーボルトの診察の返礼として献上した。

と三つの説を紹介している。

同著は長崎史研究家大庭耀の説も紹介している。引田屋の若い遊女其扇がオランダ商館の宴席で他の商館員に侍《はべ》っていたが、シーボルトが其扇に一目惚れし、出島の役人たちが八方手を尽くして其扇を引田

呉秀三

元治2年（1865）生、昭和7年（1932）没。呉家は広島藩支藩新田藩の藩医。母はシーボルトと親交のあった箕作阮甫の長女。『シーボルト先生』は明治29年に120頁の冊子として刊行され、大幅に加筆し、写真・図版を掲載し、資料編を追加した大著『シーボルト先生　其生涯及功業』が大正15年に刊行された。本業は精神科医で、夏目漱石の主治医でもあった。

屋から落籍したという説である。

昭和五十年に刊行された中西啓『長崎のオランダ医たち』は、たきを非遊女としている。明治六年にイネが宮中御用（明治天皇第一子の助産）を命じられたとき、宮内省の厳しい身元調査があり、名義上の遊女であることがわかったので採用された、というのである。「この話は長崎の小曽根家に小曽根乾堂★の遺話として伝承されている」とあるが、宮内省の身元調査についての具体的な記述はなく、ただちに信用することはできない。

楠本イネの最晩年、明治三十三年に作成された楠本家の戸籍では、母の欄は「不詳」となっている。イネが「母不詳」と届けているのは、たきが遊女であったからであろう。たきは遊女であったのか名義上の遊女であったのか……それよりも特筆しなければならないのは、丸山遊女が妊娠出産を公認されていたことであり、これは吉原遊女との決定的な違いで、これによってイネはこの世に生を受けることができたのである。

江戸参府旅行

商館長の江戸参府★は、将軍への儀礼的な表敬訪問に過ぎないが、シーボルトにとっては幕府公認の国内旅行であり、日本研究のまたとない好機であった。

一八二四年（文政七）十一月、シーボルトは江戸参府旅行に必要な人材を確保するため、総督カペ

小曽根乾堂

長崎の貿易商。坂本龍馬の支援者として知られる。篆刻家としても優れ、明治4年、明治政府の命により御《ぎょ》璽《じ》・国璽《こくじ》を作製した。

レンに対して、医師、助手、画家の派遣を要請した。翌一八二五年八月八日、ハインリヒ・ビュルガーとカール・フーベルト・デュ・フィレネーフェの二人が出島に着任した。ハーグ生まれのフィレネーフェは東インド政庁で経理の仕事をしていたが、画才を見込まれて派遣された。ビュルガーはドイツ人で、医師の資格も持つ薬剤師である。

シーボルトは江戸滞在をできるだけ延長したいと考え、蝦夷地も訪ねたいと願ったが、結果的にはいずれも実現しなかった。江戸参府旅行についてはシーボルトの旅行記があり、解説書や研究書も多いので、以下に概要を記す。

一八二六年二月十五日（文政九年一月九日）の早朝、参府行列が出島を出発した。スチュルレル、シーボルト、ビュルガーのほか、検使、通詞、書記、雑用係、運搬人夫、料理人、剝製職人など総勢五七名。多数の献上品に加え、シーボルトが医療機器、測量機器、薬品、書籍類のほか、竪型ピアノまで携行したので、運搬には多くの人員を要した。カピタン一行の江戸参府は、長崎のいわば正月の恒例行事で、沿道には行列の見物人が溢れた。この群集の中に見送りのたきがいたかどうかは定かではない。

シーボルトは描画の巧みなフィレネーフェの同行を求めたが、奉行所に却下されたので、川原慶賀が同行した。門人の高良斎、二宮敬作、石井宗謙、湊長安が同行し、行列の先になり後になって調査、観測、収集にあたった。

行列図（シーボルト著『日本』所収）

商館長の江戸参府

初めは毎年の行事であったが、この頃はほぼ4年に1度に簡略化されていた。

シーボルトは行く先々で気温・湿度を測り、緯度経度を測量した。下関海峡では水深を測定し、測量しながら渡った。のちに海峡図を作成し、ファン・デア・カペレン海峡と命名した。シーボルトの日本行きを支援した総督カペレンに敬意を表してである。

二月二十三日から三月二日まで、下関のオランダ宿佐甲甚右衛門方に滞在した。多数の門人や知人が来訪、病人の診察・手術をした。来訪者の一人に萩の御用商人熊谷義比《くまやよしかず》がいる。熊谷はいわば蘭癖商人である。蘭医や文人を後援し、シーボルトの情報提供者の一人であった。

三月六日、日比（岡山県玉野市）の塩田を見学。塩田の観察に時間がかかり、植物採集を始めたとき、商館長スチュルレルに呼び戻された。これ以後、シーボルトとスチュルレルとの関係は日を追って険悪になる。

七日、室津（兵庫県）に上陸。翌日から陸路をたどる。九日、姫路城を見る。十日、播州高砂の曽根の松と石の宝殿（日本三大奇岩）を見物。十三日に大坂に到着、十七日に大坂を出発し、二十四日まで京都に滞在。病人を連れて多数の医師が来訪したので、名所見物を帰路に延期。従二位権中納言小倉豊季《おぐらとよすえ》が微行《おしのび》で娘と息子を連れて来訪し、シーボルトは公家のお歯黒に驚く。

尾張熱田へ向かう途中、湊長安が鈴鹿で大山椒魚を入手した。のちにシーボルトは雌雄の大山椒魚を手に入れ、一匹はアムステルダム水族館で五十年以上生存する。

三月三十日、岡崎の矢矧《やはぎ》橋を渡る際、この東海道最長の木造橋を川原慶賀にスケッチさせ、のちに模型を製作した。

四月二日、大井川の川越人足を川原慶賀に描かせた。七日、快晴の富士山を見る。このときシーボルトが二宮敬作に富士山の高さを測量させたとする文献が多いが、誤りである。谷有二『黒船富士山に登る！　幕末外交異聞』（同朋舎）によると、敬作が富士山の登頂と計測に成功したのは文政十一年六月で、測量には気圧計を用い、標高は三七九四・五メートルで、実際よりわずかに一八・五メートルだけ高いという。

九日、川崎宿に投宿。翌日、大森で薩摩藩前藩主島津重豪《しげひで》★、中津藩前藩主奥平昌高の歓迎を受けた。午後二時、江戸日本橋本石《ほんごく》町の長崎屋に到着。薬種商長崎屋はカピタン一行の宿で、主人源右衛門が一行の世話をした。

長崎屋には多くの来訪者があった。将軍家奥医師の桂川甫賢、石坂宗哲、土生玄碩《はぶげんせき》や、蘭学者宇田川榕菴、仙台藩の藩医大槻玄沢などである。シーボルトは彼らに医療器具を見せ、病人の治療を見学させた。

十六日、北方探検家の最上徳内《もがみとくない》と間宮林蔵が来訪。以後、最上徳内は毎日のように来訪し、シーボルトは樺太探検の話や蝦夷地に関する情報を聴き、秘密厳守を約束して蝦夷・樺太の海図や地図を借りて複写した。

二十五日、シーボルトは散瞳薬を点眼して瞳孔を開く実験を公開し、眼科医土生玄碩は治療に飛躍的な効果をもたらす散瞳薬の成分についてシーボルトに訊ねた。シーボルトは教えるのを渋り、息子の土生玄昌が、将軍家斉から拝領した羽織をシーボルトに贈り、散瞳薬の成分と薬草の産地を聴き出した。このことで、のちに土生父子は幕府に処罰される。

島津重豪

将軍家斉の正室は島津重豪の娘で、重豪は外様大名家では前例のない将軍の舅である。高輪の薩摩藩下屋敷に住んでいた重豪は「高輪下馬将軍」といわれ、権勢をふるった。

大名も長崎屋のシーボルトを訪ねた。島津重豪は八十一歳であったが、「どう見ても六十歳前後にしか見えない、開明的で聡明な君主」とシーボルトは書いている。シーボルトは老侯の側室の胸をはだけて診察したが、側室の挙措は貴婦人のようであった。老侯はお気に入りの十七歳の曽孫を同伴していた。のちの薩摩藩十一代藩主島津斉彬《なりあきら》である。

中津藩前藩主奥平昌高は島津重豪の二男で、父親譲りの蘭癖大名である。昌高は十五歳の息子で現藩主の昌暢を同伴し、父子はシーボルトの奏でるピアノに耳を傾けた。

五月一日（旧暦三月二十五日）朝六時、シーボルトは商館長とともに長崎屋を出発。駕籠で江戸城大手門に着くと、番所でしばし休憩。大目付、奉行らが出迎え、御殿前まで歩くと、控えの間で再び休憩。拝謁の大広間で予行練習後、しばし待機。拝謁席で拝跪していると、「オランダ、カピタン！」と奏者番の声がかかった。これで拝謁は終わり、シーボルトは将軍の顔を見ることもなかった。

江戸滞在中、特筆すべきこととして高橋作左衛門景保《かげやす》との交流がある。高橋景保は幕府の地理・天文・洋書に関する最高責任者である。高橋が見せた日本地図をシーボルトは垂涎し、クルーゼンシュテルン★の『世界周航記』及びオランダ領東インドの地図と交換することを条件に、地図の写しの提供を申し出た。地図類を外国人に渡すことは国禁である。高橋景保は躊躇したが、結局は要求を受け入れた。

長崎への帰途、シーボルトは大坂で住友の精銅所を視察し、道頓堀の角座で「妹背山《いもせやま》婦女庭訓《おんなていきん》」を観劇した。一八二六年七月七日（文政九年六月三日）、長崎を出発してから一三四日後、江戸参府一行は出島に帰着した。

クルーゼンシュテルン
ロシア海軍提督、探検家。「日本海」の命名者。

コラム

シーボルトのピアノ

日本の音楽もシーボルトの研究対象で、ジャワで購入したピアノを持参した。日本の音楽の採譜をするためであるが、書き残した楽譜はわずかしかなく、ピアノは演奏して楽しむために用いられたようである。伯父ロッツ宛て書簡に「わたしは当地でたいへん穏やかな生活を送っています。特にロンドン製ピアノを奏でるのは楽しみです」と記され、母マリア・アポロニア宛て書簡にも「わたしのロンドン製ピアノは一方は海へ、一方は町へ響いています」と書かれている。シーボルトはたきにピアノを聴かせたり、幼い娘のイネにも子守唄がわりにピアノを奏でたかもしれない。

シーボルトのピアノ（一般社団法人日本ピアノ調律師協会ホームページより）

　ピアノはロンドンのロルフ父子商会が製造した一般家庭用の小型ピアノである。製造年は一八一九年、外観は高級な書斎机のようで、鍵盤は六十八鍵（音域五オクターブ半）。このピアノはシーボルト離日の直前、門人岡研介を通じて熊谷義比に贈られた。ピアノには「我が友熊谷へ別れの記念に　ドクトル・フォン・シーボルト　1828」の書き入れがある。日本に現存する最古のピアノである。

イネの誕生

イネの出生に関しては確実な史料がある。長崎では遊女の妊娠出産が認められていたが、奉行所への報告が厳命されていた。文政十年二月十九日付の「寄合町亥年諸事書上控帳」は、寄合町の乙名が引田屋の遊女其扇の妊娠を長崎奉行所に報告した文書である。

「寄合町引田屋卯太郎抱遊女　其扇　亥弐拾壱歳（其扇　亥二十一歳　文政十年は丁亥年《ひのといどし》）

右の者は去る未《ひつじ》年から外科阿蘭陀人ひいとるひりつふふらんすはんしいほるとが呼び入れていたところ、懐妊したと抱え主から申し出がありましたので、文書をもって報告します」

同年五月七日付の同文書には以下のように記されている。

臍の緒書。「文政十年亥五月六日出生　以祢」の表書きがある（シーボルト記念館蔵・提供）

「乍恐口上書《おそれながらこうじょうのしょ》

寄合町引田屋卯太郎抱遊女　其扇　亥弐拾弐歳

右の者は去る未年から外科阿蘭陀人ひいとるひりつふふらんすはんしいほるとが呼び入れていたところ、懐妊しましたのでお届けしていましたが、銅座跡の親族左平方で昨夜女子を出産したと抱え主から申し出がありましたので、文書をもって報告します」

報告書には「六日四つ頃出産仕り候」という記述がある。たきは銅座跡の父佐平の家で、五月六日夜十時頃にイネを出産したことになる。

　また、以下のような報告書もある。

「差出申一札之事《さしいだしもうすいっさつのこと》
　町内の引田屋卯太郎抱遊女其扇を、去る未年九月から外科阿蘭陀人ひぃとるひりつふふらんすはんしひほるとが（出島に）呼び入れていたところ、懐妊し、昨夜女子を出産しました。女子は其扇の親の銅座跡の佐平方で養育しますが、小児のことなので万一の異変のこともあるでしょうから、片時も油断なく、もしそのようなことがあればただちに申し出るよう厳重に卯太郎に申し付けました」

　史料「唐人番倉田氏の日記」には、

「遊女其扇が生んだ女子に充分な授乳ができないので、乳の出る遊女を（出島に）呼び入れたいと通詞に相談したところ、前例がないので町役人に伺うようにという。相談の結果、乳の出る者を遊女のふりをさせて出入りさせることにした」

とある。授乳のための女性が仮の遊女として出入りしたのである。唐人番倉田氏とは出島の町役人である。

　出産後、たきはイネを一定期間、実家で養育した。それは十月二十四日付「そのきより　しいほると様」の手紙にあきらかである。

「このところ皆は無事に暮らしていますので、どうかご心配なさらぬよう。申し上げたいことが山々あるのですが、借り筆（代筆）なので思うにまかせません。簡略に申し述べますが、おいねの事は何もご心配なさいませんよう、くれぐれもお願いします。あなた様がご機嫌よく生活されますよう、神に祈っております。とりいそぎお知らせします。めでたくかしこ」

門人の誰か（高良斎か）がオランダ語に訳したものをシーボルトに届けたのである。

OTAKSA（おたきさん）
（シーボルト著『日本』所収）

フィレネーフェが描いたたきの肖像画がある。「OTAKSA」と題され、シーボルトの著書『日本』に収録されている。写実的に描かれたたきは、美人には見えないし、可憐という感じでもない。丸顔で豊頬、鼻筋は通っているが、鼻翼が広い。大きくも小さくもない眼は悲しげで、シーボルトとの生活が幸福であったか疑われるほどである。たきは肖像画のモデルという未知の経験で緊張していたのであろうか。まだ日本人を見馴れないフィレネーフェの描写が、アジア人の特徴を誇張しているのかもしれない。

肖像画はもう一枚ある。姉のつねと対になって『日本』に収録されている。つねは「ITOSE（千歳）」、たきは「SONOGI（其扇）」とある。このSONOGIは、OTAKSAより年長に見え、頬もすっきりし、釣り目で鼻が高い。フィレネーフェが日本人の容貌を見馴れたことで、その美点をより的確に描いたのかもしれない。

また、『日本』にはおとみという日本人女性の肖像画が収録され、古賀十二郎はイネの乳母であるとしている。古賀は、糸瀬という禿《かむろ》（遊女見習い）も出島に入ったとし、たきの妹のさだが糸瀬ではないかと推測している。であれば、姉つねが遊女千歳、妹さだも遊女糸瀬で、たきだけが仮の遊女

千歳（上）と其扇（下）
（シーボルト著『日本』所収）

であったとは考え難い。シーボルト、たき、イネ、乳母おとみ、糸瀬（さだ）、従者オルソンの六人が、出島で家族のように暮らしていたのであろう。

出島でのシーボルト、たき、イネの生活を窺う史料はほとんどないが、川原慶賀の画集『唐蘭館絵巻』でわずかに窺うことができる。

その一枚「蘭船入港図」には、二階建ての家屋の物見台が描かれている。オランダ人が望遠鏡で眺めているのは、いままさに入港するオランダ船である。望遠鏡を持った男の右に、緑色の帽子をかぶった人物がいて、望遠鏡の男に何かを語りかけている。この人物がシーボルトと考えられている。

シーボルトの少し後ろに紺色の着物姿の女性が立っている。後ろ姿で、赤い着物を着た茶色い髪の乳児を抱えている。女性はたきで、乳児はイネである。たきに寄り添っているのが従者オルソン少年。物見台の左に階段を上がって来た地味な着物姿の女性がいる。イネの乳母おとみであろう。

また、「宴会図」という一枚がある。広い畳の部屋に大きな食卓があり、靴を履いたままの商館員七名が椅子にかけて食事をしている。大きな窓の向こうに港と異国船が見える。肉をねだりに来た小型の白い洋犬が畳の上で跳ねている。はだしの従者オルソン少年が料理を運んでいる。大皿から料理を取ろうとしている緑色の帽子をかぶったシーボルトらしき人物がいる。その背後に、猫を抱いた紺色の着物姿のたきが立っており、地味な着物を着た乳母おとみがたきに寄り添っている。

蘭船入港図（長崎歴史文化博物館蔵）

宴会図（長崎歴史文化博物館蔵）

シーボルト事件

一八二七年（文政十）七月二十日、東インド政庁はシーボルトの帰還を決定した。翌年の商船で帰国することが決まったわけで、その準備をシーボルトは始めた。

一八二八年八月六日、コルネリオス・ハウトマン号が入港した。たきは港内に停泊しているハウトマン号を見ながら、シーボルトとの別れが近づいたことを嘆いたにちがいない。しかし、シーボルトは帰国しなかった。青天の霹靂ともいえるシーボルト事件が起きたのである。事件については多くの文献書籍があるが、諸説錯雑し、誤説も多いので以下に言及しておく。

長崎を襲った台風によって事件が発覚した、とする通説がある。

九月十七日（和暦八月九日）の夜半から朝にかけて、史上空前といわれる暴風雨が長崎を襲った。ハウトマン号は激浪に翻弄され、稲佐海岸に座礁した。離礁をあれこれ試みた結果、海上に浮上し、修理のため港に戻った。ハウトマン号が再び入港したので、定めによって入港船とみなされ、厳重な入港審査が行われた結果、積荷の中から禁制品の品々が発見された——という、いかにももっともらしい説である。

大破したハウトマン号から積荷が漂流し、浦々に打ち上げられ、その中から禁制品が発見されたという説もある。

梶輝行（横浜薬科大学教授）は論文「蘭船コルネリウス・ハウトマン号とシーボルト事件」（平成八年『鳴滝紀要』第6号）で、台風とシーボルト事件の関係を完全否定している。積み込まれていたのは船体のバランスを取るための銅、この銅は住友製の銅で、輸出商品でもあったが、この銅だけであったという。

幕府の捜査は台風の前から始まっていたのである。

シーボルトは長崎に帰ってからも、高橋景保と互いに通信していた。一八二八年（文政十一）二月二十五日、シーボルトは高橋景保に書簡を送った。書簡には間宮林蔵宛ての荷物が添えられていたので、高橋はこれを間宮に転送した。

間宮林蔵は、長崎屋で一度会っただけのシーボルトから荷物が届いたことに不審を覚えた。外国人との私的な通信は禁止されている。間宮は荷物を開封せず、勘定奉行村垣淡路守定行★に届けた。シーボルトが寄越したのは高価なジャワ更紗《さらさ》一反と、オランダ語の手紙で、手紙には「あなたの学問的業績に敬意を表して、この花柄模様の布を進呈する。ヨーロッパに帰国後、ヨーロッパの地図を送るから、蝦夷地の植物標本をいただけないだろうか」と書かれていた。

村垣定行は「知らなかったのであろうが、以後このようなことをしないよう」

村垣淡路守定行
定行は将軍直属の間諜である御庭番村垣家の四代目。松前・蝦夷地を視察後、松前奉行、作事奉行を経て勘定奉行。

という文書を添えて荷物を長崎奉行所に送った。村垣はしかし、シーボルトと高橋景保の関係を不穏とし、高橋の身辺調査を始める一方、長崎奉行にシーボルトの監視を命じた。

一八二八年十一月十六日、高橋景保が逮捕され、家宅捜索の結果、シーボルトが高橋に宛てた手紙や物品も発見された。高橋は日本地図と蝦夷地図をシーボルトに贈ったことを自供し、高橋邸が再捜索され、シーボルトから贈られた『世界周航記』、オランダ領東インド地図が押収された。

十二月七日、高橋逮捕を知らせる江戸からの急使が長崎奉行所に到着し、通詞吉雄忠次郎が奉行所に呼び出された。吉雄忠次郎は連日、シーボルトを訪ねて禁制品の提出を求めたが、シーボルトは拒絶した。

十二月十六日早朝、出島が強制捜査された。二十一日、ようやく離礁したハウトマン号が港に戻り、積荷の積載が始まった。

翌る一八二九年一月二十八日、シーボルトに出国禁止が通告された。以後、約一年にも及ぶ取り調べが始まる。シーボルト門人も入牢し、高良斎と二宮敬作は尋問に対してシーボルトを弁護する答えを繰り返した。

シーボルトは日本人に難が及ぶのをおそれ、関係者の名前を口にしなかった。多くの日本人が処罰されることを予想したシーボルトは、日本に帰化したいと願い出た。これはヨーロッパに帰国できず、故郷の老いた母を捨てることでもあったが、帰化願いは却下された。

三月三日、大通詞吉雄権之助ほか関係者二十三人が入牢。

三月十三日と十九日、たきが奉行所で尋問された。たきは禁制品授受については「何も知りません」と答えた。事実、たきは何も知らなかった。

三月二十日、高橋景保が伝馬町牢屋敷で獄中死した。死体の口と肛門から大量の塩を注入し、大甕に納められた。甕には隙間なく塩を詰め、定期的に蓋を開けて死体の状態を確認し、塩を補充した。

高橋景保の肖像画は伝わっていないが、塩漬けにされた大甕の絵がある。大きな甕は重石を乗せた木の蓋で封をされ、縄で縛られている。甕の前に「高橋作左衛門死骸」と書かれた木の札がある。シーボルトが「日本の最も優れた科学者」と称えた高橋景保を伝える画像は、この大甕の絵一枚だけである。

三月二十四日、ハウトマン号が出航した。

捜査は長期化し、江戸と長崎の逮捕者の中には自殺する者もあった。九月、シーボルトが日本から地図を持ち出そうとして囚われの身になっている、とオランダの新聞が報じた。一躍、ドイツの無名医師はオランダで有名になる。

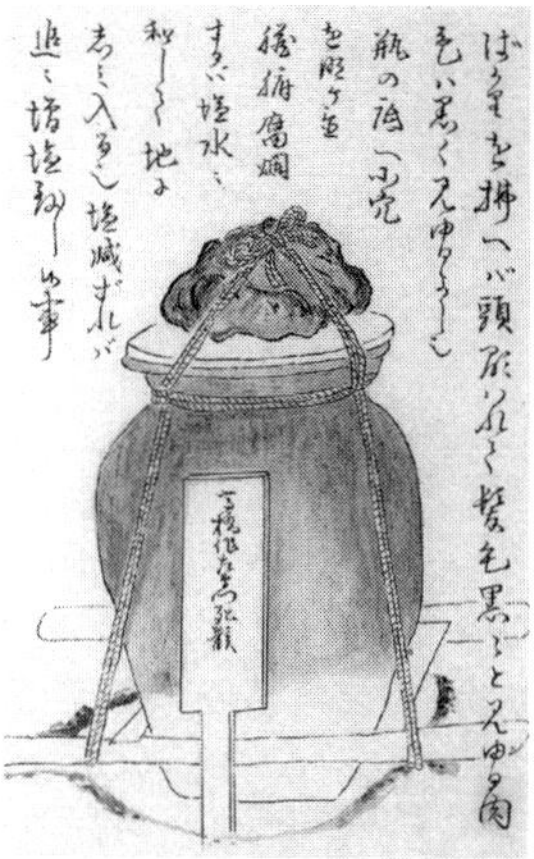

甕（国立公文書館内閣文庫蔵）

シーボルトの研究対象は、城郭、都市、重要港湾など、日本の国防機密に関わる分野にも及んでいた。幕府役人にはシーボルトはロシア人スパイではないかと疑う者がいた。疑いをもったのは幕府役人だけではない。松浦《まつら》静山★はシーボルト事件に強い関心を寄せ、『甲子夜話 続編』に詳細な記述を残している。ロシア人シーボルトが禁制品を持ち出そうとしたが、台風に阻まれた、この台風は神風である、と静山は記している。

この頃、ロシアへの危機感は民間にも広まっていた。小倉藩の大庄屋中村平左衛門の日記には、「江戸の天文家（高橋景保）が蘭人と密談し、日本転覆を企てたという。江戸でこの計画に加担した者も多く、その中には御大名様方もいるという。筑前、筑後にも一味の者がいるという噂もある。この蘭人は実はロシア人で、蘭人と騙って来日したという。たいへんな事件である」とある。

かくて、蘭人を詐称するロシア人が禁制品の持ち出しを企てたが、台風によって露見し、神風が国難を救った、という伝説が生まれた。昭和三十七年刊行の中西啓『シーボルト評伝』（シーボルト先生史跡保存会）は、大破したハウトマン号から積荷が漂流し、禁制品が発見されたとしている。平成の現在も、台風によって事件が発覚したとする文献が多い。

十月二十二日、シーボルトに国外追放と再入国禁止の判決が下った。禁制品は没収されたが、禁制品を含む膨大な資料はすでに毎年の商船でオランダに届き、没収された地図類も写しが製作されていた。呉秀三『シーボルト先生　其生涯及功業』には、「楠本いね子の話によれば、シーボルト先生が平生愛養せし一匹の猿あり。そを飼ひし箱の底を二重にしてそこに地図を匿したりと云ふ」とある。

シーボルトに残された時間は少ない。シーボルトはフィレネーフェとビュルガー、門人、通詞らと相談し、帰国後の通信・連絡についての措置を講じるとともに、たきとイネについても後事を託した。

一八二九年十二月三十日（文政十二年十二月五日）、シーボルトを乗せた船が長崎を出港した。船は翌日、風待ちのために小瀬戸沖に停泊した。このとき、一艘の小舟が近づいて来た。高良斎、二宮敬

松浦静山
肥前平戸藩の九代藩主松浦清。号は静山。

作などの門弟、そしてたきとイネが乗っていた。シーボルトは小舟に乗り移り、小瀬戸の浜に上陸し、イネを抱き上げ、最後のひとときを過ごした。非常に劇的な話であるが、高良斎がシーボルトに送った以下の書状からすると、事実である。

「先生のお手紙で、出島にあと十八日しか滞在されないことを知り、私も敬作も落胆しています。その日、私、敬作、イツキ、ソーアン、米蔵はひそかに小瀬戸に小舟をこぎ寄せ、お見送りするつもりです。港で先生をお見送りして親しくお話しすることができないこと、遠くからお見送りするしか許されないのは非常に残念なことです」

イツキ、ソーアン、米蔵はシーボルトの弟子あるいは懇意の通詞である。このときたきは二十三歳、イネは二歳七カ月、シーボルトは三十三歳、二宮敬作は二十五歳、高良斎は三十歳であった。

高良斎は「居所払い」（住居のある東築町からの立ち退き）、二宮敬作は「江戸構え長崎払い」（江戸入りの禁止と長崎追放）となった。幕府は蘭学者よりも役人と通詞を厳罰に処した。高橋景保は死罪となり、塩漬けの甕から死体が引きずり出され、検視役人の前で首を切断された。通詞の馬場為八郎、吉雄忠次郎、稲部市五郎は終身刑に処せられた。

以後、長崎の通詞たちは本業の通訳に専念し、蘭学には眼を向けなくなった。全国の蘭学者、蘭方医は震憾し、長崎遊学者も減った。事件の裏に蘭学隆盛を危険視する幕府の思惑があったとか、将軍家斉の岳父島津重豪の専横を牽制する意図があったといわれるが、シーボルト事件の真相は詳らかではない。

コラム

シーボルト台風

松浦静山の『甲子夜話 続編』には、「出島は格別風当たりが強く、惣構のうち海手の石垣が残らず崩れて潮が押し入り、かぴたん部屋、乙名と通詞の詰所、砂糖蔵一箇所そのほか」が全半壊した、とある。

シーボルトの居館は二階部分が全壊した。シーボルトはその寸前まで気圧、気温、湿度を測っていた。二階の屋根が吹き飛ばされると、荷物と荷物の間に身をひそめてことなきを得た。

唐人番倉田氏の日記には、シーボルトらが表門に逃げて来た、とある。シーボルト、たき、イネ、乳母、糸瀬、オルソンたちは這うようにして出島の表門へ避難したのであろう。このときイネは満年齢一歳三カ月であるから、台風の記憶はない。しかし、たきはこの台風のことを、のちのちまで語って聞かせたかもしれない。

気象学者根本順吉が昭和三十六年、『自然』十月号（中央公論社）に発表した論稿「シーボルト台風」によって、この台風はシーボルト台風とよばれる。

第二章　女医への道

残された妻子

シーボルト記念館に「シーボルト妻子像螺鈿合子《らでんごうす》」が展示されている。合子（盒子とも）は、化粧品などを入れる蓋のついた漆塗りの容器である。たきは嗅ぎ煙草入れとしてシーボルトに贈った。「遠い異国で暮らす妻子のことを忘れないでほしい、というたきの思いがこめられた品である」と説明されている。

蓋の表にたき、裏にイネの肖像が描かれている。肖像の原画は川原慶賀が髪の毛の一本一本まで細密に描いた。母子は同じ柄の紫色の着物を着ており、衿の脇にはシーボルト家の紋章（メスを持つ手を図案化している）があしらわれている。この画で、たきは自分がシーボルトの妻であり、イネがシーボルトの娘であることをはっきりと示している。

合子（シーボルト記念館蔵・提供）

たきは髪に鼈甲《べっこう》の簪《かんざし》をさし、細面の美人で、眼は知的な感じであるが、あきらかに憂愁を帯びている。これ以前にフィレネーフェが描いた二点の肖像画よりはるかに美貌であるが、一児の母であるたきは頬がこけ、別人のように老けている。

たきはもう一つ合子を作らせている。シーボルトの母アポロニアに贈ったもので、蓋の表にイネが描かれている。唐子髷《まげ》のイネは、あどけない幼女であるが、いかにも利発そうな、意志的な表情をしている。唇は母と同じ形をしているが、その瞳はシーボルトの血の証のように青い。

呉秀三『シーボルト先生　其生涯及功業』では、合子はシーボルトが作らせて故国に持ち帰ったとしているが、誤りである。ほかに、たきがシーボルトに贈ったものとして、たきとイネの頭髪、たきの頭髪で編みあげた羽織紐が残っている。シーボルトは大学時代の恩師デリンガーの頭髪を常に懐中にしていたという。妻子の頭髪はシーボルトが望んだものであろう。

文政十三年（一八三〇）七月、たきはシーボルトから三通の手紙を受け取り、その返信に、煙草入れについて記している。

阿蘭陀

わが君ドクトル・フォン・シーボルト様へ

私は健やかに過ごしています。私への三通の手紙を、今年の七月にフィレネーフェ様から受け取り、拝読しました。昨年つつがなくバタヴィアへ到着され、ご健勝とか。私もイネも無事に暮らしています。長年にわたって出島でお前様と暮らし、あれほどの大災難にも遭遇しましたが、お別れしましてからは、毎日毎日、お前様のことを思い出して、涙にくれています。お前様のお手紙を読んでいますと、せめてもう一度だけでもお会いしたいと思います。

おイネもよほど物事がわかるようになり、やるせなく父親を慕っています。

オルソンも大切な存在で、私と約束したことについて、私は決して忘れてはいません。

本年早々に私と愛児イネは、伯父の家に移転しました。伯父はなかなか正直な人物です。

お母様によろしくお伝えください。お前様が日本滞留中、災難にあったことで、さぞかしご心労なさったことと推察します。ご健勝とのことでなによりです。

このたび、千テール、指貫七つ、ギヤマンの皿一つ、指輪十、髪飾七つ、櫛《くし》一つ、数々の贈物を、海山千里を隔ててはるばると私とイネに送っていただき、私は私の愛する御方を忘れ難く思います。

私は、お母様に煙草入れ一つ、お前様にも同じものを一つ贈ります。お母様のものには愛児おイネの姿、もう一つには私とおイネの姿を、なかなか巧妙に描いているものです。オルソンには煙草二十包、靴一足を贈ります。

私の思いをお前様にあらわしました。

なにとぞご機嫌よく過ごされますようお祈りします。なにとぞ、来年もお便りをくださいますよう。

注意。

色々な反物を送ってくださったうち、十反はフィレネーフェ様から受け取りましたが、タファシェラス三反はいまだ手に入れていません。
詳しくはフィレネーフェ様から口頭で聞いてください。
直之助殿、良斎殿は、万端おおいに配慮をしてくれています。
ご機嫌よくお暮らしになるよう。

忠実な女
其扇より

長崎　日本暦十一月十五日

高良斎蘭語訳

たきが受け取った三通の手紙は、シーボルトが一八三〇年一月二十八日に到着したバタヴィアから送られ、同年七月（和暦）、出島に届いたと思われる。指貫やガラスの皿、指輪なども同時に送付されたのであろう。

文中の「直之助殿」は通詞松村直之助で、「オルソン」はマレー半島生まれのシーボルトの従者である。幼いイネの子守をしていたオルソンが、暑さのあまりイネを岸壁に放置して海水浴をし、これを見つけたたきがオルソンを叱責したという逸話がある。シーボルトの『日本』の挿絵に描かれたオルソンは快活な目をした、利口そうな少年である。たきはオルソンと約束した「煙草二十包、靴一足」を贈っている。

オルソン（『日本』所収）

二通の手紙の謎

シーボルトがオランダに帰着したのは、長崎を出航してからおよそ半年後、一八三〇年七月七日（文政十三年五月十七日）である。

オランダに着いたシーボルトは、たきとイネに手紙を書く。「ソノキサマ　マタ　オイ子《ね》」と始まる、主に片仮名で書かれた箇条書きの手紙である。出島のオランダ人は日本語を学ぶことを禁じられ、日本人との会話はすべて通詞を介した。シーボルトにとって日本語の読み書きは難題で、日本語の筆記には片仮名を主として用いた。

シーボルトの子孫であるブランデンシュタイン＝ツェッペリン家に伝来するこの手紙は、桔《き》梗《きょう》と撫《なで》子《しこ》の草花をあしらった美しい料紙に記され、筆跡は活字のように端正である。

ソノキサマママタ　オイ子　カアイイコトモノ　シボルド
其扇様、また可愛いこどものおいねへ　シーボルト
一　ワタクシワ七月七日ホランダノミナトニイカダヲ　ヲロシタ。
私は七月七日オランダの港に投錨した。
一　フ子ニワレスコシ　ヤマイテヲル。
船旅で少し疲れている。

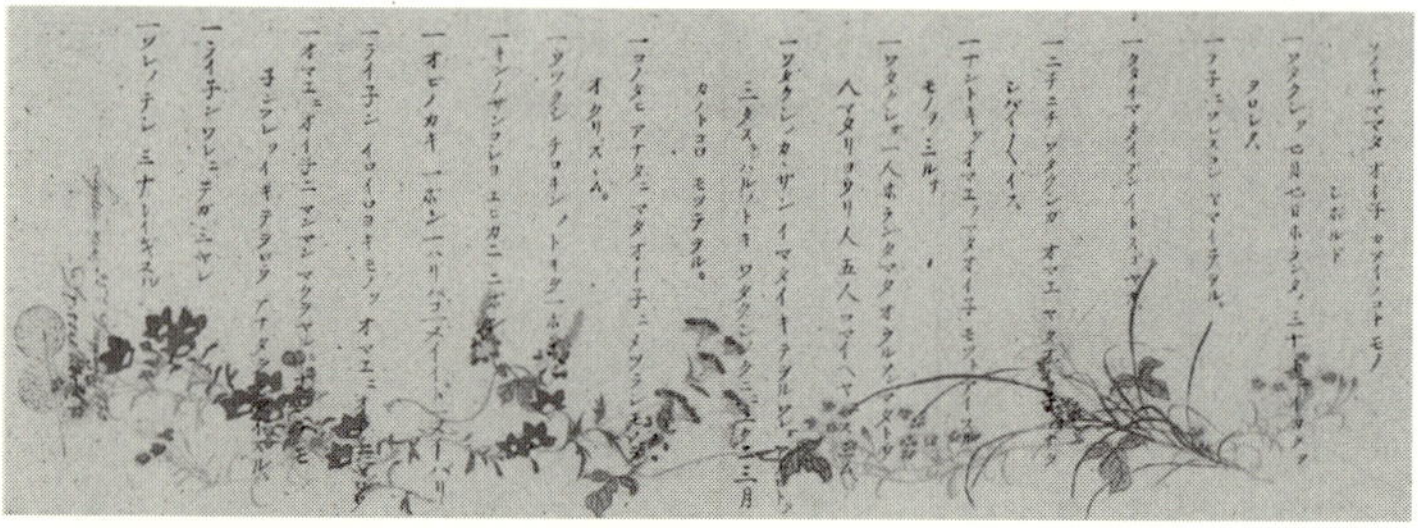

シーボルト書状（複製　シーボルト記念館蔵）

一　タタイマタイブンイトスコヤカ。
今はだいぶ楽になり、健康である。
一　ニチニチ　ワタクシガ　オマエ　マタオイ子ノナヲ　シバイ〳〵イフ。
毎日、私はたきとイネの名前をしばしば口にする。
一　ナントキワオマエヲマタオイ子　モットアイスル　モノヲミルナ。
いつまでもお前とイネを私以上に愛する者は現れない。

以下、箇条書きは一五条に及ぶ。母が健在なので、二、三カ月後に帰郷するつもりであること、たきとイネに贈物をすること、その品名、生きている限りあなたを愛する、イネに手紙を書かせて寄越してほしい、などと書かれている。たきは手紙を繰り返し読んで文意を探り、遠い異国に去ったシーボルトの変わらぬ愛情に胸をうたれた。

この手紙がたきの元に届いたのは、一八三一年（天保二）の夏と考えられ、イネは満年齢四歳である。唐突に姿を消した父親をイネが忘れてしまったとは思えない。イネはなぜ父がいなくなったのか、いつ帰ってくるのか、おりふし訊ねたであろう。たきは手紙をイネに見せ、何度も読んで聞かせたかもしれない。

シーボルト書状下書き（複製　シーボルト記念館蔵）

シーボルトを乗せたジャワ号が長崎を出港したのは、一八二九年十二月三十日（和暦十二月五日）で、風待ちをし、翌一八三〇年の一月一日（和暦十二月七日）にバタヴィアに向けて去っていった。

吉村昭の『ふぉん・しいほるとの娘』では、この半年後の和暦六月二十日、二隻のオランダ船が出島に来航し、シーボルトの手紙と贈物の入った木箱がたきに届く。「私は七月七日、オランダの港に投錨した」と始まる箇条書きの手紙である。「シーボルトが日本から持ち帰った藤の花と女郎花《おみなえし》の奉書を半切りにしたもの」と吉村は『ふぉん・しいほるとの娘』に書いている。ツェッペリン家に伝来する桔梗と撫子の手紙ではない。この手紙をたきから見せられた高良斎と通詞松村直之助は、「なつかしい先生の字だ。勢いのあるいい字だ」と眼を輝かせる。ということは、一八三〇年七月七日にオランダに到着したシーボルトが手紙を書き、たきに送ったところ、わずか一カ月で日本に届いたことになる。あり得ないことである。

同著では、たきは天保二年（一八三一）一月二十日、東築《ひがしつき》町の川端通りに店を構える廻船業者俵屋の時治郎（和三郎★）と再婚する。この年の盂蘭盆《うらぼん》の

時治郎（和三郎）
山脇たか子の談話によると、たきの１歳年下で、たいへん柔和な人であったという。古賀十二郎によると、和三郎はたきの５歳年下という。

日、通詞松村直之助が俵屋のたきにシーボルトの手紙を届ける。

この手紙は前記の手紙と同じ内容で、「私は七月七日、オランダの港に投錨した」と始まる手紙が、たきにもう一度届いたことになる。吉村は、「昨年寄せられたシーボルトの便りにも同じ文章が書かれていたが」と記述している。時治郎は手紙の文字を見て、「うまい字だとは言わぬが、味わいのあるいい字だ」としきりに感嘆する。しかし、「昨年寄せられたシーボルトの手紙」は実際には届いていない。なんとも不可解である。

ところが、話がややこしくなるが、同じような手紙が二通存在するのである。但し、藤の花と女郎花の料紙に書かれた一通は箇条書きが六箇条で終わり、行間がやや広く、文字もやや雑である。古賀十二郎は『丸山遊女と唐紅毛人』で、「藤の花と女郎花の奉書に書かれた手紙は、書き損じあるいは下書き」であるとしている。であれば、謎でもなんでもない。高良斎と松村直之助が「なつかしい先生の字だ」と目を輝かせた藤の花と女郎花の手紙は、書き損じか下書きであるから、日本には届かず、「うまい字だとは言わぬが、味わいのあるいい字だ」と時治郎が感嘆した桔梗と撫子の手紙が日本に届いたのである。吉村昭は二通の手紙を小説に活かそうとして、吉村らしからぬ錯誤をおかしたのである。

シーボルトの経済支援

シーボルトはたきとイネの生活を援助するため、砂糖を購入した。商館員は砂糖を格安で購入でき、貿易商組合に預けると、月々の配当金がある。現金を残すより有利で、母子は充分な生活費が得られた。――多くの本にそう書かれている。

実際はどうであったか。これについては、宮坂正英（長崎純心大学大学院教授）の論文「ブランデンシュタイン家文書より発見された楠本タキ、イネ母子に関する断簡について」（「鳴滝紀要」第9号）が詳しい。

ビュルガーの日本人妻は遊女千歳で、千歳はたきの姉つねである。つねにアサキチという男児が生まれると、ビュルガーは麴屋町の蔵のある家屋を一〇〇〇テール（銀一〇貫）で購入し、千歳とアサキチの住まいとした。

たきとイネの後見人であるフィレネーフェがバタヴィアに出張することになり、ビュルガーが母子の支援にあたった。ビュルガーがシーボルトに宛てた一八三〇年（天保元）十二月三十一日付書簡に以下のような記述がある。

「（バタヴィアに渡った）フィレネーフェは、私に、あなたがここ（長崎）で未解決のままであった問題を解決するよう要請しました。イネは良心的に養育されますから安心してください」

未解決の問題とは、たきとイネの生活保障である。

「其扇とはしばしば話をしています。彼女と千歳、私たちの子供（イネとアサキチ）は、茂木や網場などに何度か遊びにいっています。其扇はあなたの限りない愛情のことばかり話しています。彼女はいまだにあなたが戻りはしないかと希望をつないでおり、向こう三年間は結婚しないつもりです。おイネはたいそう可愛らしくなりました。私はときおり、おイネとアサキチが出島で遊んでいるのを見かけます」

茂木は正面に天草の島々、左に雲仙普賢岳を望む風光明媚な漁港、網場は市街地に近い鄙《ひな》びた漁村である。幼いイネが一緒に遊んだアサキチについては、このビュルガー書簡のほかには記録がなく、早世したとも考えられる。

シーボルト退去後、たきの父左平が死んだので、たきとイネは伯父の家に身を寄せたが、伯父から縁談を勧められた。たきは乗り気ではなかったので伯父の家を去り、麴屋町の千歳の家に寄宿した。この頃、千歳は病床にあった。たきは死の床にある姉にアサキチの母親代わりになることを約束したので、ビュルガーは麴屋町の家屋をたきに与えた。

天保二年正月、たきは若い鼈甲細工職人と結婚した。「三年間は結婚しないつもり」のたきは一年も経たないうちに再婚したのである。この職人のことをビュルガーは「優しく、働き者」と評している。職人和三郎はのちに俵屋主人になるが、その経緯は不明。

ビュルガーは、「シーボルトがフィレネーフェに預けた一〇〇〇テールを、フィレネーフェはたきの伯父に託したが、たきが伯父の家を出たため、たきの伯父から回収する必要がある。一〇〇〇テールでは不足なので、五〇〇テールを加えて一五〇〇テールとする」ようシーボルトに提案している。つまり、五〇〇テールを送金せよというのである。

ビュルガーがアサキチの養育費として預託したのは三〇〇〇テールで、一〇〇〇テールは心もとない額である。シーボルトが充分な資金を残せなかったのは、シーボルト事件で投獄された日本人の家族の経済援助を行った結果、資金が底をついた、と宮坂論文は推測している。

松井洋子の論文「シーボルトの勘定帳――出島における経済活動を探る」（平成二十七年三月発行国立歴史民俗博物館編『シーボルトが紹介したかった日本』所収）によると、一八二六年に設立されて一八三〇年に解散した個人貿易協会なるものがあり、十七名の出資者の中にシーボルト、ビュルガー、フィレネーフェがいる。シーボルトはバタヴィアから酒類、医療器具、貴石類、衣類を取り寄せ、通詞や医師に販売を委託した。潤沢な利益をあげることはできなかったが、収益の一部はたきとその父親、シーボルト事件に連座した通詞末席稲部市五郎に渡された。

女医を志す

「愛児お稲はたいへん健やかで、快活に過ごしており、まことに容姿が美しく、毎日毎日お前様のことをお噂しています。よそのこどもたちよりもはるかに利口でございます」

「文法の書物を頂戴しましてから、毎日毎日、その書物で勉強いたしております」

天保三年（一八三二）十一月、たきがシーボルトに宛てた書簡の一節である。この頃イネは五歳。シーボルトから贈られた文法書でオランダ語を学んでいる、とあるが、文法書は一八二七年刊行の『ウェイランド初歩蘭語文法書』で、五歳児が独習できる内容ではない。松村直之助や高良斎が、幼いイネに本を嚙み砕いて語って聞かせたことはあったかもしれない。

たきは「和三郎という人と再婚し、イネと三人で幸せに暮らしているから安心してほしい」と手紙に書く。この便りを受け取ったシーボルトが落胆し、以来、たきに手紙を送らなくなった、という通説がある。シーボルト研究家の石山禎一は、この説に一定の理解を示す一方、シーボルトの超多忙を理由にあげている。当時、シーボルトは自著の出版に向けて二千人を超える人びとと文通していたという。

それにしても、幼いイネは、新たに父親となった和三郎をどう受け止めただろうか。「愛児お稲をよくいたはり」とたきは手紙に書いており、新しい父親はイネを慈しんだようである。

後年、たきがシーボルトに宛てた手紙では、和三郎の没年は天保十年（一八三九）と書かれている。このときイネは十二歳、たきと和三郎の結婚生活は七年ほどである。和三郎の没年、たきは男児文作に恵まれるが、文作はイネが十八歳のときに六歳で早世した。イネはその生涯において実に多くの人に先立たれるが、その最初は義父和三郎であり、二度目は異父弟文作であった。

たきが、安政六年（一八五九）に再来日したシーボルトに宛てた書状がある。別れてから三十年の暮らしぶりなどを伝え、イネの養育過程を報告している。会話では意思疎通が困難なので、シーボルトの弟子三瀬周三（のちの三瀬諸淵、二宮敬作の甥）がたきの口述をオランダ語に翻訳した。

「（略）光陰矢のごとしで、お稲も六、七歳になりましたが、性質が男の子のようで、遊びも男の子の遊びをして、女の子の遊びに夢中になることはありませんでした。

人には申しませんでしたが、この子の面差しがあなた様に似ているので、やはりあなた様の子であると心の中で喜んでいました。あなた様に似ていることをお知らせすれば、さぞかしお喜びになると何度も思ったのですが、この国の掟によって思うにまかせませんでした。私はあなた様の住む西の方に向かって独り言をつぶやくだけでした。
七、八歳からは様々な芸の稽古に通わせましたが、常々、あなたはただの子どもではない、地球に美名をあらわす人の子として、自覚がなければ志は叶えられない、露ほども父上の名を汚してはならない、と明けても暮れても教え諭しました。
その甲斐があって、月日の経つうちに怜悧になっていくように見えるのは、親心に過ぎないのかと疑っているうち、十七歳になると、市井の人として平凡に長生きすることを忌み嫌い、何としても父上の家業を継ぎ、天下晴れて立身出世し、父君には孝の始めを欠いていますが、孝の終わりを全うし、女ながらも一家を興し、名を末の世に残そうと、千辛万苦をものともせず、読書、医術に専念していました。（略）
お稲は二十一歳から旅に出て医術を学び、二十五歳にして帰国して開業し、二十七歳まで私と暮らしていましたが、医術の未熟さを苦にし、二十八歳（安政元年十一月、イネ満二十七歳）にして敬作殿に従って再び伊予に遊学し、三年後、三十歳のときに、病気になった敬作殿に同行して長崎に帰ってまいりました（略）」（文中の年齢は数え年）
たきの口述には誇張や美化もあるかもしれないが、イネの成長過程を物語るほとんど唯一の史料である。
文中、「父君には孝の始めを欠いていますが、孝の終わりを全うし」とあるのは、孔子の言動録「孝経」の「それ孝は親に事《つか》ふるに始まり、君に事ふるに中し、身を立つるに終る。身を立て道を行ない、名を後生に揚げ、以て父母の名を顕すは孝の終りなり」の引用である。

かつてシーボルトの妻として六年余りを暮らしたたきが、「孝経」を引用している。たきは儒教的価値観を持つ江戸時代の典型的な日本女性のように思える。もっとも、たきが「孝経」を知っていたかどうかは不明で、翻訳した三瀬周三（諸淵）の潤色の可能性がある。「地球に美名をあらわす人」という表現は斬新であるが、これは三瀬の表現であろう。

たきの手紙と整合しないことが、『シーボルト先生　其生涯及功業』に書かれている。「幼時より羸《るい》弱《じゃく》なりしが、学問を好み、和蘭の文典を出しては読みければ、母其扇は疾みつかんことを憂ひて読書を許さゞりしが、伊禰はこれを痛く憾みて出奔し、父が門人の許に到ること三度許《ばかり》なりし。年十九の時、母に請ふて伊予に至り、二宮敬作方に寄宿す」

たきの手紙では、イネに偉大な父の名に恥じぬよう常日頃から教え諭し、その甲斐あってイネは医師を志す。正反対である。また、「幼時より羸弱」というのも、「性質が男の子のようで、遊びも男の子の遊びをして」という一節と一致しない。どちらが事実かはわからないが、混血児イネが少女の頃から刻苦勉励したのはまちがいない。

コラム

オランダおいねは存在したか

楠本イネが生前「オランダおいね」とよばれたことを示す史料はない。であれば、いつ、誰が、楠本イネに「オランダおいね」という異名を冠したのだろうか。

昭和四十五年三月三十日から九月二十六日まで、ＴＢＳポーラテレビ小説「オランダおいね」が放

川原慶賀画（合子の原画）
（シーボルト記念館蔵）

送された。テレビドラマのタイトルとしては秀逸であり、楠本イネの異名としても言い得て妙である。著者の知る限り、これが「オランダおいね」の初出で、脚本を書いた横光晃の造語ではあるまいか。ある世代以上の日本人には有名な「じゃがたらお春」、「唐人お吉」といった先例に、横光晃は倣ったのではないだろうか。

以後、「オランダおいね」が一人歩きし、普及する。昭和五十二年九月、クラウディア・シーボルトというシーボルトの玄孫にあたるドイツの美貌の女子大生（二十歳）が来日し、シーボルトの足跡を訪ねた。「日本の親せき捜し」の見出しでこれを報じた新聞は、楠本イネを「おらんだおイネ」と表記している。このほか「オランダおいね」を使用した例は多数あるが、近年はあまり見かけない。

二宮敬作

二宮敬作は文化元年（一八〇四）五月十日、宇和島藩領保内組磯崎《いさき》浦に生まれた。磯崎浦は佐田岬半島の付け根にあり、瀬戸内海に続く伊予灘に面し、上方や長崎と交易する良港である。

父は六弥、母はしげ。生家は半農半商で、酒の卸売業を営んでいた。敬作を貧農の出とする文献があるが、妹のくらは大洲藩の御用商人麓屋へ嫁ぎ、くらの妹てつは宇和島藩領外海浦の大庄屋二宮市右衛門（如水）に嫁いでいる。二人の妹の嫁ぎ先からして、敬作の生まれた二宮家はかなり裕福であったと考えられる。

二宮敬作は如山と号して詩文をよくしたが、多忙であったためか、日記や自伝を残していない。したがって、幼少年時代は伝承にたよらなければならない。

敬作が幼い頃、黒白斑《ぶち》の仔犬を拾って来た。犬は毛が脱け、皮膚が糜爛《びらん》して悪臭を放っていた。両親に捨てるよういわれたが、敬作は熱心に看病して回復させた。

少年の頃、磯崎浦に漢方医がやって来た。村の子供たちに読み書きを教え、学問の話や長崎の話を聞かせた。漢方医が語る学都長崎に敬作少年は心を動かされ、長崎遊学を志すようになる。

長崎に赴いたのは文政二年（一八一九）の春、敬作は十五歳である。通詞吉雄権之助の塾でオランダ語を学び、美馬順三に蘭方医学を学んだが、四年後、シーボルトが来日すると、すぐに入門した。シーボルト事件後、帰郷した敬作は大洲藩領上須戒《かみすがい》の西茂右衛門の娘いわと結婚する。西家は敬作の妹くらが嫁いだ大洲の富商麓屋の親戚で、いわと敬作はいとこの関係である。敬作は妻の実家で医院を開業した。敬作はもとより名医であり、夜中の往診も厭わず、貧者からは治療費もとらなかったので、二宮医院は評判となり、患者が押しかけた。

二宮敬作（宇和先哲記念館蔵）

二年後、宇和島藩七代藩主伊達宗紀《むねただ》（雅号は春山）が、二宮敬作を宇和島城下に迎えようとした。「自分は酒乱なので」と言って敬作は誘いを断った。二宮敬作は酔って刀を振りまわすことがあったという。長崎追放後、敬作は鬱々とした心情を酒でまぎらわせていたのであろうか。

天保四年、敬作は伊達宗紀の命によって宇和島藩領卯之町に移住し、医院を開業した。卯之町は宇和島城下から六里ばかり北の宇和盆地の中心集落である。大洲と宇和島を結ぶ街道の宿場町、四国霊場明石寺の門前町、宇和米の産地、宇和檜の集散地として繁栄していた。敬作が宇和島城下に開業しなかったのは、幕府の刑余人であったからであろう。

敬作は離れ家（二階建て）を厚養亭と命名し、厚養亭には門下生だけでなく、宇和島藩領、大洲藩領、吉田藩領から多くの医師が訪ねて来た。シーボルトの医学は門人敬作によってしだいに南伊予に浸透する。

西予市（旧愛媛県東宇和郡宇和町）は多年にわたって、楠本イネが「天保十一年、十四歳（数え年）から五年間、卯之町で二宮敬作に学んだ」としてきた。

五十七歳の楠本イネが作成した「自筆履歴明細書」に、医術修業と産科医としての実績が簡略に記されている。弘化二年（一八四五）二月（十八歳）から六年八カ月、岡山の石井宗謙に産科医術を修業したとあるが、天保年間に二宮敬作に医術を学んだという記述はない。「履歴明細書」は産科修業とその実績だけを記したもので、二宮敬作に学んだのは一般医学であるから、十八歳以前については記載を省略している、と郷土史家は解釈してきた。

従来、明確ではなかった楠本イネの卯之町来住期間について、西予市は石山禎一に調査を依頼し、ブランデンシュタイン家所蔵の「シーボルト関係文書」を丹念に渉猟した石山は、一通の重要な書簡を発見した。一八四五年十一月一日（弘化二年十月二日）、シーボルトが日本を去って十五年後、たきがシーボルトに書き送った書簡である。

この書簡は、平成二十八年一月十六日、西予市で開催された石山禎一の講演「おタキの手紙から見た娘イネ――未公開の二つの史料から」で初めて一般公開された。石山禎一訳の全文を以下に掲げる。なお、読みやすいように表記を一部改変した。

シーボルト様
下記署名の私は、あなた様が常にご壮健であることをたいへんうれしく思っております。私はいつもあなた様がお元気でお健やかであることを願っています。私はあなた様の生年月日を知っていますので、あなた様からみればたいしたことはできませんが、何かお祝いをしたいとも思っています。

私は、ここ十年来、商館長を通じて毎年手紙をさしあげているのですが、いまだかつてあなた様からの親しみを込めたお返事がありません。その間、あなた様は別便で贈物をしてくださいました。

私と娘のおイネはいつも健康ですが、あなた様がどうしておられるのか心配で、私たちは嘆き悲しみ、涙にくれることもあります。

私はあなた様からいただいた資金を運用して商いの利息で暮らしています。あなた様のご厚意によって少しも不便を感じることはありません。

この一八四五年（弘化二）二月、おイネは伊予国へ一人で旅立ちました。その国にはあなた様の門人二宮敬作がおりますので、あなた様の学問的講義（一般医学）を学ぶために出かけたのです。おイネは、まるであなた様本人に会ったかのように、敬作に会ったことを非常に喜びました。そして、さらにあなた様の学問的講義（産科医学）を深く学ぶべく、備前国のあなた様の門人石井宗謙を訪ね、彼のもとにたしかここ六十日間滞在していると聞き及んでいます。

私が訴えたいのは、あなた様の親しみを込めたご配慮と援助なのかもしれません。もしあなた様が一通！　お手紙をくだされば、名村貞四郎★様は（私に）送ってくださるでしょう。貞四郎様は私たちをよくお世話してくださり、援助してくださるので、ほんとうにいつも頼りにしています。この私の手紙は貞四郎様が代筆してくださったのです。ですから、あなた様も貞四郎様に礼状を書いていただきたいのです。

あなた様の名声は日本国中に伝わっていますので、おイネはいつもオランダの学問について学びたいと考えているのです。けれども、嗚呼《ああ》！　彼女はすでに女性としての振る舞い★ができています。

悲しいことに、私の夫（和三郎）は六年前に亡くなりました。現在、私は伯父の家で暮らしています。この家に、おイネも引き続き暮らすでしょう。

おイネは七歳から十三歳まで、読み書きや三味線を、その後、裁縫を習得しました。それは日本の女性にとって、たいへん大切なことなのです。

名村貞四郎

名村貞四郎は通詞。のちの九代目名村八右衛門。安政6年3月、二宮敬作の甥三瀬周三がオランダ語を学ぶ。

女性としての振る舞い

高名なシーボルトの娘としてイネは医学修業をめざしているが、すでに一般女性としての素養を身につけさせたので、母としては嘆かわしい、という意味か。

この四月、私の父は私の母が亡くなったことを伝えてきました。私はあなた様と一緒に家族を支え、何不自由なく暮らしてきたと思っています。

あなた様の門人周一★は七年前に亡くなりました。二宮敬作と石井宗謙が私たちにほんとうによくしてくれますので、他の門人たちが私たちに何かをしてくれる必要はありません。

私はあなた様の名声に敬意を表しております。

出島にて　一八四五年十一月一日

其扇

この手紙の発見は画期的で、愛媛県西予市にとって驚愕の新事実である。

イネが卯之町に向けて長崎を出たのが一八四五年二月、これを仮に二月一日とすれば、和暦では弘化元年十二月二十五日である。

また、イネは「石井宗謙を訪ね、ここ六十日間滞在している」のであるから、手紙が書かれた弘化二年十月二日（一八四五年十一月一日）から六十日さかのぼると、イネの岡山入りは弘化二年七月末から八月の初めにかけてということになる。このときイネは十八歳である。

注目すべき史料がある。長崎在住の蘭医柴田方庵の日記「方庵日録」である。柴田方庵は寛政十二年常陸国多賀郡に生まれ、江戸に出て医学を学び、江戸に参府したシーボルトと交流したことがある。天保二年、長崎のオランダ商館医モーニッケ

周一

鈴木周一。シーボルトの門人で、論文『日本の貨幣に関する考察』を提出し、二宮敬作とも交流があった。

から牛痘接種を学び、各地で牛痘の普及に尽力した。のちにイネが長崎で師事する阿部魯庵とも親交があった。方庵日録の弘化二年七月二十日の記述に、「晴　夜ニ入リ蘭医シーボルト娘イネ来ル」とある。卯之町を出たイネはいったん長崎に帰省しているのである。なお、八月二日、異父弟の文作が六歳で死んでいる。

二宮敬作がイネに産科医石井宗謙への入門を勧めたのは疑問の余地がないが、イネが入門するには、事前に石井の同意を得る必要がある。二宮敬作と石井宗謙との間に手紙のやりとりがあったはずである。イネが卯之町で石井宗謙の同意の返事を得てから長崎に帰郷したのか、長崎に帰郷して石井宗謙の手紙を待ったのか、それはわからない。

いずれにせよ、天保年間にイネが卯之町に来住した事実はなく、卯之町滞在はイネが十七、八歳のときで、わずか半年に満たない。

石井宗謙

当時、女の身で医者になるのは無謀というほかないが、日本に女医がいなかったわけではない。江戸時代中期には、四国の土佐（高知）に女医野中婉《えん》がいた。大原富枝の小説『婉という女』で知られる。

イネと同時代の女医には、阿波（徳島）に稲井静庵（一八〇〇～一八八二）がいる。富農の家に生まれ、盲目で、男装していたという。柳田國男の祖父松岡小鶴（一八〇六～一八七三）も播磨（兵庫）の女医である。

大和（奈良）には榎本住《すみ》（一八一六〜一八九三）がいた。医家榎本家★の初代は榎本玄文といい、住はその娘である。天誅組が大和で挙兵したとき、負傷した土佐出身の吉村寅太郎を治療したほか、明治の山林王土倉庄三郎を往診するなどした。

備前（岡山）には光後玉江《こうごたまえ》（一八三〇〜一九〇五）がいた。父は蘭医とも交流のあった医師で、玉江は十五歳で津山藩医野上玄雄《のがみげんゆう》に入門、一般医学と産科を学び、二十八歳で開業した。以後、四十七年間、地域医療に専念し、「処剤録」十八冊、「患者届書控」一冊を残している。博多（福岡）には、男装の女医で思想家の高場乱《おさむ》（一八三一〜一八九一）がいた。

したがって、楠本イネを「日本で最初の女医」とすることはできない。ともあれ、イネはその前半生を医師になることに費やす。その動機がシーボルトの娘というマイノリティであることはいうまでもない。


司馬遼太郎の『花神』では、イネの岡山修業時代、村田蔵六（のちの大村益次郎）が大坂から岡山に来訪してイネと出会う。岡山城下の手前の茶屋で、蔵六は「年のころ二十二、三かとおもえる女」を見る。「ひとみが、碧かった」ので蔵六は目を疑う。「きむすめではないようだが、しかし亭主もちなのかどうか、見当がつかない」女は眉を残し、お歯黒もしていない。「おさ舟★という小唄の師匠風」の髪型をしており、美人である。美人

医家榎本家
奈良県御所市の医療法人榎本医院として現在も隆盛している。

おさ舟（長船）
長船は江戸時代後期の武家の側室の典型的な髪型。

ではあるが、目が青く、皮膚が透けるように白いので、蔵六は「異人だ」と衝撃を受ける。

女は蔵六を蘭方医であると言い当てる。においでわかるという。女は待たせていた駕籠で去っていく。蔵六は、女が産科の名医で、茶屋の亭主の臨月の妻の往診に来たことを知るが、世の中に女の医者がいることが信じられない。女の名前が「シーボルト先生」だというので、蔵六はさらに衝撃を受ける。

蔵六は石井宗謙を訪ね、蘭書を借り、近くの宿屋で写本を始める。翌日、宗謙に呼び出された蔵六が、宗謙と噛み合わない話をしていると、茶菓をもって現れたのは、茶屋の女「シーボルト先生」である。石井は「家内だ」という。年齢が離れ過ぎているので蔵六が不審に思っていると、女は不快な表情で「失本イネでございます」と名乗る。

翌日、イネが蔵六を訪ねて来て、蘭語について質問する。石井先生に読んでもらってはどうか、と蔵六がいうと「あの方とは、不仲でございます」と不機嫌に答える。イネは翌日もやって来て蘭語の教授を乞う。「内儀どの」と蔵六が呼びかけると、自分は石井宗謙の妻ではないという。イネは自分には女児があるという。石井宗謙との間に男女の関係があるらしい、と蔵六は思う。

宗謙との生活にイネは嫌気がさしており、岡山を出たい、大坂の適塾（緒方洪庵の適々斎塾）で学びたいと蔵六に訴える。シーボルトの娘が洪庵に学んだとなれば、シーボルト門人でシーボルトの遺児の面倒を見る者がいないと世間は見る、勝手なことをなさっては自分のためにならない、と蔵六はたしなめる。

以上、小説としては興趣に溢れ、イネは精彩に富んでいる。しかし、これは一から十まで虚構である。イネがお歯黒をしていないと描かれているが、残っている写真ではお歯黒をしている。イネはお歯黒をし、できるだけ日本人に見えるような化粧法に気を配っていた。写真のイネはたいてい十徳という当時の医師の服装をしており、髪は飾りっ気のない総髪である。但し、それは四十代以降のイネで、若い頃のイネの写真は存在しない。また、イネの遺品とされる紅い珊瑚の留の付いた簪が伝来するので、長船という髪型をしていた時期がなかったとは言えない。

岡山でのイネの修業生活を伝える史料は伝来しないが、シーボルト記念館発行の『シーボルトのみたニッポン』には、

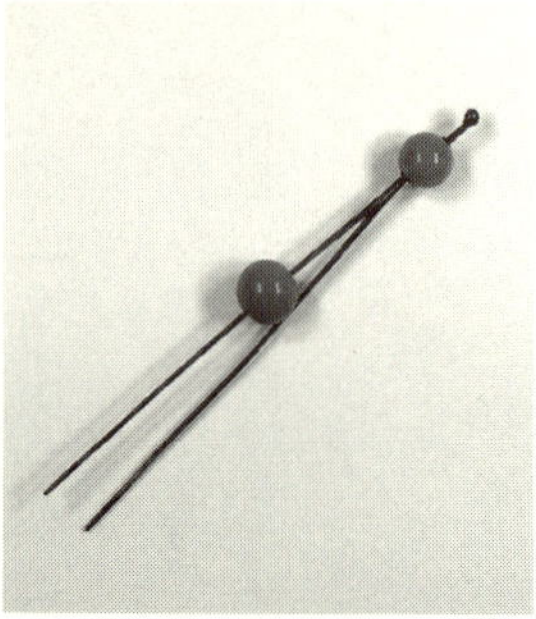

簪（シーボルト記念館蔵・提供）

――宗謙宅に住みこんだいねには、つらい修業が待ちかまえていた。宗謙宅の炊事・洗濯・掃除など家事全般をやらされ、その合間に医学を教わった。それが、毎日、早朝から夜遅くまでつづき、多忙をきわめたが、それでも、いねはねをあげることがなかった。「一度、志をたてた以上、きっと産科医になってみせる」、いねは、そう、心に固く誓っていた。

と書かれている。通俗な偉人伝の一節のようなこの記述は事実であろうか。師の家や塾に住み、雑用をしながら勉学する者のことを学僕という。イネは石井宗謙の学僕であったのだろうか。

高野長英

シーボルト事件で危うく難を逃れた高野長英は、江戸で伊東玄朴の代診をしたり、三河国田原藩の江戸家老渡辺崋山の蘭書翻訳を請け負って生活の糧とし、やがて麴町に医院を開業した。

天保八年（一八三七）六月二十七日夜、米国の商船モリソン号が浦賀湾に現れ、浦賀奉行の命によって砲撃された。モリソン号は鹿児島湾に現れたが、ここでも砲撃され、日本を去った。

天保九年六月、オランダ商館から幕府に報告があった。「英国船モリソン号はマカオで収容した日本人漂流者七人を乗せ、その送還とひきかえに通商交渉を行うために来航した」という。オランダ商館は米国船モリソン号を英国船と誤認していた。

英国船モリソン号が再渡来した場合、「また砲撃すべし」というのが幕府の対応案で、これを憂慮した長英は『戊戌《ぼじゅつ》夢物語』を執筆し、英国の強大な国力を紹介し、砲撃の危険性を説いた。

高野長英肖像画（高野長英記念館蔵）

幕府の目付鳥居耀蔵は、かねて渡辺崋山を危険思想家として内偵しており、『夢物語』を幕政批判の書として、その作者を探索した。『夢物語』は長英の翻訳した蘭書をもとに崋山が執筆した、という情報が届く。小笠原諸島の無人島に渡航を企てている者がいる、という情報も届いた。

天保十年五月十四日、鳥居耀蔵は崋山と長英、無人島渡

航計画の容疑者たちの逮捕を命じた。十八日、長英は北町奉行所に自首した。長英は処分を「江戸払い」程度と予想していたが、判決は「永牢」という厳しいものであった。崋山は三河国田原に帰国の上、永蟄居を命じられた。この一連の動きが「蛮社の獄」である。

天保十五年（一八四四）六月三十日、伝馬町の牢屋敷に出火があった。囚人六十三人が「切放★」によって解放されたが、長英を含む七人が戻らなかった。

嘉永元年（一八四八）三月、宇和島藩医富澤礼中が出羽国浪人伊東瑞渓《ずいけい》を道連れに東海道を西に向かって急いでいた。三月二十一日、礼中と瑞渓は宇和島藩大坂屋敷に入り、江戸参勤途中の伊達宗城《むねなり》と面談した。出羽国浪人伊東瑞渓の正体は、脱獄逃亡犯の高野長英である。

宇和島八代藩主伊達宗城は、若い頃から小石川の水戸藩邸に出入りし、藩主徳川斉昭《なりあき》に傾倒心酔した。攘夷必戦論者斉昭は軍艦や砲台の建造を説き、これに同調する伊達宗城は、幕府お尋ね者高野長英を宇和島藩お雇い軍学者としてひそかに宇和島に招いたのである。

伊予入りした高野長英は、卯之町の二宮敬作と二十年ぶりに再会した。同年同月生まれで、ともに大酒家の二人は鯨飲して長崎時代を懐かしんだであろう。

四月二日深夜、長英は宇和島城下袋町の町会所に止宿し、四日後、横新町の家老桜田佐渡の別邸の離れ家に住む。

長英の日々の仕事は、蘭書翻訳と蘭学教授である。四月二十三日、谷

切放

火災など非常の際、囚人を牢から解放することで、3日以内に戻れば罪一等を減じるが、戻らなければ死罪という定め。長英が雑役夫の栄蔵という者に放火させたという説がほぼ確実視されている。

依中《いちゅう》、土居直三郎、大野昌三郎《まささぶろう》、二宮敬作の子の逸二が入門した。逸二は敬作の二男で、長男が早世したため、二宮家の嗣子となっていた。若い逸二が最も熱心に学び、谷依中は学業不振を上司から叱責された。土居直三郎については業績が伝わらない。

十一月六日、大野昌三郎の兄斎藤丈蔵が門人となった。五名の門弟は、シーボルトの孫弟子ということになる。長英は学塾を五岳堂と命名した。五岳堂は辰野川に迫り出すように建ち、辰野川はすぐ近くの港に続いている。長英は川に小舟を浮かべ、幕吏に踏み込まれた際は舟で海へ逃げる構えをしていたという。

大野昌三郎

のちにイネと深く関わることになる大野昌三郎は、宇和島藩の下級藩士斎藤家の三男で、生年は不詳である。兄の斎藤丈蔵が文政六年生まれで、「天保八年十二月二日、斎藤昌三郎年十五御徒組大野為左衛門ノ養子トナル」という藩庁記録からすると、昌三郎は文政七年生まれ、イネより三、四歳ばかり年上である。

斎藤昌三郎は数え十五歳で御徒組大野家の養子になるにあたって、大野家には為左衛門という年寄りが一人いるだけだから気兼ねがなくてよいと思っていたが、為左衛門は大酒飲みで、借金まみれであった。借金取りに追われていたのか、昌三郎は外出の際には深編笠をかぶり、性格が狷介になったという。

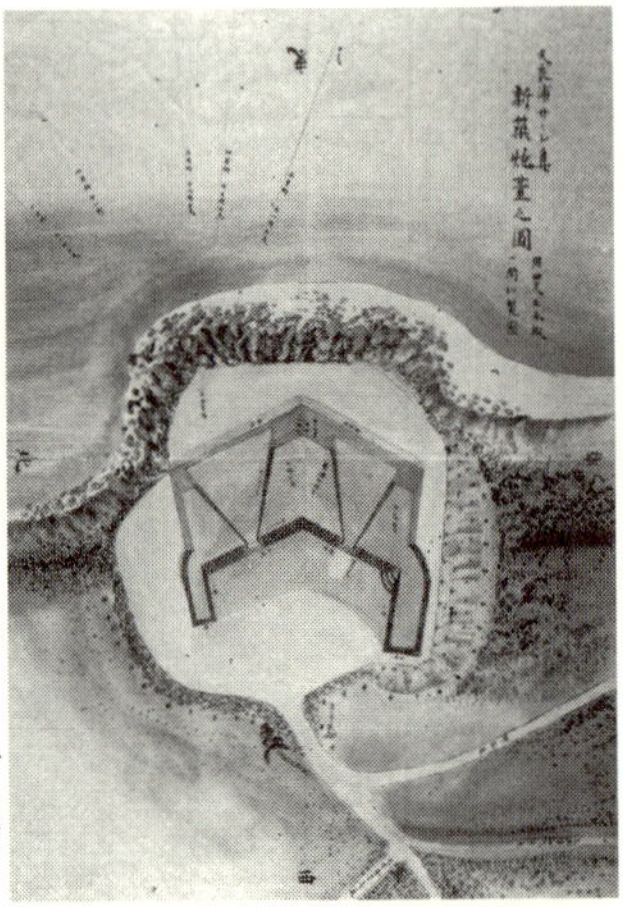

久良砲台絵図（宇和島伊達文化保存会蔵）

嘉永元年十一月二十二日、高野長英は土佐藩領に近い御荘組久良《ひさよし》に赴き、月末まで滞在した。砲台候補地の久良湾の現地調査である。帰途、希少な薬草黄耆《おうぎ》を見つけて大量に持ち帰っている。長英は久良砲台の設計図を書いて宗城に献上した。

嘉永二年一月、宇和島潜伏が幕府に察知されたとの情報が入り、長英は宇和島を退去した。宇和島滞在はわずかに十カ月足らずである。宇和島滞在中、長英には横新町の髪結いの娘豊という婢妾《ひしょう》兼帯の女がいた。長英は逃亡生活のストレスから日に三升の酒を飲んでいたが、豊を妊娠させた。長英は宇和島退去後、生まれる子が男であれば僧にせよと豊に手紙を書いた。豊は男児を産むが、男児のその後については不明である。

四月、二宮敬作の妹で大洲の麓屋半兵衛の妻くらが死んだ。五月にはくらの夫半兵衛が死ぬ。このような中、長英が伊予に舞い戻り、六月三日から十日間ほど二宮敬作にかくまわれ、大野昌三郎、斎藤丈蔵が長英を訪ねた。

長英が潜んだ二宮敬作邸の離れ家の二階部分が「高野長英の隠れ家」として現存している。後年、ここにイネが短期間、居住した。

長英は伊予を離れ、大坂、名古屋を経て、嘉永二年八月、江戸に潜入した。七月五日付の斎藤丈蔵・大野昌三郎宛の手紙がある。宇和島を離れてからも長英には宇和島藩の庇護があり、書状も宇和島藩の官便を利用している。

手紙には、大坂の宇和島藩邸に立ち寄ったこと、その後の名古屋までの行程が記され、西洋式船舶雛形のその後はどうなっているか、と訊ねている。伊達宗城は軍艦建造を企て、長英は宇和島で軍艦建造の研究もしていたのである。

七月二十二日、大野昌三郎が藩に遊学願いを出している。

「私は不調法者にもかかわらず、昨年夏、蘭学修業を命じられ、伊東瑞溪に習学しました。元来不調法者ですので、伊東瑞溪が去ってからは学業が進まず、憶えた蘭語も忘れてしまい、恐れ入るしだいです。不調法者ゆえ学業が進まないのだと自覚はしていますが、死力を尽くし是非ともお役に立ちたいと念じています。恐れ多いことですが、京摂に罷り越し、良い師を求めて修業したいと思います。京摂に良い師がいないのであれば、三州吉田表の尾本九渕を訪ね、従学したいと存じます」

昌三郎は伊東瑞溪と記しているが、長英であることはむろん知っている。三州吉田の尾本九渕については不詳。

八月二日、大野昌三郎に蘭学修業の命が下った。行き先は大坂であった。二十日、大野は飛脚船に同乗して出郷した。大野は緒方洪庵の適塾を訪ねた。このとき、塾頭の村田宗太郎（村田蔵六）に会ったと考えられる。

嘉永三年十月三十日、長英は青山百人町の隠れ家を幕吏に踏み込まれ、闘死した。長英の死は全国の蘭学者を震撼させた。二宮敬作や五岳堂の門人たちはもちろん、高野長英と会うことはなかった楠本イネも、その死に衝撃を受けたであろう。

長英の設計した久良《ひさよし》砲台は、嘉永三年に完成するが、建造にあたって外海浦庄屋の二宮市右衛門が資材や人夫を提供した。二宮市右衛門は敬作の妹てつの嫁ぎ先である。二宮敬作は如山と号し、市右衛門は如水と号していた。市右衛門の二男篤四郎はのちに宇和島藩に登用され、きわめて悲劇的な運命をたどる。

この年、適塾の村田宗太郎が周防吉敷郡鋳銭司《すぜんじ》村に帰郷し、医院を開業した。まもなく、隣村の高実半左衛門の一人娘琴子（十六歳）と結婚する。村田は医者としては評判が悪く、どこかで自分の実力を発揮したいと考えていた。

未婚の母

イネの周辺にはほとんど悪人はいない。唯一、悪人と見なされているのが石井宗謙である。五十五歳の宗謙は二十四歳の処女イネを強姦し、妊娠させた人物とされる。

石井家の祖先は美作国の武士で、曽祖父石井治右衛門の代から美作真庭郡旦土村に居住した。祖父は意斎、父は信綱という。宗謙は数え年十五歳のときに父を失い、十七歳で学問を志した。真吾、平馬の二人の弟があり、「学問というものは修得するにしたがって面白くなるものだ」と勉学を説いたという。

宗謙は天保三年、美作勝山藩松平家の藩医となった。宗謙の妻は津山藩士蘆沢《あしざわ》藻織《もおり》の妹で、名をしげといい、天保六年五月、宗謙が「独身ニ付留守之節火之元モ不安心ニ付」と藩に願い出て結婚した。

天保十二年、京都の蘭医新宮涼庭に従学。その後、勝山藩医を辞して、岡山城下に医院を開業する。備中三須村の医師杉生革斉★の日記によれば、石井宗謙は三須村で種痘を始めた。天保十三年、弘化三年と続けて種痘を成功させたが、弘化五年、種痘を施した女児が死亡するという失敗があった。女児は杉生革斉の子ともいう。このときイネが女児死亡を見聞した可能性がある。

宗謙としげの間に子はなかったが、別の女性たちとのあいだに久吉、梅太郎、タダ（高子）の二男一女があった。久吉の母は宗謙の側妾で、万屋（中山）丈助の娘お室。梅太郎の母は笠岡の出というが、名は伝わらない。タダの母はイネである。

梅太郎は学問に興味を示さず、宗謙が郷里に書き送った手紙には、「長男久吉は緒方洪庵に師事し、三年もすれば蘭学も進むだろう。しかし、梅太郎は学問を嫌い、たいへん困っている」とある。

梅太郎は戊辰戦争で旧幕府軍に加わり、箱館戦争に転戦した。地元民二人と僧を案内役にし、稲石（北海道檜山郡）で敵情探索をしていたところ、官軍の松前藩士に誰何された。不覚にも懐中の拳銃を落としてしまい、素性が露見した。梅太郎は案内役三人の助命を乞うが、四人は雪の上で斬首されたという。このとき、梅太郎は十三歳である。

イネの「自筆履歴明細書」では、イネが石井宗謙のもとにいたのは嘉永四年（一八五一）九月までである。十月には長崎に帰り、翌る嘉永五年二月七日、イネは女児タダを出産する。早産ではなかったとして、宗謙のもとを去ったとき、おおむね妊娠五カ月である。『シーボルトのみたニッポン』の記述からすると、石井宗謙は恩師シーボルトの娘イネを下女同然に扱い、あげくは強姦して妊娠させ

杉生革斉

杉生革斎は医家杉生家の二代目。杉生家は岡山県総社市の医療法人革斎会杉生クリニックとして現在も隆盛している。

た男ということになる。

石井宗謙はシーボルト追放後、二年余り長崎にとどまり、高良斎とともにたきとイネを見守り、たきがシーボルトに宛てた手紙をオランダ語に翻訳し、シーボルトからの手紙を日本語に翻訳した。石井宗謙がシーボルトに宛てた手紙がある。「私の先生！」という呼びかけに始まり、

「日本にいるあなたのすべての生徒たちは、あなたの娘のイネがあなたの出発後、絶えず名誉と貞操を保てるよう心がけますから、あなたは彼女のことについて何も心配なさらないでください」

と終わる。通説では、こう書いた当人が二十年後、イネの名誉と貞操を奪うのである。住み込みの女を妊娠させたということだけであれば、この時代にあってはとりたてて非道な行為ではない。しかし、イネはほかならぬ恩師シーボルトの娘である。

吉村昭は歴史読物「洋方女医楠本イネと娘高子★」で、イネの妊娠が石井宗謙の強姦によるものであるとしている。

吉村昭は昭和三十九年、小説『戦艦武蔵』の取材調査★のために初めて長崎を訪ね、以来しばしば同地を訪ねた。あるとき吉村昭は当時の長崎県立長崎図書館の館長永島正一から「筆録　山脇タカ子談話資料」を見せられた。おりから、司馬遼太郎の『花神』の連載が始まっていたが、永島館長は司馬にも見せなかった秘蔵資料を吉村に見せたのである。

資料は、古賀十二郎が大正十二年十一月十三日、山脇タカ子（七十二歳）から鳴滝で聴取した談話の筆録である。高子が語る宗謙の強姦と妊

「洋方女医楠本イネと娘高子」

初出は昭和55年２月『歴史と人物』、現在は文春文庫『歴史の影絵』に収録。

取材調査
長崎を訪問すること120回、宇和島は60回という。

娠の顚末は、概ね以下のとおりである。

――祖母たきは私の母の落ち着き具合を見るために、石井の家をはるばる訪ねました。母の修業の様子を見て安心し、天神丸という船で長崎に帰りました。その際、石井と母は舟（見送りの小舟）で祖母を見送り、天神丸は帆をあげて出発しました。帰途、母は船中で石井に口説かれました。母は石井を嫌い、懐剣で防ごうとしましたが、石井の暴力に抵抗できず、「処女ノ誇ヲ破ラレマシタ」。

母はその後、小倉左源太という人の長屋に住みました。母は石井に姦淫されて以来、「一度モ肉交ハ」ありませんでした。母は石井を蛇蝎のように嫌っていたのです。

ところが母は妊娠しました。そうして私を産んだのです。こうした因果で私は生まれました。母はこれも天意であろう、「天ガタダ子トシテ私ヲ授ケタノデアラウ」と諦めまして、私をタダ子と名づけました。

母が分娩いたしました際は、産婆を使わず、自分で臍の緒を切ったそうです。お七という女が色々手伝ってくれたといいます。

石井には妻がいました。賢女で、石井の非道を何度も母に詫びたそうです。

母は分娩後、長崎に帰りました。母の出発のとき、石井は見送りをしましたが、母は石井を大いに恨み、ひとでなしの石井、と罵りました。母が石井を嫌ったのは並大抵ではなく、（いつまでも）恨んでいました。

――という衝撃的な証言である。

この出生の秘密をイネが高子に語った時期は不明であるが、高子は半世紀以上、胸の奥に秘していたことになる。後年、イネと高子は宗謙の子の石井信義（久吉）の支援を受ける。イネと高子にとって石井信義は恩人である。にもかかわらず、イネがこのような話を高子に語ったのであるから、談話の内容はほぼ事実のようにも思われる。

とはいえ、船中強姦は現実味がない。たきが長崎に帰った船は下津井港から出ていたと考えられる。備前国の商港・漁港として繁栄し、北前船の寄港地であり、讃岐金毘羅参りの渡し場でもあり、下関に向かう航路があった。見送りの小舟というのは、岡山城下の西に流れる高梁川から河口へ向かい、海に出て下津井港へ結ぶ高瀬舟ではないだろうか。船中で強姦するためには、船頭や乗客に因果を含め、舟の中を一時的に宗謙とイネの二人きりにする必要がある。あり得ない話である。

それはともかく、イネには産む・産まないの二つの選択肢があったはずである。二者択一の苦渋・苦悩は、とうてい筆者の想像の及ぶところではないが、イネは自ら経産婦となることで産科修業の糧としようと考え、産むと決心してからは産科医と妊婦の一人二役を冷静に演じたのかもしれない。

高子の談話には続きがある。高子が語ったのは母イネの出生の秘密だけでなかった。後年、高子も片桐重明という医師に神戸港で船中強姦され、男児★を産んだという。告白後、高子はこの話はくれぐれも内密にしてほしいと古賀十二郎にたのんだ。

古賀は非常に強い衝撃を受け、「忘れてしまいたい話であるが、後世のために記録しておく」として「筆録　山脇タカ子談話資料」を残した。長崎県立長崎図書館はこの資料を、内容が内容だけに非公開としていたが、古賀の筆録を読んだ吉村昭も、古賀と同じように衝撃を受け、イネと高子に同情した。吉村は強い使命感をもって執筆にあたり、取材を重

男児
楠本周三。第六章で、詳述する。

ね、資料を収集し、『ふぉん・しいほるとの娘』の連載を開始する。

ところが、読者の中には、イネが石井宗謙に船中強姦されて高子を産み、高子も片桐重明に船中強姦されて男児を産んだことを、吉村の創作と受け止める者が少なからずいた。そこで、吉村昭は読者の誤解を正すべく、「洋方女医楠本イネと娘高子」で執筆秘話を明かした。以後石井宗謙の船中強姦、片桐重明の船中強姦は通説化する。

なお、イネが高子を出産した嘉永五年二月七日、「自筆履歴明細書」ではすでにイネは長崎に帰郷している。岡山で出産したという高子の談話と整合しない。吉村昭は高子の証言を採用している。高子の出生を一年さかのぼって嘉永四年とし、岡山で出産してから長崎に帰ったとみる研究者もいる。

石井宗謙のもとにいた頃のイネの書（ボーフム・ルール大学東アジア学部附属図書館蔵）がある。縦三〇・六センチ、横四八・五センチの大判の和紙に書かれた五行からなる漢詩である。

春声撩　春の声が耳をかすめ
耳鳥啼　樹に鳥が啼き
樹紅雨　花に降る雨が
満身僧　身に満ち　僧は
折花　花を折る
庚戌小春

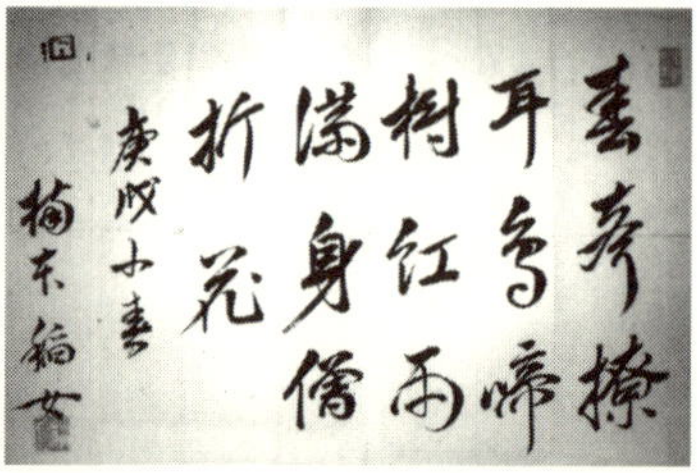

漢詩（ボーフム・ルール大学蔵）

楠本稲女

庚戌は嘉永三年で、小春は十月であるから、イネが嘉永三年十月に揮毫した書で、このときイネは二十三歳である。

紙面右上に「界親万里外」という白文の引首印（冠冒印）が朱印で捺されている。万里の外にへだてられた親とはシーボルトである。イネは自分の境遇と父への思慕を落款にしているのである。

門外漢の著者の印象では、筆蹟は男性的で、いくらか稚拙な印象も受ける。五行の行頭が右から左へしだいに左肩下がりになっているのが不安定な感じでもある。そこで、平成の漢学者宇野直人（共立女子大学教授）に質問したところ、以下のような回答があった。

一、漢詩について

春声憭耳鳴啼樹　紅雨満身僧折花という七言句二句を五行に行変えしたもので、清代中期の詩人袁《えん》枚《ばい》の作。袁枚はこの時代の日本ではよく読まれていたが、この詩はあまり有名ではない。幕末には女流詩人も多く輩出するが、当時、蘭学修業者も漢学の素養が深かったという例証の一つである。

二、「界親万里外」の読み方と出典について

親を界《へだ》つ万里の外、もしくは親を万里の外に界つ、と読む。何かの詩句であるとも考えられるが、「界」をかぎる、へだつの意味で使っている例は見たことがない。

三、筆蹟及び左肩下がりに書かれている理由について
かなりの達筆であり、行頭がしだいに左肩下がりに書かれているのは、紙面レイアウト上の遊び心と考えられる。

——二十三歳のイネには漢籍の素養があったのである。石井宗謙の内弟子であった六年余り、イネは下女同然に家事に追いまくられていたのではなく、医学以外の学問に親しむ時間が与えられていた。これからしても、イネの妊娠が石井宗謙の理不尽な暴力によるものかどうか、いささか疑問なしとしない。

石井宗謙・信義（久吉）父子は嘉永六年に江戸に出て、宗謙は岡山藩江戸屋敷の藩医となるが、語学力を買われて幕府に召し出された。安政二年に箱館奉行所通詞、安政三年に蕃書調所出仕、安政四年には神田お玉が池の幕府種痘所設立にも参画した。

第三章　宇和島

蘭学群像

嘉永四年（一八五一）二月、大野昌三郎が長崎に遊学した。通詞森山栄之助にオランダ語と英語を学ぶためである。六月二十六日、「蘭書之義ニ付急ニ願上度件アリテ帰着ス」と『藍山公記★』にある。大野はいったん宇和島に帰国し、高価な蘭書の購入について上司と相談した。

十月、イネはタダの育児のかたわら、磨屋《とぎや》町に寄留する蘭医阿部魯庵に師事する。「嘉永四年十月ヨリ安政元年九月マデ満三ケ年当区磨屋町寄留医師阿部魯庵ニ従ヒ」産科修業をした、と履歴明細書にある。

魯庵は丹波篠山生まれ、長州藩医青木周弼《しゅうすけ》の門下で、オランダ商館医モーニッケが持ち込んだ牛痘苗を用い、嘉永二年、青木と協力して防長両国で種痘普及に尽力した。蘭学者としても高名で、吉田松陰は「長崎の人物払底は憐れむべし。蘭学ならば阿部魯庵にこれあるべし」と賞賛している。

長崎遊学中、大野昌三郎がたきとイネに会ったという記録は見当たらないが、二宮

『藍山公記』
八代藩主伊達宗城の編年体記録。稿本は全187冊、追補18冊の大著。

敬作の意を受けて会ったとも考えられる。会ったとすれば、このときが初対面である。

嘉永五年七月、オランダ船入港で森山栄之助が忙しくなり、大野は宇和島に帰国し、上申書を書いた。兵学書は英仏の書物が多いので英仏語を習得する必要があるが、森山栄之助は英仏の原書は読めない。そこで辞書を買い集め、両国語を読めるようにしたい、そのために江戸でアメリカ帰りの幕臣中浜万次郎（ジョン万次郎）に英語を学びたい、という内容である。この願いはすぐには叶えられなかった。

嘉永六年六月三日、マシュー・ペリー提督のアメリカ艦隊が国交を求めて浦賀に来航し、艦砲射撃で恫喝した。黒船騒動である。

七月十八日、エフィム・プチャーチンが率いるロシア艦隊が長崎に来航した。日本遠征を進言したのはシーボルトで、シーボルトはプチャーチンに、紳士的な態度で日本との交渉にあたるよう助言していた。ペリーの黒船とは異なり、プチャーチン一行は平穏に長崎奉行と面談し、江戸から幕府役人が来るのを待った。

八月五日、大野は再び長崎出張を命じられた。砲術家山本物次郎に軍事学を学ぶためであるが、長崎はロシア艦隊来港で騒然としており、大野は急遽二十日に帰国、山本物次郎の報告書「魯西亜《ロシア》船渡来一件」を提出し、長崎に引き返した。

九月十九日、大野は宇和島に帰り、長崎情勢を報告した。

十月上旬、周防国鋳銭司村の村医者村田亮庵（蔵六）が、卯之町の二宮敬作を訪ねた。敬作は初対面の村田と談論するうち、その学識に瞠目した。伊達家の家記『鶴鳴餘韻《かくめいよいん》』★には「（村田は）蘭人シーボルトの高弟たる二宮敬作の名を聞き遥遥宇和島に尋ね来たり」とあるが、事実かどうかは疑わし

大村益次郎（村田蔵六）肖像画（キヨッソーネ画　山口市歴史民俗資料館蔵）

い。

宇和島城下に入った村田は、伊達家菩提寺である金剛山大隆寺の晦巌和尚を訪ねた。晦巌《まいがん》はこの時代のいわゆる勤王僧で、伊達家の内命を受けて公卿や尊皇藩主を訪ねることもあった。

村田の身元引受人は大野昌三郎であり、大野は自分の給与を分与するので村田をぜひ宇和島に滞留させてほしいと藩に願い出た。これからして、村田に宇和島に来るよう勧めたのは大野昌三郎で、二宮敬作、晦巌との面談を斡旋したのも大野と考えられる。

村田は藩命により蘭書「航海術之書」を翻訳する。これは採用試験で、その結果、村田は二人扶持年俸一〇両で召抱えられることになった。ところが、村田は宇和島藩の待遇が不満だったようで、長州に帰国したいと申し出た。村田は慰留され、十一月七日、「帰国を止めて妻を呼び寄せることにした」と藩に報告した。

長崎のロシア艦隊は、クリミア戦争の敵国イギリスが極東ロシア軍を攻撃するという報に接し、急ぎ上海に向かった。十二月五日、艦隊は長崎に戻り、幕府との交渉が始まる。プチャーチンと交渉したのは幕府海防掛の川路聖謨《かわじとしあきら》で、通詞は森山栄之助である。国交の要求は容れられなかった。

この年の暮れ、津山藩医箕作阮甫《みつくりげんぽ》★が長崎に来た。阮甫は石井宗謙から託されたイネへの手紙を携えていた。十二月末日、阮甫は一力楼でイネと会う。阮甫の日記「西征紀行」には、「大晦日晴　長

『鶴鳴餘韻』
伊達秀宗宇和島入部300年を記念して大正３（1914）年に刊行。上巻は初代伊達秀宗、中巻は五代伊達村候、下巻は八代伊達宗城の事績を記している。

崎の一力楼でイネに会って手紙を渡した」とある。イネの印象は「容貌妍美、身体傾長、風神俊俏、長崎にては第一等の美人と謂ふも可なり」で、イネは容貌がきわめて美しく、身体もすらりとし、挙措も爽やかで、長崎一の美人であるという。このとき、イネは二十六歳。

年が明けて嘉永七年——。一月三日、宇和島城下裡町四丁目の長屋に住む職人嘉蔵が、年始のあいさつに本町の富商清家市郎左衛門を訪ねると、

「宇和島で南蛮式の火輪船を造ることになった。ご家老の桑折様からこの清家に、誰か心当たりの者はいないかとのご下問があったのだが、そうだ、お前がいた。お前しかいない。その仕掛けを考えてみよ」

と、思いがけないことを命じられた。

嘉蔵には姓がない。提灯屋嘉蔵とよばれる職人である。宇和島藩領矢野組（現・八幡浜市）の生まれで、このとき四十一歳。手先が器用で提灯の張替え、節句飾りや盆燈籠の製作、仏壇、神輿、武具甲冑《かっちゅう》の修理、雨漏り修繕、ドブ板直しなど、注文があればどこへでも出かけ、何でもこなした。出来の悪い酒を酸化マグネシウムで品質改善したこともある。

嘉蔵は寺子屋に通ったことがあるが、専門教育を受けたことはない。ところが、町医者から借りた宇田川榕菴の『舎密《せいみ》開宗』★を熟読し、驚くべきことに、その内容を理解していた。「江戸のダ・

箕作阮甫

箕作阮甫は幕府に重用され、ペリー来航の際、フィルモア大統領の親書を翻訳している。蕃書《ばんしょ》調所教授。

『舎密開宗』

図版入りの科学（化学）入門書で、舎密はオランダ語のCHEMIEのあて字である。

ヴィンチ」などとも称される宇田川榕菴は、シーボルトとも親交があった蘭学者である。

一月十七日、村田亮庵のもとに、富澤礼中の弟子二名と町医者の布清恭（のち志賀天民）が入門した。四日後、野田律斎が入門。野田は村田の適塾での後輩であり、野田が村田の宇和島入りに関与した可能性もある。

一月十八日、イネは箕作阮甫と面談した。

「手紙を読みました。これまでも宗謙は子を連れて江戸へ出てくるよう言ってきましたが、老母を扶養しなければならないから、と理由をつけて断ってきました。宗謙は子だけでも連れて大坂に来い、そこで受け取ると言ってきましたが、その気はありません。宗謙とは縁を切りたいと思います」

石井宗謙との絶縁をイネが明確に意思表示したのはこのときである。

イネは医学修業に忙しく、幼い高子（タダ）を養育したのは主としてたきであったと思われる。高子はもの心つくと、当然、父親について訊ねたであろうが、たきやイネがどう説明したかはわからない。幼女の頃から、父が偉大な医師であると周囲から言い聞かされ、励まされて育ったイネと比べると、高子の生い立ちは暗く、不幸である。高子は外見上、混血児の特徴がなく、母をしのぐ美人になるが、その美貌は高子とイネの生涯を大きく左右することになる。

村田の妻琴子は二月十一日に宇和島入りしていたが、二月十三日、大野昌三郎を通じて「（近々、妻も来るようだから）村田に月々米六俵を与える」という通達があった。村田は百石で宇和島藩に召抱えられた、と諸書にあるが、月々米六俵は年三十石程度で、知行高に換算すれば百石に近い。宇和島藩のお雇い軍学者となった村田亮庵（宗太郎）は、このとき名を蔵六《ぞうろく》と改める。

提灯屋嘉蔵は火輪船の仕掛けづくりに没頭し、横一尺、縦二尺五寸、深さ八寸ほどの箱に車輪を四個取り付け、中に歯車を仕込み、前後自在に動く仕掛けを製作した。清家市郎左衛門は仕掛けを桑折駿河に提出し、桑折駿河は宗城に上覧した。宗城は大いに感心した。

三月二日、嘉蔵は召し出され、二人扶持五俵という微禄ではあるが、御船手方御雇いを命じられた。裃に二本差しで帰宅すると、嘉蔵が気が狂った、と長屋は大騒ぎになったが、事情を知った隣人たちにささやかな祝宴をしてもらった。

三月三日、日米和親条約が締結され、攘夷論が高揚する中、老中阿部正弘は諸藩に大船建造と外国船購入を許可した。

伊達宗城の軍艦及び蒸気船建造計画に村田蔵六と嘉蔵が従事し、二人の交流が始まる。この頃、宇和島藩は長崎の商人有田屋彦助★に御用商人を命じた。以後、有田屋は宇和島藩の長崎出張所になり、長崎に向かう宇和島藩士は有田屋の世話になる。嘉蔵もその一人である。

五月十七日、村田蔵六は神田川原《じんでんがわら》戸板口の御借長屋（二階建て）の改築を始めた。ここを学塾にするためである。

五月二十二日、軍艦及び航海術調査団が長崎に派遣された。

五月二十六日、村田蔵六の弟晋一郎（文恭）がやって来て同居した。七月二日、改築が終わり、村田塾が本格的に始動する。

七月二十四日、長崎の阿部魯庵が死去し、イネは師を失う。

閏七月四日、二宮逸二が村田蔵六の推挙によって大坂の適塾に入門した。適塾の

有田屋彦助
彦助の祖父が砲術、蒸気船、反射炉などに詳しい山本物次郎である。

「姓名録」に「閏七月四日入門　豫州宇和島領卯之町敬作男　二宮逸二」とある。

八月二十日、軍艦及び航海術調査団の二回目の長崎派遣があり、蔵六と嘉蔵が参加した。このとき、二宮敬作も藩に願い出て同行した。長崎に人脈がある敬作は、藩費を支給され、調査団の支援にあたるが、たきとイネに会うことが目的である。

二宮敬作は、たき、イネと二十五年ぶりに再会する。敬作がイネの安否を気遣って長崎を訪ねると、イネが石井宗謙の子を出産して未婚の母となっていたので、敬作は身も世もなく嘆いた、という伝承がある。しかし、二宮敬作はこれ以前にイネの妊娠出産を知っていたかもしれない。石井宗謙がイネを妊娠・出産させたという情報は、岡山の蘭方医から各地のシーボルト門人に発信されていた可能性があるし、たきとイネが二宮敬作に知らせなくとも、大野昌三郎が伝えたとも考えられる。二十二日、適塾の二宮逸二はこの騒動を父敬作に手紙で知らせている。

九月十八日、大坂天保山の沖合にロシア軍艦ディアナ号が来航、大騒動となった。

「奉行所が適塾に通訳を雇いに来たので、私は軍艦来航を知りました。塾の仲間と天保山に登り、軍艦を眺めていると、二艘のバッテイラ（短艇）が安治川に漕ぎ寄せてきました。奉行所の与力や城代の手勢が、馬やら槍やらで制止しようとして大混乱。バッテイラは安治川四丁目まで遡上しました。手勢はバッテイラを繋留させ、小舟で取り囲んで接岸させました。夷人と侍が身振り手振りで交渉するのですが、全く通じません。適塾の伊藤慎蔵と栗原唯一の通訳で、ようやく夷人はバッテイラに戻りました。翌日、尼崎藩、紀州藩、姫路藩から大勢がつめかけ、陣を構えたのですが、台場

手紙
緒方銈次郎「露艦大阪入津と緒方塾」(『上方』第133号　創元社　1942年) に収録。

を築くでもなく、ただぼんやりしているだけです。それに対して夷人は動じることなく、悠々としており、感心しました」

未曽有の大事件に遭遇した逸二の筆は躍っている。

伊達宗城はこのとき江戸にいたが、事件を知って激怒した。福井藩主松平慶永（春嶽）に宛てた手紙に、「実にもつて傍若無人、言語に絶へ候」とある。宗城はこの時点では、烈公徳川斉昭仕込みの攘夷必戦論者であった。

十月十四日、プチャーチンがディアナ号で下田に入港し、川路聖謨ら幕府役人との二度目の交渉が始まった。このとき、箕作阮甫も交渉にあたった。

十月（中旬か）、敬作、蔵六、嘉蔵、イネの四人は宇和島へ向かう。イネとしては三歳に満たない娘タダをたきに託しての出郷である。敬作の長崎行きは、イネを宇和島に連れて来るのが目的であったと考えられる。

旅の雑用には嘉蔵があたった。豊後中津城下に入ったところで嘉蔵が宿の名を忘れたので、「四、五丁ばかり」後戻りすることになった。二宮敬作が「大立腹」した、と嘉蔵は自伝に記している。イネの脚を気遣うあまり、温厚な敬作が立腹したのであろう。

四人は佐賀関《さがのせき》から船で豊後水道を渡り、イネと敬作は卯之町に旅装を解いた。イネにとってほぼ十年ぶりの卯之町で、イネは一カ月余り、厚養亭に滞在する。十月二十九日、蔵六と嘉蔵は宇和島城下に帰着した。

十一月四日、地震（安政の大地震）による津波で下田港のディアナ号が大破した。このとき、津波にさらわれた日本人数名をディアナ号乗組員が救助した。ディアナ号は修理のため戸田村《へだ》（現・沼津市）の港に向かうが、途中で沈没した。プチャーチン一行は戸田村に滞在し、幕府の許可を得て、帰国のための大船の建造を始めた。

十一月五日と六日、安政南海地震によって宇和島も大きな被害を受けた。以後、復旧に多額の藩費を要し、伊達宗城の軍拡構想は縮小を余儀なくされる。

十一月二十七日、嘉永は安政と改元された。

翌る安政二年一月六日、二宮敬作がイネを連れて城下神田川原戸板口の村田塾を訪ねた。敬作は四日間、村田塾に滞在し、イネを残して卯之町に帰った。

一月十七日、二宮敬作に御目見、御徒格の格式が与えられた。庄屋でもこの厚遇を受けた者はほとんどいない。本人だけの一代限りではあるが、二宮敬作は宇和島藩の準藩医となった。

この日、大野昌三郎は江戸へ出発した。中浜万次郎に英語を学ぶためである。途中、大野は戸田村に一週間ばかり滞在し、造船作業やロシア人の動静を視察した。

三月二日、伊達宗城が宇和島に帰国し、十一日、二宮敬作が初めて宗城に拝謁した。このとき、宗城が敬作にイネのことを訊ねたかどうかは不明である。宗城は二宮敬作がシーボルトの高弟であることを知っていたが、シーボルトの娘が宇和島にいることを知っていただろうか。知っていれば、好奇心旺盛な宗城はすぐさまイネを召し出したかもしれない。

この年の正月、二宮敬作の甥三瀬周三（十五歳）が生地の大洲から卯之町に移り、敬作に従学する。このとき周三は、まだ幼名の弁次郎である。

三瀬周三は天保十年十月一日生まれ、生家は大洲中町の塩問屋麓屋で、麓屋は大洲藩の御用商人でもあった。父は半兵衛といい、母くらは敬作の妹である。十歳のとき、両親が相次いで病没し、親戚の辰太郎という者が麓屋を継いで四代目麓屋半兵衛を名乗った。十二歳になると、八幡神社の神職常磐井厳戈《いかしほこ》（中衛）の私塾古学堂に入門した。厳戈は蘭学にも理解があり、最初から三瀬周三は良師に恵まれた。

十四歳になると、四代目麓屋半兵衛こと辰太郎が、庄屋株を買って周三を庄屋にしようとした。周三は学問で身を立てたいと主張し、常磐井厳戈の進言もあって、伯父の二宮敬作に学ぶことになったのである。

四月十四日、村田蔵六が初めて宗城に拝謁を許された。宗城も馬面の異相であるが、蔵六は顔の半分が額という異相である。互いにどのような印象を抱いたであろうか。蔵六は包物★を下賜された。

蒸気船と軍艦の建造は同時進行していた。蔵六は早朝から日暮れまで、浜御殿の御茶屋前で軍艦雛形製造を指導し、夜は塾生に講義するという多忙な毎日であった。

四月二十七日、大野昌三郎の戸田村視察報告書が宇和島に届いた。「ロシア人が婦人を群淫したので多数を取り押さえたとの風評がありますが、まったくの虚説です。ロシア人は番所内を自由に遊歩できますが、悪行はしていません。遊歩の途中、婦女や子供をからかうのは、アメリカ人が下田で行うのと同様です」などと記されている。

五月になって、宗城は軍艦建造を断念した。その理由は、安政大地震の被害復旧

包物
半紙五帖、煙草入れ、袂落《たもとおと》し、鰹節10挺。袂落しは煙草入れなどを入れる紐のついた袋。

に出費が嵩み、軍艦建造に費用をかけられない、長崎での軍艦建造及び航海術の伝習が不十分であること、などである。

八月二十二日、軍艦雛形がともあれ完成した。全長は約二・七メートル、艦首の龍頭の装飾は嘉蔵が彫刻した。浜御殿御茶屋前の池に浮かべてみたが、水深が浅いので船底がつかえ、横倒しになった。

九月一日、軍艦雛形にバランスをとるための棹鉄一三〇貫目を積載し、樺崎港での試運転が行われた。一三〇貫目の鉄を載せ、二、三名が乗船したのであるから、載貨重量〇・六トン以上である。試運転の結果は上々で、宗城は大いに満足した。しかし、宗城はこれを最後に、軍艦事業から完全に撤退する。

十月二日夜、大野昌三郎が宇和島に帰って来た。中浜万次郎の英語は会話が中心だったので、大野は半年ほどで従学を終え、新たな師を求めたが、持病の脚気が悪化し、帰国したのである。

ところで、『花神』ではイネと蔵六に恋愛関係が生じるから、大野はイネの恋愛相手としては出る幕がなく、もっぱら蔵六の世話をする好人物として登場する。「学問にはさほど達しなかったが、学問の世話ずき」と司馬は書いているが、この時期の宇和島には大野ほどの学識に達した者はいなかった。

この頃、二宮敬作が脳卒中で倒れ、半身不随となるが、鍼灸治療と吐剤の服用によって年末には快方に向かった。

神田川原と三角屋敷

三瀬周三の自筆略年譜には、「村田蔵六先生宇城ニ在リ、矢氏ノ令嬢於稲其熟ニ遊学ス」とある。宇城は宇和島城下、矢氏はシーボルトで、熟は塾の誤記である。

村田塾に入塾したイネは蔵六から何を学んだのであろうか。蔵六は解剖の名人で、後年、江戸で人体解剖を公開したときは、自ら書いた解剖手引書を持ってあざやかに解剖し、その詳細な説明に医師たちは驚嘆した。イネが蔵六に学んだとすれば、人体及びその生理であったかもしれない。蔵六がイネから学ぶことも多かったはずで、単なる師弟の関係ではなかった。ちなみに、安政二年五月六日の時点では、誕生日が三日違いの蔵六とイネは、イネが二十八歳、蔵六が三十歳である。

司馬遼太郎の『街道をゆく14　南伊予・西土佐の道』★に、「神田川原《しんでんかわら》」という一章がある。城下に流れる神田川の左岸一帯を神田川原といい、鉄砲組や足軽など下級藩士の居住区である。司馬は概ね以下のように書いている。

イネを預かった卯之町の二宮敬作は、オランダ語を覚えさせるべく、当時宇和島に招聘されていた周防の百姓医村田蔵六に預けた。その教えぶりを見たい、といって伊達宗城は城から出て来ては毎日のように蔵六の寓居に通ったという。勧進橋へまわるには遠まわりなので、ここに粗末な橋をかけさせた。隠居の身

『街道をゆく14　南伊予・西土佐の道』
「週刊朝日」の1978年９月１日号から12月29日号まで連載された。

とはいえ前藩主が一介の士の家へ来るなど普通はあり得ない。このため微行してきたのだが、それにしても橋までかけさせて授業ぶりを見に来るというのは、尋常一様なことではない。

伊達宗城は、イネにも強い関心を持った。あるいは性的な関心もあったかもしれない。が、それは当の宗城に聞いてみねばわからない。ただ彼はヨーロッパを学問のかたちにして日本に持ちこんでくれたシーボルトを深く想い、そういう思想の中からイネを見ると、格別な感情のさざめきがあったのであろう。宗城夫人もイネを愛し、イネの娘の高子を一時伊達家で育てている。

村田蔵六がイネに教えたオランダ語は、蔵六がかつて緒方洪庵から学んだ方法どおり、文法だったにちがいない。宗城は情熱的な開明家でありながら、オランダ語を知らなかった。授業の参観ということで、かれ自身もこの機会に学ぼうとしたのかもしれない。

神田川原

粗末な橋とは、御通橋である。しかし、財政難の中、わずか数分の時間短縮のために宗城が橋をかけさせることはあり得ない。御通橋を渡ると妙長山法円寺で、伊達家の墓所の一つである。橋は以前からあり、法要や墓参のために殿様や奥方がお通り遊ばされたから「御通橋」とよばれたのである。

蔵六によるイネへのオランダ語教授を見るため、宗城が毎日のように蔵六宅に通ったとあるが、そのような事実はない。宗城がイネと初めて会うのは、およそ十年後である。

また、伊達宗城がオランダ語を学ぼうとしたかもしれない、とあるが、宗城にそのような時間の余裕はなく、宗城が日記、備忘録、書簡等にオランダ語を書いている例はない。

イネは安政二年一月から翌三年三月まで、蔵六に従学する。『ふぉん・しいほるとの娘』ではイネと三瀬が日帰りで村田塾に通学するが、卯之町の二宮敬作宅から宇和島城下へは徒歩で約六時間、蔵六は日が暮れてから塾生を指導していたから、日帰りで村田塾に通うことはできない。『花神』では、イネは戸板口の村田塾に住み込み、蘭語、産科、外科の指導を受ける。蔵六は、教えることは学ぶことである、といってイネを塾頭にする。イネはたちまち評判になり、「シーボルト先生」と門人に敬慕される。「武士が、婦人に学問をならうようなことは、徳川三百年来初めてのことであった」と司馬は書いている。

宇和島でイネが「シーボルト先生」とよばれていたというのは、長井音次郎の著書に出てくる。また、イネが蔵六と同居し、教えを受けながら助手を務めたが、まもなく男女同居を非難されて別居した、という口承が宇和島にはあった。

大正八年に刊行された村田峰次郎『大村益次郎先生事蹟★』に、旧宇和島藩士鈴村譲の談話が収録されている。

村田蔵六住居跡

『大村益次郎先生事蹟』
村田峰次郎は安政4年生まれ、昭和20年没。毛利家家史編纂所を主宰。『大村益次郎先生事蹟』の後半は「逸事談話編」で、鈴村譲からの聴き取りが収録されている。

「伊篤は西洋人の娘でもあり、外国語は能く出来まするし、其上医者のことなども、能く知つて居るものですから、矢張り教授の一人のやうになつて居つたのでございます。けれども、女と同居して居っては可笑しいと云ふので、大村さんは細君を連れて来て居られたことですから、同居でも差支ないやうなものであるが、男女が同居して居つては可笑しいと云ふので、伊篤は他へ転じたのでございます。併し一時は一緒に居られました」

鈴村譲は安政元年一月十九日の生まれであるから、宇和島でイネと蔵六との交流があった頃はもの心もつかない。鈴村は年長者からの伝聞を語ったに過ぎない。

伊達家家記『鶴鳴餘韻』には以下の記述がある。

楠本イネの三角屋敷跡

「シーボルトが長崎に於て、日本婦人に通じて生せたる一人の娘あり。名を楠本伊篤と称《い》いしが、攘夷論の為に長崎に安住し難く、宇和島に逃げ来りて市中に棲み居た」

「(蔵六は)この混血女と同居して頻に外国語を研究して居た」

「(蔵六が)藩の内命に依って足軽の家を借り、之《これ》を修復して洋学教授の塾を開きたる時にして、伊篤は固より教授の任に與《あずか》り居たるなり。然し其後男女同居に関する非難の生じたるにより別居することとなれり」

これらもまた、不正確な記述というほかない。

呉秀三著に、「(イネは)万延元年、宇和島侯に徴されしことありしも断りて行かざりしが、それよりは毎年宇和島に赴きて侯夫人の湯薬に侍したりといふ（此時富澤町の三角屋敷に住ひたり）」とある。「此時（万延元年以降）」はすでに村田蔵六が宇和島を去ったあとで、イネは長崎に帰っている。「此時」を無視して、三角屋敷に居住したのを安政年間とすると、これはあり得る話である。なお、「万延元年、宇和島侯に徴されしことありしも断りて」という事実はない。

神田川右岸には中級武士が住み、藩庁へ向かう道がつけられているが、川筋が曲がっているので数カ所の三角地が生じている。御通橋の近くも三角地になっており、ここは宇和島で最初に適塾で学んだ藩医林玄仲の三角屋敷である。玄仲の三角屋敷と村田塾は、御通橋をはさんで徒歩で一分もかからない。玄仲が適塾で学んだとき、塾頭は村田であったから、宇和島でも両者の交流があったと考えられる。

林玄仲の三角屋敷の上流にも三角屋敷がある。この三角屋敷の斜め向かいが藩医筆頭富澤礼中★の邸宅で、付近は富澤町とよばれていた。富澤町の三角屋敷から戸板口の村田塾へは歩いて三分ほどである。イネは初めのうちは村田塾に同居し、のちに三角屋敷に移ったとも考えられる。

なお、『花神』の蔵六は、安政三年三月の江戸行きの前に、村田塾でイネと肉体関係を結ぶ。司馬は蔵六の妻琴子が宇和島に同行するのを拒否したことにし、弟晋一郎を登場させず、村田塾を蔵六とイネの二人だけの密室にすることで、虚構の恋愛を描いたのである。

富澤礼中

富澤礼中（大珉）は伊東玄朴の門下。礼中の子の富澤松庵は、村田塾の塾生となり、江戸に出て大槻俊斎に学び、安政3年に大坂の適塾に入門した。安政6年、江戸の伊東玄朴の象先堂に入門し、文久3年6月、家督を継いだ。

蒸気船

安政三年三月十一日、伊達宗城は参勤のため、樺崎港から出港した。翌日、村田蔵六が江戸に発った。蔵六は宗城に江戸行きを許され、事前に琴子を鋳銭司村に帰郷させていた。二十二日、蔵六は大坂の緒方洪庵を訪問し、二宮逸二と再会した。蔵六は逸二を江戸に同伴する。

イネは村田蔵六のいなくなった宇和島を離れ、敬作、三瀬周三とともに長崎に帰郷した。この長崎行きは敬作の脳卒中後遺症の療養のためともいわれるが、周三を長崎に遊学させることも目的で、三瀬周三はシーボルト門下の川島再助にオランダ語を学んだ。

敬作は東築町の俵屋に仮寓し、種々の治療を受けるうちによほど回復したので、銅座跡のイネの家で医院を開業した。高子の回想には、「銅座あたりは身分の高い者はいませんでしたが、敬作は町内の人からたいへん尊敬され、手拭いなど被った者が敬作に出会うと、手拭いを取って恭しくお辞儀をしたものです」とある。

諸国の医学生が二宮敬作を慕って入門した。医学生が増えて庭に茣蓙《ござ》を敷いて食事をするような状態になったので、敬作は諏方町（現諏訪町）に移って医院兼私塾を開いた。逸二も長崎滞在中は父を補佐し、若先生とよばれた。この頃、イネは銅座跡で医院を開業したようである。

四月九日、蔵六は江戸入りした。麻布龍土の宇和島藩上屋敷に寄留する予定だったが、箕作阮甫に面会したり、下谷の開業医大槻俊斎（のちに幕府奥医師）を訪ねるなど、藩邸には居着かなかった。

蔵六は、大野昌三郎や斎藤丈蔵に江戸の最新情勢を知らせた。九月十八日付の大野宛て書簡に、

「御老中阿部正弘様が幕府海防掛に出された意見書の内容は、長崎でオランダ人による蒸気船運用修業（海軍伝習）が始まったが、充分な成果を上げていない。伝習生の中には日が経つうちに帰心止み難くなった者もいる。とても充分な修業ができているとは言えず、航海術などはさらにおぼつかない。いっそのこと、壮健な若者を引き連れてヨーロッパに派遣したほうが修業ができるのではないかというものです。

このような時節ですから、かねて尊兄もお望みのように、もし許されるのなら国のために渡海されてはどうでしょう」

と書いている。『花神』では、伊達宗城が大野昌三郎を藩費で英国に留学させたことになっているが、大野に海外留学の事実はない。

十一月一日、蔵六は伊達宗城の支援を得て学塾鳩居堂（現在の千代田区麴町三番町）を開いた。二宮逸二はさっそく鳩居堂に入門した。『大村益次郎』（大村益次郎先生伝記刊行会編　昭和十九年刊）に「鳩居堂　弟子籍」が収録されている。その冒頭に「伊豫宇和島　敬作倅　二宮逸二　二十四歳」とある。逸二は一番弟子である。

弟子の総数は一六九名、その五十七番目に石井久吉がいる。石井宗謙は息子の師「村田蔵六先生」に丁重な礼状を送っている。ちなみに、一一三番目が「長州藩　久坂玄瑞」である。

宗城は蒸気船建造の夢を捨てず、嘉蔵の奮闘は続いていた。安政三年十月、蒸気船の船体が完成し

た。全長九間（約一六メートル）、全幅一丈（約三メートル）というから、幕末に諸藩が外国から購入した蒸気船のどれよりも小さい。

翌る安政四年一月、蒸気機関が完成したが、稼動試験は失敗に終わった。汽罐を鋳物で造ったため、気圧を上げるとあちこちから蒸気が漏れた。汽罐は銅製でなければならないと嘉蔵は訴えていたが、上司や鋳物師は銅より鋳物が強いと信じており、鋳物が採用されたのである。

この失敗で嘉蔵らの御船手方は「おつぶし方」と嘲笑されたが、宗城は一度や二度の失敗は仕方がないと鷹揚に構えていた。江戸っ子の宗城は短気なところがあったが、こと蒸気船に関しては気長であった。

大野昌三郎はこの頃、城下本町の飛脚屋の娘と同棲する。身分違いのため正式な結婚はできなかった。飛脚屋の娘は名前も伝わっていないが、一女一男を産む。

三月二十四日、長崎の二宮敬作が伊予の二宮市右衛門（如水）に手紙を書く。

「城辺（宇和島藩領御荘組城辺村）の人が訪ねて来て、皆々様ご無事とのことで安心しました。お脇からの手紙でも、ご無事のことを承知し、安心していました。私も少しずつ快方しているので安心されますよう。周三の学業も上達しています。中国船が四艘入港し、長崎は大いに賑わっています。詳しいことは城辺の人から聞いてください。

伊篤君からも宜しく伝えてほしいと頼まれました。

周三にもらった娘は親元へ返しました」

文中のお脇というのは、宇和島に住んでいた女性で、安政五年に宇和島で没したと伝えられる。敬作の子には長男大作（早世）、長女いし、不詳の二女、二男逸二、三男終吉がいたが、このほかにミツ（三とも）という三女がいて、ミツはお脇が産んだ婚外子である。二宮敬作には、お脇という妾がいたのである。

三月二十六日、三瀬周三も二宮市右衛門に手紙を書いている。

「私の西洋学は上達せず、心外心外。長崎のようすは城辺の人から聞いてください。オランダ領事ドンクルキユルシユス（オランダ商館長ドンケル・クルティウス）が内々に申すには、去年の九月頃英人が唐国広東を焼き払った（アロー戦争）そうです。皇国にもこのようなことが起きないとも限らず、不安に思います。申し上げたいことは海山ありますが、甚だ多用につき、このあたりで。恐々謹言

伯母上様にはさぞかしお気遣いなさることと存じますが、必ずお気遣いなきよう御鳳声願います。於倉のことは先生（敬作）からも申し上げたと存じますが、私からも申し上げます。於倉はこの正月、返しました」

三瀬周三がもらった於倉（「周三へもらい置候娘」）を親元に返した、ということが両書簡に書かれているが、於倉については不詳である。於倉は周三の召使だったのか、婢妾兼帯であったのか。しかし、このとき周三はまだ十七歳である。なお、文中の「伯母上様」は二宮敬作の末妹てつである。てつは三瀬周三の母くらの妹であるから「叔母上様」のはずである。「伯母上様」であれば姉妹関係が逆になるが、三瀬の誤記かもしれない。

この二通は『杏雨書屋所蔵　書簡集一』（武田科学振興財団）に収録されている。同著には、晩年の高子が愛媛県大洲町の沖本太郎へ送った手紙も収録されている。書かれた年次は不明だが、昭和十年

前後と思われ、高子は八十歳を過ぎている。

「二宮先生が私を愛して下さったことは、思えば涙で袖をしぼるほどです。私が病気になったとき、先生は金比羅参りをたびたびなさって、私の病気を治して下さったことを記憶しています。二宮先生のお墓のことなど、お知らせいただき、たいへんありがたく存じます。二宮先生は私をそれはそれは愛して下さったお方で、私の琴の修行も、初めは先生がお月謝を払って下さいました。そんなことを憶い出すと、涙で袖をしぼるほどです。（略）母から聞いた話では、二宮先生は祖父シーボルトがたいそう愛し、お気に入りの門人だったそうです。二宮先生については、色々とありがたいお話がございます」


沖本太郎についてはは不詳、高子との関係も不明であるが、沖本は卯之町の二宮敬作の墓について手紙で高子に知らせ、生前の二宮敬作についても質問したようである。

敬作が死んだとき、高子は十歳であるが、高子は敬作を晩年まで記憶していた。箏曲稽古の月謝のことも興味深いが、蘭医の敬作が高子の病気平癒を願って何度も金毘羅参りをしているのは面白い。この金比羅参りは、有名な讃岐琴平の金毘羅宮ではなく、長崎市の北方にある金毘羅山で、銅座跡あるいは諏方町からは徒歩で一時間半前後である。


六月十七日、伊達宗城と昵懇《じっこん》の仲であった老中首座阿部正弘が急死し、堀田正睦《まさよし》がこれに代わった。

八月のある日、色の白い、すらりとした少年がイネを訪ねて来た。十七歳の石井久吉である。宗謙の子久吉にとってイネは微妙な存在で、意を決しての訪問であったかもしれない。久吉は父宗謙の近況などを伝え、鳩居堂の村田蔵六のことも伝えたであろう。

久吉の長崎遊学は、父宗謙の意を受け、イネと高子の暮らし向きを見る目的があったのかもしれない。宗謙の面差しを宿す久吉をイネは優しく遇した。五歳の高子も異母兄の久吉と親しみ、三瀬周三も久吉と交友した。

長崎で久吉は、オランダ人医師ポンペ・ファン・メードルファルトに従学したとされる。ポンペは八月五日、幕府の要請で来日し、幕府医師松本良順とともに長崎での医学校創設をめざしていた。

石井久吉は翌る安政五年四月十二日、大坂の適塾に入塾した。門人番号は四四〇番である。適塾には中津藩士の福澤諭吉がいて、久吉と親しく交友した。

緒方洪庵が石井宗謙に宛てた手紙がある。「久吉様は他日申し上げたとおり、日また一日とご進歩で、現在わたしの塾の中で久吉様の右に出る者はなく、実に生まれながらの鋭敏な学才があり、さても良い子をお持ちになったと羨ましく思っています」

宗謙はこの手紙がよほど嬉しかったのか、掛け軸にして家宝にした。


安政四年十一月、嘉蔵、田原七左衛門ら四名が鹿児島に派遣された。田原七左衛門は二百石の上級藩士で、嘉蔵にとっては上司以上の存在である。桜島造船所を見学後、嘉蔵ら四名は師走の長崎に逗留する。

年が明けて安政五年（一八五八）一月一日、嘉蔵と田原は銅座跡のイネを訪問した。嘉蔵は「銅座おい祢様方ニ国元二宮敬作被居候間、此処へ二人参り候処、年賀祝儀なりと娘おたかと申す人琴を弾じ、おい祢さまハ三味線にて大さはぎの処へ、有田彦介参り、田原伴ヒ丸山へ参る」と自伝に記している。

嘉蔵は「おい祢様方」に二宮敬作がいるということで、田原とともに訪ねたが、二宮敬作は諏方町に移転していた。イネは二人を酒肴でもてなし、六歳のタダに箏を演奏させる。するうちに「おい祢様」も興に乗って三味線を弾き、座が賑やかになる。そこに宇和島藩御用達の有田屋がやって来て、有田屋と田原は丸山遊郭に繰り出す。武士が出張先で遊興するのはごく普通のことであるが、嘉蔵は遊郭で遊べる身分ではない。

田原と嘉蔵は、二宮敬作を訪ねるのが目的ではなく、イネに会おうとしたのかもしれない。二宮医院のある諏方町は銅座跡から遠くない。敬作に会うのが目的であれば、すぐに諏方町に向かったはずであるが、そのまま居座って「大さはぎ」になるのである。

箏に向かうタダ（シーボルト記念館蔵）

高子の写真は数多く残っているが、その最も古いものは、箏を演奏する姿で、十歳頃と思われる。六歳のタダの箏曲演奏は、習い始めてまもない、ごく初歩的なものであっただろう。

それにしても、イネは三味線を弾き、大騒ぎをするのである。田原七左衛門へのもてなしであったのだろうが、イネが嘉蔵を優しく遇する光景も想像される。市井の職人から強制的に御船手方お雇いを命じられ、身分差別を受けながら悪戦苦闘している嘉蔵に、イネは深い同情をもって接したのであろう。

嘉蔵は宇和島に帰ると、蒸気機関の改造に没頭した。もっとも、嘉蔵は蒸気船に専従していたわけではない。長崎に出張するたびに先進技術を学び、西洋式木綿織機、亜米利加風写真鏡、ミシン、藍玉、パン、ゲベール銃、雷管などを製造し、宗城を喜ばせた。


安政五年一月、日米通商条約の締結に関して諸侯に幕府の意見聴取があった。伊達宗城は、開国は日本の国威を失墜すると考えていた。老中首座堀田正睦は正月早々、米国との修好通商条約調印の勅許を得るため川路聖謨らを伴って上洛した。

この頃、大野昌三郎の内縁の妻が第一子（女児）を出産。大野は楠本イネにあやかって、イ子《ね》と命名した。

江戸に参勤した宗城を、越前藩主松平慶永と土佐藩主山内豊信《とよしげ》が説得し、宗城は開国派に転じた。宗城は公卿の三条実萬《さねつむ》を通じ、攘夷一色の朝廷工作に乗り出す。また、将軍継嗣問題では一橋派として彦根藩主井伊直弼を説得した。

井伊直弼は紀州和歌山藩主徳川慶福《よしとみ》を次期藩主にしようとする南紀派である。慶福はこのとき十一歳。慶福が将軍になれば、幕政を井伊直弼が牛耳るのは自明のことであった。

四月二十日、堀田正睦は何の成果も得られないまま江戸に戻った。井伊直弼が大老に就任すると、伊達宗城、松平慶永、山内豊信ら一橋派大名は南紀派の弱体化を画策した。

四月二十六日、松平慶永の使者橋本左内が宇和島藩下屋敷の伊達宗紀を訪ね、井伊直弼の説得を要請した。二十九日、井伊直弼を訪ねた宗紀は、外交問題、将軍継嗣問題について意見を交換した。五月になると、宗城が直弼と面談し、松平慶永を朝廷に派遣すること、幕府の軍事改革、広く言論を開くことなどを進言した。

六月十八日、宗城と井伊直弼との火急の面談があった。「条約調印に勅許が必要なことは承知していますが、老中らは勅許を待っていては手遅れになるという。明日、諸侯に相談しようと思います」と直弼は宗城を牽制した。翌日、下田で日米修好通商条約が調印された。

六月二十二日、井伊直弼から宗城に書状が届いた。「下田奉行井上と目付岩瀬が調印したのには小生もびっくりしています。仕方がないことになってしまい、不行届きでもあり、大いに心配しています。何分何分貴君の御忠節を励みにして小生も努めたいと思っています」

同日夜、もう一通、書状が届いた。「山口丹波守の大目付就任、おめでとうございます。このことで、丁寧なるお礼、痛み入ります。この人事は小生が丹波守と懇意にしているからではなく、衆目の一致するところです。ご心配には及びません」

旗本山口丹波守直信は宗城の実兄で、大目付昇進は抜擢人事である。直弼の根回しであった。

六月二十三日、無勅許調印の引責人事で堀田正睦、松平忠固《ただかた》が老中職を罷免された。翌二十四日、調印に憤った徳川斉昭、尾張藩主徳川慶勝、松平慶永が登城して、大老井伊を詰問した。条約調印は表面上、幕閣がやったことである。斉昭らは井伊を論破できなかった。

七月五日、「許しもなく登城して御政道を乱したのが将軍（家定）の思召しにふれた」との理由で斉昭は謹慎、徳川慶勝と松平慶永は隠居謹慎、一橋慶喜は登城禁止を命じられた。井伊は強権を発動して一橋派を粛清したのである。

七月八日、藩兵を率いて上洛することを決意した島津斉彬が、軍事演習を閲兵中、昏倒した。

七月十日、日蘭修好通商条約が締結され、シーボルトの追放が免責され、再入国禁止が解かれた。

七月十六日、島津斉彬が四十九歳で急死した。斉彬の訃報に宗城は衝撃を受けた。

七月十八日、敬作の妻いわが卯之町で死去した。

八月八日、大名総登城の江戸城で、将軍家定の死が公表された。斉彬が家定に嫁がせた篤姫は天璋院となり、十二歳の徳川慶福が十四代将軍家茂《いえもち》となった。南紀派の完勝である。

八月十四日の伊達宗城の日記に、「八時半出座。蔵六出る。おらんだ地図読ませ、みる」とある。

村田蔵六は神田小川町の幕府講武所と九段下の蕃書調所にも出仕していた。麴町鳩居堂の蔵六は、講武所、蕃書調所のそれぞれに多忙をきわめていたが、麻布龍土の宗城に召し出されることもあった。

この頃、岡本という人物が長崎に来て、二宮敬作にいわの死を知らせ、敬作を伴って帰国しようとするが、敬作は体調に不安があり、三瀬周三が岡本とともに帰国することになった。豊後佐賀関から乗船すると、激浪に船が翻弄され、死を覚悟するほどだった。八幡浜に上陸すると、長崎で蔓延していたコレラが伝染して流行しており、家々にコレラ除け祈願の門松が立てられていた。

周三は卯之町の二宮家を弔問する。二宮医院は敬作の娘婿二宮良一が継いでいた。良一は宇和島藩領御荘組外海浦庄屋の西家の生まれで、西家は大洲上須戒村の庄屋西家の親戚である。良一は上須戒村庄屋西茂右衛門の養子となり、敬作の長女いしと結婚した。敬作が安政三年に長崎に出ると、良一は義母いわを扶養しながら、二宮医院を継承していた。

二宮家を弔問した周三は大洲に帰省し、長崎から持ち帰った発電器と電信装置を使って電信実験を試みた（一〇四頁コラム参照）。

二宮良一は義父敬作を訪ねて長崎に向かい、三瀬周三は良一不在の二宮医院を預かり、コレラ患者の治療や予防法を研究した。良一が卯之町に帰って来るのはこの年の暮れである。周三は翌年三月中旬、長崎に帰った。

九月十七日、井伊直弼が伊達宗紀を招き、「親戚★ですから、穏便にすませたいのですが」と宗城の隠居を持ちかけた。大老井伊は徳川斉昭、松平慶永、一橋慶喜を失脚させ、島津斉彬は急死、残る政敵は山内豊信と伊達宗城である。宗紀と直弼の交渉は五回に及び、宗城は依願隠居することになった。

十一月七日、伊達宗城は伊東玄朴と戸塚静海を麻布龍土の上屋敷に招いた。宗城は依願隠居の理由を病気にするため、二人を藩邸に招いたのである。仮病であるから診察はせず、宗城は二人と酒宴をした。伊東玄朴は薩摩藩邸にも出入りしており、宗城の薩摩藩への連絡役を務めることもあった。宗城はかねて戸塚と伊東から、シーボルトのこと、娘イネのことを聞いていたかもしれない。

十一月二十二日、石井宗謙が祖母の実家である福島家の惣右衛門・信次郎父子に手紙を送っている。「長崎にいる娘が無事に八歳（数え年）になりました。とんとこちらからは養育金も送っていませんが、近年、またシーボルトが来日するそうです。そうなれば、孫娘なので生涯不自由ない養育金をはずむことでしょう」

親戚
宇和島藩初代藩主伊達秀宗の正室が井伊直政の娘亀姫である。

宗謙が娘タダのことを気にかけていたのは事実である。また、この時点で「シーボルト先生再渡来近し」の情報が各地の門人に伝えられていた。

十一月二十三日、宗城は依願隠居し、宗徳《むねえ》が九代藩主となった。山内豊信は強制隠居させられた。

十二月二十三日、村田蔵六は一時帰郷を理由に江戸を出発した。このとき二宮逸二を帯同している。

安政六年正月、銅板製の汽罐が完成し、蒸気船は藩主伊達宗徳を乗せて湾内を乗り廻し、湾外にも航行を試みた。御船手方は成功に沸き返り、三日三晩飲めや歌えの大騒ぎをした。なお、この蒸気船には船名がなく、嘉蔵の自伝では「国製蒸気船」と記されている。

正月二十二日、蔵六は萩に到着、二十八日に鋳銭司村に帰郷し、二月十八日に宇和島を訪ねる。訪問目的は不明であるが、蒸気船建造の関係が考えられる。

四月十八日、嘉蔵ら八人が乗り組む蒸気船が佐田岬に向かった。隠居して帰国する宗城を迎えるためである。帰国の船団が到着するまで、嘉蔵らは三《み》机《つくえ》湾で待機した。鰻を獲り、焼いて食べ、大きいものは宗城への献上品とした。船団が現れると、蒸気船を御座船大鵬丸に近づけた。宗城が喜んだのはいうまでもない。

嘉蔵（この頃は喜市と改名していた）は、三人扶持九俵の譜代家臣に取り立てられた。姓を前原と名乗り、れっきとした宇和島藩士前原喜市となる。

五月十一日、村田蔵六は宇和島を出発し、二宮逸二は宇和島に残った。

前原喜市（巧山）肖像画
（本田耕一氏提供）

コラム

三瀬諸淵の電信実験

三瀬諸淵（周三）は古学堂に旧師の常磐井厳戈を訪ね、電信実験を提案した。

大洲藩家老、奉行、医師、町役人、村役人、富商、富農、親族ら多数の後援者を得て、古学堂の二階から肱川の河原に約一キロメートルの電線を架設した。

電線は諸淵の実家の富商麓屋が多数の一両小判を溶かして製作したという話もあるが、銅線が使われた。打電したところ、微かに反応があった。見物の群衆は「吉利支丹伴天連の魔法なり」と驚嘆した。

電信の黎明の碑

電信装置は「千里鏡」、「天連閣理府」、「針金便り」などとよばれ、薩摩藩や佐久間象山もこの実験を試みているが、諸淵が試みたのは、電線の長さからしても日本で最初の本格的な実験で、しかも成功している。

古学堂に近い八幡神社の参道には日本電信電話公社が設置した「日本における電信の黎明」の石碑がある。

第四章　シーボルトの再来日

かくも長き不在

日本を退去したシーボルトは、オランダのライデンで収集品の整理及び著述を始めた。一八三二年には故郷に凱旋し、バイエルン国王ルートヴィヒI世に謁見し、叙勲を受けた。一八三四年から三十五年にかけて、『日本』の予約購読者の獲得と資金集めの旅に出たシーボルトは、最初の訪問地サンクト・ペテルベルクで地理学の大家クルーゼンシュテルンに面談した。クルーゼンシュテルンは間宮林蔵の樺太海峡図を見て驚嘆した。

一八三九年から夏はライデン、冬はベルリンに住み、著述を続けながらヨーロッパ各地への旅も続けた。一八四五年七月、四十九歳のシーボルトはベルリンで二十五歳年下のヘレーネ・フォン・ガーゲルンと結婚、十一月、母アポロニアが没した。翌年八月十六日、長男アレクサンダーが生まれ、以後、長女ヘレーネ、二女マティルダ、二男ハインリヒ、三男マクシミリアンと続けて子宝に恵まれる。

一八五二年四月、日蘭通商条約の私案を作成し、オランダ植民大臣に提出した。翌年からは研究に便利な学都ボンに住む。『日本植物誌』と『日本動物誌』は豪華な図版入りで、出版には多額の費用を要し、分冊刊行は未完に終わった。大著『日本』も完結することがなかったが、最新にして最大の日本ガイドで、マシュー・ペリーは日本渡航にあたって『日本』で予習した。何としても日本を再訪したいと願うシーボルトは、ペリー艦隊に同行することを画策したが、実現しなかった。

一八五九年四月十三日、シーボルトは十二歳の長男アレクサンダーを連れ、マルセイユ港を出発した。オランダ貿易会社長崎支店評議員の肩書を与えられたシーボルトは、実に三十年ぶりに日本へ赴くことになったのである。

シーボルト父子（『シーボルト先生渡来百年記念論文集』所収）

安政六年七月八日（一八五九年八月六日）、シーボルト父子は長崎に着くと、出島の商館長ドンケル・クルティウスの居館に仮寓した。懐かしい出島はもはや「国立監獄」ではなく、大浦地区には新たな外国人居留地が形成されつつあった。
シーボルトはたき、イネと三十年ぶりに再会した。三十二歳のイネにとって、六十三歳の父との事実上の初対面である。シーボルトは日記のほかに、備忘録と身辺雑記を兼ねたような雑記帳を残しているが、日本の家族についての言及はほとんど見られない。この劇的な再会についても記述がないので、再会の場所も時日も不詳である。
高子の回想によれば、再会は「出島のかぴたん屋敷」で、シーボルトは片言の日本語で話しかけ、イネはオランダ語で話しかけたという。シーボルトは持参して来たイネとたきの毛髪を見せ、「いかなる日もいかなる日も、決してお前たちのことを忘れたことはない」と語った。

思いもよらぬ七歳の初孫タダと対面したシーボルトは、孫娘の父親つまりイネの夫が誰であるのか、訊ねた。敬作、逸二、周三もその場にいたとすれば、誰がどう説明したものか、シーボルトはタダの父親が門人石井宗謙であり、宗謙が江戸で幕府の医官になっていることを知る。

たきはシーボルトが息子アレクサンダーを連れて来たことに驚き、イネも異母弟アレクサンダーに当惑した。

七月十八日、シーボルト父子は長崎奉行岡部長常と会見し、最高の儀礼をもって遇された。

七月二十三日、筑後町の日蓮宗本蓮寺の一乗院に居を移した。一乗院は幕府海軍伝習所の伝習生の宿所だったこともあるが、この日以後、シーボルトの面会所になり、塾となった。町医者吉雄幸載が来訪し、初来日時の門人である豊後杵築藩医の佐野博洋が再入門し、初来日時の門人戸塚静海の養子文海も入門した。戸塚文海はのちに将軍慶喜の主治医となる。二宮塾の塾生である土佐の長岡謙吉★は、シーボルトから国際法を学んだ。

シーボルト父子と言葉の壁がなかったのは三瀬周三だけで、シーボルトは周三を自分の秘書兼通訳にし、アレクサンダーの日本語教師にした。アレクサンダーは初歩的な英語ができたので、周三はアレクサンダーから英語を学ぶことになった。

八月十三日、ポンペ・ファン・メーデルフォルトが、長崎で初めて死刑囚

長岡謙吉

海援隊で頭角をあらわし、坂本龍馬の「船中八策」を成文化した。三河県知事となったほか、大蔵省、工部省などで活躍したが、明治5年、39歳で没した。

を使った解剖実習を行った。囚人の斬首刑についてシーボルトは日記に記録している。解剖の見学者は松本良順ほか四十六名、その中に楠本イネがいた。

八月二十八日、二宮敬作が女性患者の首にできた大きな脂肪腫の切除を成功させた。イネが助手を務めたかもしれない。

九月二十一日、一乗院に旧知の筑前福岡藩主黒田長溥《ながひろ》が訪れ、シーボルトの診察を乞うた。診断は慢性遷延リューマチス。

九月（著者推定）二十三日、たきがシーボルトに宛てた書状（ボーフム・ルール大学蔵）がある。筆跡からイネの代筆とみられている。石山禎一が解読しており、以下にその大意を掲げる。

「（略）朝夕は冷え冷えしてきましたが、ご健勝でお過ごしとのこと、めでたく、お喜び申し上げます。お客様（アレクサンダー）も御機嫌よろしいとのことで、陰ながら喜んでいます。私のことですが、このあいだから病気で引きこもり、辛く苦しんでいますが、どうかどうか一目でもよいのでお招きいただきたいと、ひとえにひとえにお頼み申し上げます。お話ししたいことが山ほどありますが、手紙ではお伝えできないので、ぜひともお招き下さいますよう。それだけを楽しみに日を過ごしています。（略）薬もよろしくお願いします」

シーボルトはたきに薬を処方するが、たきと会うことに積極的でなかったことが窺える。

十月十三日、二度目の解剖実習があり、六十名以上の見学者の中にイネがいた。ポンペはイネを以下のように評価している。

「産科医学に関する日本人医師の科学的知識の完全な欠如について前述したが、唯一の幸いな例外を紹介し忘れた。それは長崎に住む女性産科医で、かつて日本にいた西洋人医師の落し子である。この女性は父親の帰国後、その門人たちに偶像のように崇拝されてきた。門人たちは恩師の娘を保護するとともに、一般医学と産科医学を教授した。この女性はその分野で実にみごとな成長を遂げ、自分の職業に対して限りない情熱を注いでいる。

私の解剖実習にも参加してもらったが、そこでこの女性が見せたのは、最も経験のある日本の解剖学者の一人というべき知識と技術だった。さらに、病院の婦人科病棟での臨床指導にもしばしば参加し、同僚の相談にもよく耳を傾けていた。ヨーロッパ婦人の出産にも二度立ち会ったが、実に見事なものだった」

ポンペはイネに外科手術の助手をさせることもあった。

イネはシーボルトに医学を学ぼうとしたが、シーボルトがイネに求めたのは、娘として身の回りの世話をしてくれることであった。神の如き医師であると、たきからも門人たちからも教えられ、偉大な父を励みにして精進してきただけに、家事手伝いを望む父にイネは困惑した。シーボルトの来日目的は、日本研究を再開し、オランダ貿易会社長崎支店に助言をすることであり、日本の有用植物をライデンの気候馴化園に移植してシーボルト商会の業績をのばすことにあった。イネはこのあたりのことをよく理解できなかったようである。

シーボルトとの意思疎通がうまくいかず、オランダ語の未熟を痛感したイネは、「川島再助に学ぼうと考えましたが、敬作先生と母たきに反対され、周三から学ぶことにしました」とシーボルトに手紙で知らせている。

十一月、シーボルトはイネに手紙を送った。「あなたは私の家で、今後、家事の心配をする必要はありません。オランダ語、西洋医学、自然科学の教師について学べばよろしいし、あなたはアレクサンダーの教師となり、私の色々の研究を助けてもらいたいのです」

十二月十八日、一乗院のシーボルトの寝室で小火《ぼや》があり、シーボルトは両手に火傷を負った。ポンペの治療を受け、一カ月近くも病臥する。シーボルトは下顎も焼き、ケロイドを隠すために顎鬚をたくわえる。

この頃、土佐藩士岩崎弥太郎★が長崎にやって来た。日記「瓊浦日録《けいほ》」（瓊浦は長崎の古称）によれば、弥太郎はしばしば諏方町の二宮医院を訪ね、敬作、逸二、塾生たちと交遊した。

安政七年一月十七日、イネはシーボルトに手紙を送っている。

「かねて、御教授の暇々には、まだ経験はありませんが、少々患者などを取り扱ってみたいと期するところがありました。（略）当分は自宅に居て、毎日勉強しに参ります。あなたが私の生涯のことを熟慮され、規則正しく御教授なさいますようお願いします。それが大切で、私も励みます」

二月五日、岩崎弥太郎は外出先からの帰途、たまたま敬作と出会った。「帰宅するところだが、寄っていきなさい」と誘われる。敬作が指頭書（指先で書く書）を書いてくれたので、それを懐にして辞去しようとすると、「今朝、狸が獲れた。解剖のあと狸汁にするから、食べていけばよい」とすすめられた。解剖実

岩崎弥太郎

岩崎財閥三代目の久弥は弥太郎の長男で、妻は伊達寧子。寧子は伊達宗紀の八女節子の娘、すなわち宗紀の孫娘である。

習のあとの狸汁の大宴会で、敬作、逸二、塾生たちは壺から酒を汲み、大きな茶碗で牛飲した。宴のあと、敬作、逸二、弥太郎、長岡謙吉は「箸陣拇戦」（箸拳、指相撲）をして競ったが、弥太郎は敗けるばかりだった。

二月十二日、岩崎弥太郎は所用で大村に向かう途中、一乗院を覗いてみた。三瀬周三が机に向かって読書中であり、シーボルトとアレクサンダーは庭で草木の手入れをしていた。弥太郎は声をかけず、以後、シーボルト父子と面談することはなかった。

三瀬周三のアレクサンダーへの日本語授業は、食事のほかはわずかな休憩だけで、アレクサンダーは辟易した。二十一歳の日本語教師三瀬、十三歳の英語教師アレクサンダー、この双方向の師弟関係は必ずしも卒啄同時というわけにはいかなかったようである。

三月三日、井伊直弼が桜田門外で攘夷浪士に暗殺された。これを知った徳川斉昭、山内容堂《ようどう》は欣喜雀躍した。三月十八日、安政は万延と改元される。

この頃、宇和島での宗城は狩猟、遠乗り、舟遊びなど型通りの隠居生活を送る一方、国内外の情報収集、有志大名との情報交換に余念がなかった。

三月二十七日、家老桑折駿河と恵美須山で狩猟をしていた宗城に、井伊暗殺を伝える急報が届く。宗城はただ一言、「大猟」と呟いた。

なお、大野昌三郎はこの日、大野長兵衛の二男英之助（元服前の少年）を相続養子にする。三十歳を過ぎて昌三郎は表向き独身であった。

五月六日、イネは父に手紙を書く。

親愛なる父上へ！

今日はわたしの誕生日なので、昼食をあなたと御一緒に食べる用意をしておりましたが、おみえにはなりませんでした。何か差し上げたいと思いますので、皿を四枚と蓋付きの壺を貸してください。

日曜日　一八六〇年六月二十四日　Itoku

一八六〇年六月二十四日は万延元年五月六日で、五月六日はイネの誕生日である。この手紙をオランダ語に翻訳したのは三瀬周三で、三瀬が西暦に換算し、曜日を書き加えたと考えられる。

イネは三十三歳の誕生日をシーボルトと昼食をともにしようとし、手料理を用意する。しかし、シーボルトは来なかった。イネは料理を送りたいと、三瀬を通じてシーボルトに知らせる。皿四枚と蓋付きの壺ということは、料理四品と吸い物であろうか。会食をすっぽかされたイネは少しむきになっているようでもあり、短い文面から父と娘のすれちがいが窺える。

シーボルトとたきの関係はどうであったろうか。たきはシーボルトとの同居を申し出たが、シーボルトに拒絶される。シーボルトがたきを妻としたとき、たきは十五歳の少女である。イネは、母たきが老年になっても色香があったと述懐しているが、往時の美貌を失った五十三歳のたきにシーボルトは幻滅したのかもしれない。幻滅したのはたきも同じで、たきの心はしだいにシーボルトから離れる。三十年の不在はあまりにも長過ぎたのである。

シーボルトは銅座跡の楠本医院にときおり往診した。それは以下の二通の手紙にあきらかである。

かわいいおイネ

お前を喜ばせるために、私は今日の午後五時に重症患者を診るためにお前のところへ行きます。ただし、食事★はしませんからそのつもりでいてください。私は食事をすませてから行きますし、アレクサンダーも何も食べないでしょうから。

さようなら

老いたる父　フォン・シーボルト

かわいいおイネ

アレクサンダーは下痢でたいへん悪い状態です。また、私も頭痛がひどく、読書も、手紙を書くこともできないほどです。ですから、今日は行けませんが、今週のいつか、重病人を診にまいりましょう。

オランダ製の薬箱の中にある阿片丁幾★を届けてください。それは他のどんな阿片丁幾よりもよいものです。アレクサンダーが回復しなかったら、敬作と一緒に来てください。現在はまだそれほどではあり

食事

シーボルトは鰻の蒲焼、イカの刺身、筍や椎茸の煮物を好んだが、たきやイネが用意する食事を楽しみにしていなかったことが窺える。なお、シーボルトは、「良質の乾し椎茸は伊予の宇和島で採れる」と日記に書いている。

阿片丁幾

アヘンチンキ。主成分はモルヒネ。激しい下痢に用いられた。

ません。蚊帳が今日届くようにしてください。それはここでは必需品です。

日曜日　　　　　　　　　　あなたの老いたる父フォン・シーボルト

イネは自分の重症患者に対してシーボルトの診察を求めるが、シーボルトは多忙を理由になかなか応じようとしない。シーボルトは帰国後、医療から離れており、シーボルトの医学はいわば三十年前の医学で、シーボルトもそれを自覚していたようであるが、イネは医師シーボルトに過度の期待をしていた。なお、この二通の手紙からすると、楠本医院は産科専門ではなく、内科外科の重症患者が入院していたとも思われる。

六月三日、脳卒中の後遺症で右腕に障害があった敬作は、左手にメスを執って困難な外科手術を成功させた。患者は右肩胛部に大翻花瘡（瘡口の外部に癰《よう》が翻転したもの）を発症しており、シーボルトに治療を求めたが、シーボルトは手術不能と判断し、敬作が代わって執刀したのである。

「西洋にもこれほど豪胆で妙技を持つ外科医はいない」

と、シーボルトは驚嘆した。イネの外科技術が卓越していたのは、敬作の薫陶の賜物であろう。

六月下旬から七月上旬にかけて、シーボルトは一乗院を引き払い、旧鳴滝塾舎に移った。たきとイネに残した鳴滝の土地家屋は人手に渡っており、シーボルトは一一四両で買い戻した。敷地は幅一九一メートル、奥行八八メートル。出島の倉庫と役人部屋を無償で提供され、解体して増築資材にあて、増改築費用に三二五両を要した。シーボルトは後年、「石井宗謙の未亡人で、私の娘おイネさん

鳴滝塾。縁側にいるのがシーボルト、入り口で侍姿の二人の日本人と写っているのがアレクサンダーと考えられる（『鳴滝紀要』第21号所収）囲みは著者

の名義にして居宅、山林、畑地を購入した」と日記に書いている。

新たな鳴滝邸は二階建て全六室。一階は玄関の右に土間、玄関左の板敷の十畳間には茶室が付属していた。二階には階段室と八畳間があった。

鳴滝邸を訪ねたフリードリヒ・レホポルド・ツー・オイレンブルク伯爵★は、「住宅は大変きれいで、こじんまりとし、家の後ろは木立のある丘になっており、丘から八方に実に美しい、気持ちの良い眺望がひらけていた」と日記に書いている。

アレクサンダーは閑静な鳴滝を気に入り、「理想的な田園の休息地であり、生活用品も近くで入手することができ、はげしい人の往来もなかった」と回想している。

高子の回想によれば、鳴滝邸の庭

オイレンブルク伯爵
ドイツの外交官。プロシア訪日使節団の代表。

には、杉、楠、銀杏、枇杷、桃、柿、蜜柑、ザボン、無花果、梅、芭蕉などさまざまな樹木があり、下見国吉という者が庭園管理をまかされていた。

また、マアカン部屋とよばれる建屋が隣接していた。マアカンとはマレー語で食品のことで、井戸のある厨房があり、三吉という料理人がいた。三吉はジュノウという大きな犬を連れて食料品の買い出しに出かけ、人眼を惹いた。ジュノウはシーボルトが日本に連れて来た洋犬で、毛色は紅《アカ》、アレクサンダーが可愛がっていた。

シーボルトもジュノウを愛玩したが、ジュノウ以上に可愛がったのは数え年十六歳の使用人しおである。

イネはあるとき、しおが美しい簪をしているのに気づいた。しおには過ぎたものである。訊ねると、シーボルトからもらったという。イネは怒りを覚え、同じものをタダに与えてほしい、と手紙を書き、三瀬周三に翻訳させ、シーボルトに届けさせた。似たようなものをシーボルトは購入し、周三を通じてイネに届けたが、同じものではないといってイネは突き返した。また、しおがイネに無断で自分のための使用人を雇ったので、イネが立腹したという。

やがて、たきとイネの心を凍りつかせるような出来事が起きる。シーボルトがしおを妊娠させたのである。しおがいる鳴滝には二度と足を踏み入れない、とイネはアレクサンダーを通じてシーボルトに知らせた。二宮敬作が関係修復に心を砕いたが、シーボルトはしおを解雇するから、よい女中を二人世話してほしいとイネに要求してきた。

古賀十二郎『丸山遊女と唐紅毛人』によると、しおは万延元年に松枝という女児を産んだ。しおは結婚して伊東糸子と名乗り、松枝は矢本まつと名乗った。伊東糸子は晩年まで自分がシーボルトの情人であったことを周囲にしばしば語り、九十歳を超える長寿をまっとうしたという。

さらに詳しい記述が、『ふぉん・しいほるとの娘』にある。イネがシーボルトとしおの仲を割くために自費でとみという女中をつけるが、しおが無断でとみを解雇し、イネは激怒する。しおを解雇したシーボルトは、えいという女を新たに迎え、えいも妾にする。しおは、マツという女児を産む。その後、しおは大黒町の薬種商淡路屋主人伊東清吉に嫁し、伊東イトと名乗る。清吉との間に子はなく、清吉の甥敬太郎が養子になって店を継いだ。伊東イトは大正十五年九月二十七日に病死（享年八十二、三か）し、本蓮寺に埋葬された。吉村昭は死亡年月日まで書いているが、その出典は不明である。

シーボルトは若い使用人の肉体に溺れてばかりいたのではない。万延元年八月六日、シーボルトは長崎奉行岡部長常に警告を発した。英、仏、露の列強が日本海の制海権を握る基地として対馬に目をつけているので、警戒を厳重にするようにという内容である。岡部はこれを外国掛老中安藤信正に報告した。

十一月二十三日、幕府はシーボルトの日本滞在を二年間延長するよう長崎奉行岡部に命じた。老中安藤信正がシーボルトを江戸に招聘することを幕閣に提案し、伊東玄朴、戸塚静海もシーボルトを幕府に雇用するよう運動した。その結果、幕府へのシーボルト招聘が内定した。

翌る文久元年二月三日、シーボルトの警告が現実のものとなった。ロシアの軍艦ポサドニック号が船体修理を口実に対馬に上陸したのである。兵士が上陸して兵舎を建設し、対馬藩主に対馬の租借を要求した。対馬藩は騒擾し、幕府は事態収拾のため外国奉行小栗忠順《おぐりただまさ》を咸臨丸で対馬に派遣した。

このとき、二宮逸二が情勢探索のために対馬へ赴いた。八月十五日、英国軍艦に威嚇されたポサドニック号は対馬を退去する。この間、シーボルトは英露間の周旋を試みている。逸二は十月三日、長崎に帰って来た。

二宮敬作はシーボルトの江戸行きに同行したいと考えていたが、脳卒中の再発によって断念した。

シーボルトは江戸に三瀬周三を連れてゆくことにしたが、イネは反対した。

シーボルトが二月四日にイネに送った手紙に、「私は今日、敬作といろいろ相談し、お前が心配しないですむよう考慮しました。私は今朝、長崎の町役人と面会し、長崎奉行が周三に神奈川に行くための旅券を発行し、その旨を乙名にも伝えるよう依頼しました」とある。……イネの心配は、結果的には的中する。

シーボルト父子江戸へ

文久元年（一八六一）三月五日午後五時、シーボルトはアレクサンダー、三瀬、召使の新太郎、伊三郎を伴って英国船スコットランド号で長崎を出港した。多くの日本人が見送った。「その先頭に私の昔の忠実な門人二宮敬作が立っていた」とシーボルトは書いている。たき、イネ、高子がいたとは記していないが、いたと考えるべきであろう。

五日後、船は横浜に着き、ヨコハマ・ホテルに逗留した。多数の外国人が宿泊し、ピストルの射撃練習をしている連中もいた。横浜でも攘夷運動が猖獗《しょうけつ》しており、「異人斬り」が恐れられていた。

三月十四日、シーボルト父子は神奈川奉行松平康英と公式に会見した。このとき諸外国の比較を求められ、シーボルトは英米仏には批判的で、親露的な意見を述べた。シーボルトはかねてロシア贔屓だったが、皮肉なことにロシアはシーボルトを評価していなかった。

三月十七日、シーボルトは石井宗謙に会おうと考え、宗謙の屋敷が江戸愛宕下にあることや、面会するには幕府の許可がいることを雑記帳に記している。

この頃の石井宗謙を窺う資料として、今泉みねの自叙伝『名ごりの夢――蘭医桂川家に生れて』に短い言及がある。今泉みねは、シーボルトが江戸参府をした際、長崎屋でシーボルトと交流した桂川甫賢《ほけん》の孫娘である。昭和十年、数え年八十一歳のみねは息子の源吉に求められ、その生涯を口述する。その筆録が『名ごりの夢』である。

シーボルト肖像（キヨッソーネ画）

> みねの父桂川甫周《ほしゅう》は将軍家奥医師で、みねが少女の頃、石井宗謙は築地中通りの桂川邸にしばしば来訪した。福澤諭吉、石井信義（久吉）も出入りしていたという。
>
> 宗謙は大酒飲みで、いつも赤い顔をしていた。あるとき、桂川邸で酒を飲んでいた宗謙が卒倒した。寄ってたかって大騒ぎになったが、すいふくべ★による救命治療を受けて息を吹き返した。

三月十八日、シーボルト父子は神奈川奉行所に移った。横浜でもシーボルトは動植物を観察し、遊郭や銭湯を探訪している。一方、「現在の政情は、外国人のみならず、外国人と接触のある者であれば、大君（将軍）の家来であっても、その生命の危険にさらされている」と記している。

五月十一日、シーボルト父子は江戸芝赤羽の接遇所（現・東麻布）へ入った。赤羽接遇所は幕府の講武所調練場に建てられた外国人宿舎で、常時三十人の警護の役人がいた。

五月十三日、石井宗謙が六十五歳で病没した。このことをシーボルトが知るのは十日後である。

五月十八日、シーボルト父子は井伊直弼が殺害された桜田門外を訪ねた。日本を開国し、攘夷浪士に暗殺された大老に、シーボルトは格別の関心があったようである。

英国公使のいる高輪の東禅寺、フランス公使のいる三田の済海寺、オランダ公使のいる高輪伊皿子《いさらご》の長応寺、米国公使のいる麻布の善福寺、シーボルト父子のいる赤羽接遇所、いずれも攘夷浪人に襲撃されるおそれがあった。そのような中、シーボルトは大胆に外出し、各国の公使を訪問している。

シーボルトはしかし、もう過去の人間だった。多数の西洋人が開国日本に押し寄せ、日本の最新情報が海外へ伝えられた。もはやシーボルトは日本の情報を独占する日本通ではなく、大著『日本』も色褪せた書物になっていた。

五月二十一日、シーボルトは善福寺の米国領事タウンゼント・ハリスを訪ねる。ハリスと何を話したかは記していないが、境内にある特異な形状をした大銀杏（現存する）を観察し、記録している。

翌日、南麻布の光林寺を訪ね、異人斬りの犠牲者ヒュースケンと通訳伝吉の墓参をした。

すいふくべ
吸い瓢。ガラス吸引陰圧医療器具。

五月二十三日、石井宗謙が死んだことを記述。五月二四日、愛宕山を散策し、動植物を観察。五月二十五日、大熊座の下、地平線からおよそ三〇度の位置に彗星を発見。五月二十七日、領事ハリスから、英国公使オールコックが東禅寺に入り、オランダ総領事デ・ウィットが横浜に到着したことを知らされる。

赤羽接遇所では、水戸浪士が今夜にも討ち入ってくるかもしれないというので、同士討ちを避けるための目印として白木綿が配られた。この布に三瀬は辞世を書きつけた。

知るひとハ花とこそ見め風につれ　からくれなゐに散りまかふとも

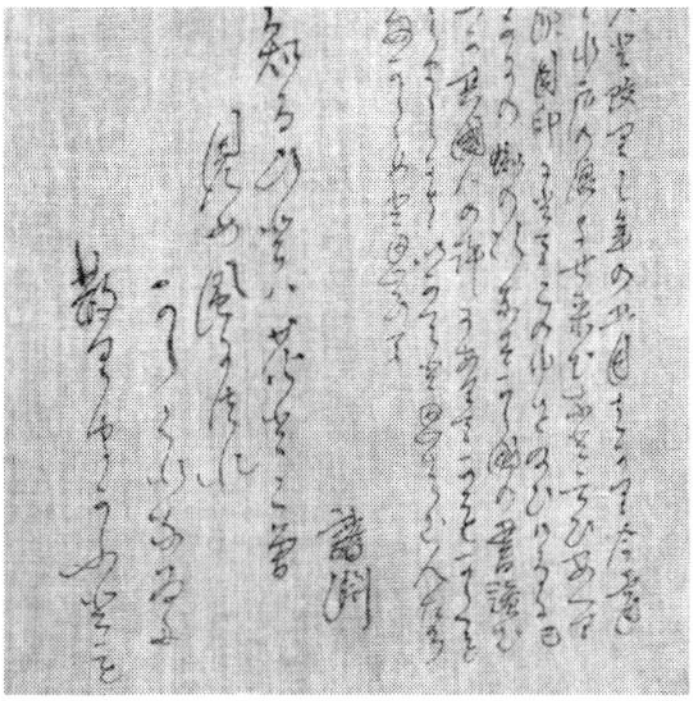
三瀬諸淵決死の和歌（大洲市立博物館蔵）

五月二十九日、まだ夜も明けぬ午前三時半、攘夷浪士が高輪東禅寺（宇和島伊達家と分家吉田伊達家の菩提寺）を襲撃したとの急報があった。シーボルトはアレクサンダーを伴い、二十五人の護衛に守られ、五時過ぎに東禅寺に到着した。東禅寺には首と胴が離れた死体が二つ転がり、負傷者が呻吟していた。惨状をまのあたりにした少年アレクサンダーは衝撃を受けた。書記官のローレンス・オリファントが襲撃者と闘って負傷し、領事モリスンも負傷したが、オールコックは無事だった。シーボルトは負傷者の治療にあたった。

乗馬鞭で応戦するオリファント（イラストレイテド・ロンドン・ニュースに掲載）

赤羽接遇所は厳戒態勢に入り、屋内に四十人、庭内と庭外に三百人の護衛が配置された。日が暮れると庭に篝火が焚かれ、歩哨の提灯が右往左往した。アレクサンダーは、「私たちの屋敷は要塞、いや牢獄に化しました」と母に宛てた手紙に書いている。

東禅寺襲撃事件に関して、幕府からシーボルトに意見聴取があった。シーボルトは、英国との戦争の危険性はないこと、今後の防止策などを説いた。意見書の翻訳には三瀬があたった。幕府はシーボルトに感謝の意を表し、顧問としての俸給が月額四百両に決定したことを伝えた。

東禅寺襲撃事件はイギリスの新聞タイムズに報道された。英国外交官アーネスト・サトウは、オリファントが重傷を負ったことに衝撃を受けた。サトウはユニヴァシティ・カレッジに通っていた頃、オリファントの著書『エルギン卿遣日使節録』を読んで日本へのあこがれをかきたてられ、外交官への道を選んだ。この年（一八六一年十一月四日）、日本へ向けてサザンプトンを出航するサトウは、荷物の中に拳銃をしのばせた。

七月のある日、シーボルトはアレクサンダーを連れて高輪泉岳寺の赤穂義士の墓に墓参した。七月二十二日、シーボルトは静養のため船で横浜に向かい、鈴ヶ森刑場で放火犯の二十歳の女が火炙りに処せられるのを見た。シーボルトは日本の刑罰や拷問にも興味を持ち、斬首役人山田浅右衛門についても詳しく記述している。

八月十六日、長崎では、一二四床の日本初の西洋式病院である長崎養生所が開設し、ポンペは治療と講義にあたる。ポンペは日本人も西洋人も同様に扱い、町人と侍の身分差別もせず、貧者は無料で診察し、シーボルト以来の名医として尊敬を集めた。

三瀬周三の入獄

三瀬周三の身に危険が迫ってくる。

二宮敬作に宛てた八月十八日付の手紙に、「水戸浪士の東禅寺襲撃騒ぎも、ようやく鎮まってきました。先月二十九日、井伊大老を襲撃した浪士七人が死刑になったのは残念なことでした」と記している。三瀬は心情的には水戸浪士のテロに理解があった。

この続きが問題である。

「私がシーボルトのそばにいることを幕府は嫌っているようで、私を大洲藩邸に引き取るよう大目付が藩に交渉したようです。私の宗門（戸籍）が大洲にあるので、幕府が大洲藩に交渉したのだと二宮篤四郎君から聞きました。シーボルトが私に暇を出してくれることはないので、私はたいへん心配しています」

文中の「二宮篤四郎君」は、第二章で少し言及したが、如水二宮市右衛門の二男である。市右衛門は高野長英設計の久良砲台の築造に私財を投じ、その功によって「御広間御縁にて御目見」という庄屋としては最上級の格式が与えられた。この関係もあって、篤四郎は三人扶持十一俵の藩士に登用され、鰯献上宰領として江戸勤務を命じられた。鰯は宇和島藩の特産品で、幕府献上品であった。その後、篤四郎は藩の秘密任務にあたり、宇和島と長崎を往来する。

シーボルト自身にも暗雲が垂れこめてきた。日本と諸外国の双方に利益をもたらす条約を結ぶべきである、というシーボルトの主張は、諸外国にとっては不利益となるもので、外交を有利に進めたいオランダ総領事デ・ウィットはシーボルトを解任するよう幕府に要求した。オランダとの関係悪化を恐れた幕府は圧力に屈する。

九月二十九日、シーボルトは外交顧問を解雇された。翌日、シーボルトはわずか四カ月で解雇される理由を文書で幕府に質した。その返答は、オランダ総領事の意向である、というそっけないものであった。

十月九日、外国掛老中の邸宅で幕閣全員が出席して別れの宴が開催された。シーボルトは将軍からの名誉太刀一振、高価な錦繡五巻などを与えられ、「オランダ総領事の意向によってやむなく解任するのであり、われわれは貴殿が復職することを切望している」と伝えられた。

十月二十六日、江戸のポルトガル領事E・クラーク邸で夕食会があった。シーボルトは、息子をロシア海軍に入隊させる、とクラークに話した。アレクサンダーはこれを望まず、故国の母へレーネも反対していた。クラークは、アレクサンダーを英国公使館に就職させてはどうかと提案した。

江戸を退去したシーボルト一行は横浜にしばらく滞在した。十一月三日、神奈川奉行の命により三瀬が連行され、奉行所までアレクサンダーが同行した。翌日、シーボルトはアレクサンダーをオールコックに会わせた。オールコックは英国公使館の通訳官としてアレクサンダーを雇用することを約束し、アレクサンダーは喜んだ。

十二月二日、西暦では一八六二年の一月一日を迎えたが、シーボルトにとってはめでたい正月ではなかった。三瀬は大洲藩邸に幽閉されていた。侍でない者が帯刀していたというのが理由である。三瀬が日頃から帯刀していたことは、「彼は堂々と刀をさしていた」というアレクサンダーの回想にもあきらかである。

十二月十一日、シーボルトは幕府に三瀬周三の釈放について手紙を書いた。

「私の娘イネの孝心もあって、老父を世話させるためあえて彼を江戸へ同行させたにもかかわらず、いま娘の養子を奪われることは私にとっても最大の悲しみである。周三をすみやかに釈放し、自分とともに長崎に帰れるよう措置することを嘆願する」

これに対する外国奉行からの回答は、

「周三のことでいろいろ申し開きをされているが、周三は長崎出発に際してその身分を偽ってあなたに同行したのであり、武士でもないのに帯刀するなど不埒千万であるから、その領主加藤家の藩邸に召喚したのである。罪状については審議の必要があり、あなたの嘆願に反するのは当方としても快くないが、日本の国法上やむをえないことである」

というものであった。身分詐称と帯刀は表向きの理由である。語学に優れた三瀬をねたんだ幕府の通詞の讒言《ざんげん》があったともいうが、シーボルトの秘書兼通訳の三瀬が幕府の外交機密を知り、その漏洩を幕府が恐れたからという説に信憑性がある。

十二月十四日、アレクサンダーは米国船セントルイス号で横浜を出発する父を見送った。翌朝、セントルイス号は荒天のため出港を見合わせていた。アレクサンダーが小舟を漕ぎ寄せると、船上のシーボルトは「危ないから帰れ」と身振りで伝えた。こののち、父子は二度と会うことはなかった。

十二月二十四日、シーボルトは長崎に帰着した。イネは三瀬周三を連れて帰らなかったシーボルトをなじり、激しく責めた。鳴滝邸に犬のジュノウはいなかった。シーボルト父子が江戸に発つと、ジュノウは悲しみのあまり食を絶って死んだという。ジュノウ以上にシーボルトが愛玩したしお、そしてしおが産んだ女児とシーボルトは会っただろうか。記録はないが、会ったと考えられる。

文久二年（一八六二）一月十五日、安藤信正が坂下門外で水戸浪士に襲撃される。安藤信正は開国路線を継承し、公武合体政策を進め、皇女和宮の将軍家茂への降嫁を実現させた。攘夷派からすれば生かしてはおけない奸物である。駕籠の中の安藤は背中を刺されたが、軽傷であった。この坂下門外の変によって、幕府の権威はさらに失墜する。安藤信正を襲った刺客の斬奸状《ざんかんじょう》に、「（安藤は）シーボルトという醜夷《しゅうい》に日本の政治に携わるようたのんだ」とある。シーボルトは「醜夷」であり、江戸滞在中、命を狙われていたのである。

この頃、大野昌三郎は内縁の妻に長男を得る。悪鬼三郎《あきさぶろう》と名づけた。奇妙な名前であり、大野はやはり変わり者と言わなければならない。

三月十二日（西暦四月十日）、二宮敬作が死んだ。逸二、たき、イネ、高子のほか、多くの門弟に看取られ、獄中の甥三瀬周三に思いを残しながら五十九年の生涯を閉じた。たきとイネの嘆きは想像に

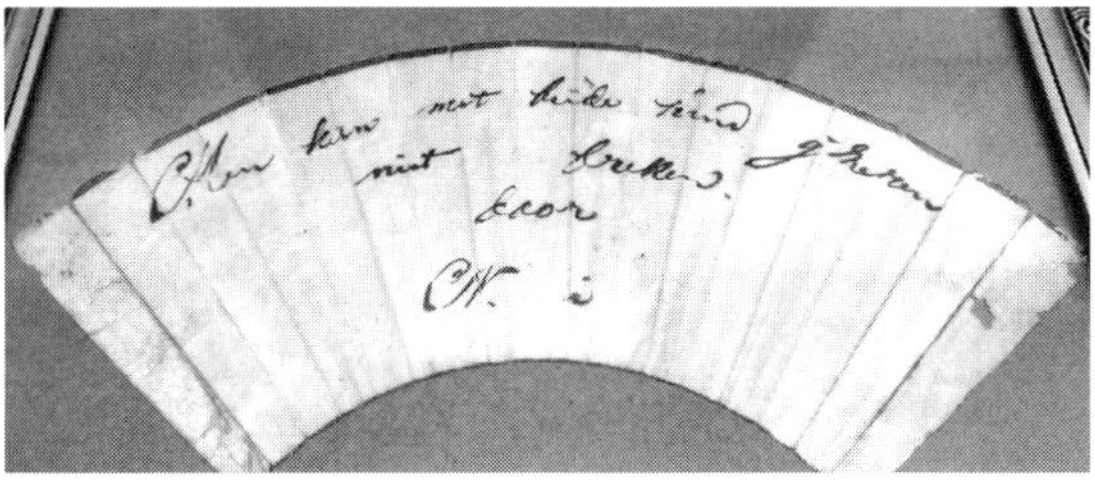

逸二の書入れがある扇面（宇和先哲記念館蔵）

余りある。忠実な弟子の死はシーボルトにとっても痛恨事だった。

四月九日（西暦五月七日）夜八時、シーボルトはセントルイス号で長崎を離れた。たき、イネ、門弟たちが見送ったであろうが、高子はいなかった。高子の回想では、鳴滝邸の庭の柿を食べ過ぎて腹をこわし、見送りができなかったとある。この時期に柿の果実はない。高子の談話を疑問視する研究家がいるゆえんである。なお、シーボルトが長崎を出航した日の夜、敬作が死んだとしている文献が多いが、和暦と西暦を混同したことによる錯誤であろう。

滞在二年九カ月、シーボルトの再来日は、不本意な結果に終わった。

四月十六日、三瀬周三が佃島監獄に収監された。佃島監獄は不衛生で、疥癬《かいせん》を罹患し、さらに神経熱を発症して危篤状態になった。五月十四日、三瀬は治療のため大洲藩邸に戻され、一命はとりとめた。

七月二十四日、二宮逸二が長崎で急死した。逸二は藩命で危険を伴う任務にあたっていたようで、毒殺説もあるが、委細は不明である。二宮父子のあいつぐ死にイネは悲嘆にくれたであろう。

二宮逸二の写真は伝来しないが、「人間は両手をもってしても鉄を折ることはできない」とオランダ語で書き入れた扇子がある。宇和先哲記念館に展示され、二宮逸二をわずかに偲ぶことができる。

小康を得た三瀬は、再び佃島監獄に収監された。

この頃、前原喜市が子の喜作を連れて江戸に赴いている。長州藩（萩藩）は英国から一二万ドルで蒸気船壬戌《じんじゅつ》丸★を購入したが、操船できる者がいなかった。そこで、村田蔵六が伊達宗城に要請し、前原喜市の指導を仰ぐことになったのである。「村田蔵六様御住居へ参り、久々振りにて御夫婦に拝顔致し候ところ、この度蒸気船御買入には相成候へども、国元乗り廻る人これ無く」と喜市は自伝に記している。

壬戌丸に乗り込んだ前原父子は長旅で衣服が疲弊し、船の罐焚きよりみすぼらしい格好をしていたので、食事も粗末にされた。非常に心外であった、と喜市は回想している。

九月六日、ポンペの後任として、オランダ陸軍軍医アントニウス・F・ボードインが来日、長崎養生所の医師となった。これには弟である出島のオランダ商館員（オランダ貿易会社駐日筆頭代理）アルベルト・J・ボードインの強い勧めがあった。

ボードインは経験豊富な医師で、ユトレヒト陸軍軍医学校でポンペを教えたこともあった。イネはただちにボードインに従学する。ボードインは眼科医として優れ、日本に初めてヘルムホルツ検眼鏡を持ち込み、眼科用暗室、手術室を設置して多数の患者を治療した。イネはボードインによって眼科の腕に磨きをかけた。

九月十日、ポンペが離日した。

十一月十日の夜、伊達宗城に「意見を聞きたいので上洛せよ」という孝明天皇の内命が大早飛脚便

壬戌丸

壬戌丸は文久3年6月1日、下関事件で米国艦ワイオミングに撃沈された。引き揚げて、米国商人に売却したことが幕府で問題となり、不正売却の主犯とみなされた村田蔵六は、慶応元年12月、大村益次郎と変名した。

で宇和島に伝えられた。大感激した宗城は翌日、藩士を招集して手紙を読み聞かせた。家中は興奮の極に達した。

京都に随行する藩士が決まると、選に漏れた者たちは「我も加えよ、この少人数でどうするか、国抜け（脱藩）しても警護にあたりたい」などと騒いだ。京都は過激派浪士による暗殺、梟首《きょうしゅ》、生き晒し、脅迫などが横行していた。十二月二日、宗城一行約三百人が京都に向けて出発した。大野昌三郎は人選に漏れていた。

文久三年一月十日早朝、宗城の京都宿所である浄光寺（寺町四条下ル）の門に貼り紙があった。

「宇和島老賊（宗城）は幽閉の身であったところ、格別の朝恩で再出仕し、きっと国家のために報恩するであろうと有志は注目・期待していたが、入京後はもってのほかの因循偸安《いんじゅんとうあん》の説（公武合体論）を唱え、勅命に違背して尊攘派の離間を画策し、天下大乱の基を起こした。言語道断、不届き至極であり、早々に改心して謝罪しなければ、攘夷の血祭りにする」

という脅迫状である。老賊よばわりされた宗城は、以後、弄鏃《ろうぞく》を戯号に用いた。島津久光の大簡

アントニウス・F・ボードイン

A・J・ボードイン（神戸ポートピア公園の彫像。錯誤により兄A・F・ボードイン像として上野公園にあったが、神戸に移された）

（大奸）、松平春嶽の朝笛（朝敵）も同様の戯号である。

浄光寺では、警備の藩士が昼夜を分たず警戒し、夜は宗城の寝所の床下に潜んで襲撃に備えた。宇和島から武芸に優れた藩士十名が追加派遣されたが、これにも漏れた大野は、上司の許可なく京都に向かった。大野には直情径行の一面があったようである。

大野は宗城から宗徳宛ての書簡を託され、三月八日に帰国した。差控を申し出たが、その儀に及ばずということであった。四月になると、大野は多病を理由に隠居を願い出た。隠居は許され、五月からは養子の英之助が出仕した。

孝明天皇は攘夷決行の日を五月十日とし、二条城の将軍家茂に攘夷を約束させた。五月十日、長州藩は英国艦隊を砲撃して攘夷を実行し、薩英戦争が始まる。薩摩藩は会津藩と結び、長州勢力を京都から排除し、三条実美《さねとみ》ら長州寄りの公卿も京都から追放した。八月十八日の政変、七卿落ちである。以後、狂信的な攘夷運動は退潮する。

勅命によって島津久光、松平春嶽、山内容堂、伊達宗城の四侯、一橋慶喜が上京し、文久四年正月、京都守護職の会津藩主松平容保《かたもり》、一橋慶喜、そして四侯の六名からなる参与会議が二条城で開催された。長州処分と横浜鎖港問題が議論されたが、会議は空転して結論をみなかった。

二月二十日、文久は元治と改元された。参与会議は成果を得ないまま、二月十五日には山内容堂が土佐に帰国した。三月九日、一橋慶喜が参与を辞職し、宗城、春嶽、久光もあいついで帰国した。

伊達宗城と会う

元治元年（一八六四）三月、イネは大野昌三郎に伴われ、八年ぶりに宇和島を訪ねる。大野は隠居後も洋学修業の継続を命じられており、長崎に赴いていたと考えられる。

三月二十二日、イネは京都から帰国したばかりの前藩主隠居宗城と現藩主宗徳の両殿様と面談する。『藍山公記』に以下の記述がある。

「長崎婦人伊篤、地國箱入壱箱ヲ公（宗城）ニ、額面壱包雑品二包漬物壱包ビットルクーキイ壱包ソイクルコーヒー壱包ヲ当公（宗徳）ニ献ス。伊篤ハ□□□□（空欄＝シーボルト）ノ子、先頃宇和島ニ来ル、此日医術ヲ嗜ムヲ以テ合力米二人口ヲ賜ヒ、御奥へ召スコトモアルヘシト達セラル」

イネは宗城と宗徳に品々を献上した。「地國箱入」は「地圖箱入」の誤記であろう。「額面壱包」とは書画であろうか。「雑品」の内容は不明。「漬物」は果実の砂糖漬である。「ビットルクーキイ壱包」の「クーキイ」はクッキーである。ビットルはクッキーの商品名であろうか。「ソイクルコーヒー壱包」のソイクルは砂糖である。ドライフルーツ、クッキー、砂糖、コーヒー、いずれも南蛮渡りの高価な品々である。

「苦しからず、面をあげよ」

と宗城が命じたとすれば、イネは宗城の異相★に驚き、宗徳の眉目秀麗に

宗城の異相
自他ともに認める馬面で、長面公とよばれた。アーネスト・サトウは「非常に特徴のある顔立ちと非常に大きな鼻をした背の高い男で、全体として容姿は醜く」と評している。

伊達宗城（宇和島伊達文化保存会蔵）

も驚いたかもしれない。宗城も初めて見るイネに見入ったであろう。

　イネに合力米が与えられ、今後、奥へ召し出すこともあると告げられたのは、宗城がイネを雇用したことにほかならない。宇和島藩には二十名前後の藩医がいた。藩医は藩主とその家族、側室たちと不離一体の関係にあり、江戸でも宇和島でも、昼夜を問わず藩邸に常勤していた。イネは呼び出しがあれば参上するお雇い医師であるが、女医の登用★は前代未聞で、しかもイネは混血女性である。幕府お尋ね者高野長英、市井の職人嘉蔵、無名村医村田蔵六に続く宗城の破格の人材登用である。

　高子が昭和十年、長井音次郎の質問に答えた書簡が宇和先哲記念館に六通所蔵されている。その一通にこう書かれている。「三瀬周三が祖父（シーボルト）のために座敷牢に入り、佃島に流され、そのことを長崎の母いねが聞き及び、さっそく卯之町二宮敬作先生のひきをもって宇和島宗城公様に三瀬諸淵のことを申すべく御殿に願い出ました」

　二宮敬作は長崎で客死しているから「二宮敬作先生のひきをもって」は、二宮敬作と伊達家の旧縁をたよってということである。「母いねが聞き及び、さっそく」とあるが、佃島入獄からすでに三年以上が経過している。イネは三瀬の身の

女医の登用

嘉永５年10月19日、伊達宗紀夫人観子《みよこ》が義歯をする際、広尾屋敷（恵比寿の宇和島藩下屋敷）に御門内東横手の歯科医渡辺幸民の母が呼び寄せられた、という記録がある。渡辺幸民ではなく、その母であるということは、観姫が口腔を男に見られることを恥じたからで、渡辺幸民の母はいまでいう歯科技工士であろう。

上を案じて懊悩すること三年余り、意を決して伊達家に窮状を訴えたのである。

面談は三瀬のことから娘タダのことに及んだ。宗城は面接することなく十二歳のタダを御殿女中に採用する。この面談を、井上淳（愛媛県学芸員）はイネの就職活動としている。結果的にはそういうことになるが、主目的はやはり三瀬の釈放運動であろう。

「五月十八日丁巳　田手次郎太夫大野昌三郎ヲ長崎ニ遣サレ此日出立ス長嵜産伊篤ト同行セシム」

（『藍山公記』）

五月十八日、イネは大野昌三郎、田手次郎太夫とともに長崎に向かう。タダを宇和島に迎えるためである。田手次郎太夫は山鹿流兵学指南、山奉行などを歴任した上級藩士で、蒸気船建造にも携わり、操船術にも優れていた。三瀬諸淵（周三）が撮影したとされる田手の写真が残っているが、面長で、意志の強そうな顔をしている。

「七月十一日己酉　大野昌三郎長崎ヨリ楠本伊篤娘タ、外ニ下女一人ヲ伴テ帰リ其宅ニ止宿セシム」

（『藍山公記』）

大野昌三郎（故山村昌太郎氏蔵）

この短い記述からすると、大野昌三郎はイネ、タダ、下女一人を宇和島に連れて来て、自宅に宿泊させている。高子は長井音次郎に宛てた書簡に大野昌三郎のことを書いていない。高子にとって初めての長旅であり、他国への出郷である。道中、大野が何かと世話を焼いたことは疑いなく、晩年にいたるまで高子が大野のことを忘れるとは考えられない。

高子は長井宛て書簡に、宇和島での住居は「宇和嶋の谷川」「谷川母の宅」と書いている。幕末の宇和島城下絵図を見ると、勧進橋を神田川左岸に渡ると里山があり、その山裾あたりに「谷川」と記されている。谷川は下級武士の居住区であるから、大野宅があった可能性が高い。山裾に沿って流れる渓流★は途中で折れ、神田川に小さな滝になって注ぎ込んでいる。

高子は「大野宅」とは書いていない。しかし、「其宅ニ止宿セシム」からすると大野宅である。ところが、大野昌三郎の名前は高子の手紙のどこにも出てこないし、談話にも登場しない。

伊達家家記『鶴鳴餘韻』の編纂に携わった村松恒一郎は、大正元年十二月十八日の宇和島での講演で、

「大野は長崎へ出てから伊篤と呼ぶ婦人と夫婦になり、お高といふ娘がありましたが、此のお高が美人であつて、宗城公が女中として愛されました。そしてお高は後に三瀬周造《ママ》といふ人と夫婦になりましたが、後年大阪に出て寡婦となり、又、伊篤は是より先きに楠《ママ》といふ人に嫁いで居ました。お高は其際に生れた子であります」

と語っている。村松の話は支離滅裂であるが、大野昌三郎とイネが夫婦であったという口承が宇和島にあったのは事実である。

宇和島の幕末史研究家三好昌文は、『花神』のイネと蔵六の恋愛関係を否定したいと考えたようで、伊達家の文書史料を博捜した。その結果、得られた情報はわずかな断片に過ぎないが、イネと大野に

渓流
宇和島市管理の普通河川で、その名称も「谷川」である

事実婚の関係があったと断定した。

同居したから夫婦であったとする三好説には疑問がある。同居したのは、大野昌三郎がイネの身元引受人であったからである。イネとしても女の一人暮らしは心もとなく、大野昌三郎は何かと頼りになる存在である。

高子は大野について何一つ語っていない。イネと高子の人生に大野昌三郎という人物は存在しなかったかのようである。それこそがイネとの男女の関係を暗示していると考えることもできるが、事実はなんとも言えない。

大野昌三郎を三瀬諸淵が撮影した写真がある。大野は西洋の椅子に浅く掛けている。素足に草鞋《わらじ》、衣服は見るからに粗末である。目鼻立ちはこぢんまりとし、自信なげな表情で、宇和島藩きっての洋学者らしい知的な感じはない。大野は若い頃は藩の柔術大会に出場するほど武術にも優れていたが、そのような剛の者にも見えない。この写真の大野からイネの夫であったことを想像するのは、少なくとも著者にとっては難しい。


幕府は文久二年、参勤交代制度を大幅に緩和し、同時に大名家の夫人たちが夫の領地に住むことを許した、翌年、宗紀夫人観子、宗城夫人猶子、宗徳夫人佳子があいついで宇和島入りする。宇和島伊達家は三竈《さんそう》大家族で、その住居は現藩主宗徳と佳姫の表御殿、前藩主宗城と猶姫《なおひめ》の別御殿、前々藩主宗紀と観姫の南御殿である。ほかに、側室たちの住む三之丸御休息所があった。

宗城夫人猶姫の小姓女中となったタダは、猶姫によって高子と名を改める。

昭和十年春、長井音次郎は上京して高子と面談した。聴取した談話によると、高子が宗城と猶姫に初めて拝謁した二、三日後、別御殿の宗城に呼び出された。夕食後の微醺《びくん》を帯びた宗城から、祖父シーボルトの顔を記憶しているかと訊かれた。

「こまか（幼い）時でありましたけん、よか存じません。そるばってん（けれども）じじ（祖父）の顔な存じております」

と長崎訛りで答えると、宗城は哄笑した。

また、長井宛て書簡には、高子が伊達宗紀（春山）に呼び出されたことも書かれている。猶姫のお供をして南御殿の春山に伺候すると、

「そのほう、長崎からまいったというが、箏をよくすると聞く。何流か？」

と訊かれた。伊達春山は眼光鋭く、いかにも威厳がある。高子は緊張のあまり、わかりませんと答えた。一瞬、その場の空気が固まった。

「こどもゆえ、流派を知らぬのも無理はないか」

伊達宗紀（宇和島伊達文化保存会蔵）

春山は呵呵大笑し、居合わせた一同も大笑いし、高子は救われた気分になる。別御殿に帰ると、「たかの流儀は生田流だと原以賀が申しておった。原以賀はこのたび江戸から参った山田流の師匠で、これから原以賀に山田流を教えてもらうがよい」と猶姫から箏曲修業を命じられた。御殿に上がって箏を教えてもらうなど、夢のようなことである。

箏曲だけでなく、高子は猶姫付きの老女から槍、薙刀、行儀作法、和歌、活花、茶道などを教授される。伊達家から下賜された槍、薙刀《なぎなた》を高子は死ぬまで大切に所持していた。

高子は宗城の晩酌の相手もした。「宗城公様御さかつきいたゞき」、宗城の箸で「御さかなを御手から私の口にお入れ遊ばされ」たという。宗城に酒を勧められ、「お高、あーん」と料理を口に入れてもらったというのである。宗城の性格からして、あながち高子の作話とも思えない。

宗徳が高子の酌で酒を飲み、高子に酌をしたこと、宗徳が「まだお高の琴を聴いていない。いつか聴かせよ」と言ったこと、こういった話も長井宛て書簡に記されている。

十二歳の少女高子は伊達家の人びとを魅了した。可憐な容姿ばかりではなく、その振る舞いが何かと気が利いていたからで、幼い頃から銅座跡の家には多くの人が出入りし、高子は年長者の扱いに長けていたのであろう。

ところが、美人好きの宗城は高子について日記に言及していない。宗城は春山に劣らぬ絶倫大名で、生涯に二十五人の子を生した。明治二十五年に七十四歳で死ぬが、その前年、側室に子（十四女の国子）を産ませている。宗城や宗徳が美少女高子を側室に望まなかったのは、異人の血をひく高子は初めから対象外であり、三瀬周三という婚約者がいたからであろう。この頃、三瀬の釈放に関して大洲藩から使者がたびたび宇和島を訪れた。宗城は使者に酒を振舞い、高子を呼び寄せて「これが周三の許嫁《いいなづけ》だ」と紹介したという。

御殿での高子の勤めぶりについては、長井音次郎宛て書簡に言及がある。初めて御殿にあがったときの高子の髪型は、「おまへづと（御前苞）」というもので、これは頭頂部に二つの輪をこしらえる稚児髷で、少女の髪型である。

猶姫の身のまわりの世話をするのが小姓女中の勤めであるが、日々、せわしなく働いていたので、振袖では仕事にならず、ふだんは短めの袖の着物を着ていた。猶姫のお供で外出するときや、祝い事のある日は、縮緬地にさまざまな花模様が縫われた華やかな振袖を着用し、帯を「やの字」に結び、髪は御殿島田に結った。

猶姫の実年齢は不詳であるが、文化九年生まれの二十八歳として伊達家に嫁しているから、このとき数え五十四歳。猶姫は大御前様として崇敬されていた。

イネ改姓改名一件

イネは「失本」という姓を名乗っていた、という通説がある。シーボルトは「施福多」の字を宛てたり、「失先生」と書かれたりする。「失本」は漢字の「失以勃児杜」から一字を取り、楠本の本と合わせた姓であり、「しいもと」あるいは「しもと」と発音したというのである。

また、失本イネを楠本伊篤と改名させたのは伊達宗城であるという。『シーボルト先生　其生涯及功業』に以下の記述がある。

「楠本とは母の実家なる俵屋の苗字なるが、本はシーボルト先生が我姓に因みて失本とつけて西洋流にシーボルトと読まし、日本読にてシイモトとも読ませしが、後に伊篤が医として宇和島侯に仕へしとき、侯が失本は面白くないと云ふので俵屋の祖先が楠公（楠木正成）の臣下なりしと云ふ故を以て楠本と改めさせたるなり」

伊達の一字を与えて伊篤とした——いかにもありそうな話ではある。『ふぉん・しいほるとの娘』にもそのような場面が出てくる。しかし、イネは宗城に会う前からイトクと名乗っていた。再来日したシーボルトに宛てた書簡にItokuと書かれていることからも、それはあきらかである。

古賀十二郎はこう書いている。

——尤もお稲さん其人は、自ら「志本」「矢本」など云ふ姓を折々用ひてゐた。それはSiebold のSiの音シと、boをmoに転じたモと、dの音トと、三音を合はせてシモトと為し、其音を表す為めに自作したものと考へたい。お稲さんは、また伊篤とも称した。お稲さんが親しくItokuまたはItokとしたためた文書が遺つてゐる。元来伊篤と云ふ名称は、Siebold と云ふ父のiとd二字の発音、即ちシーボルトの「イト」二字を漢字にて表したもので、それを漢字発音その儘に「イトク」とよんだのであつたと思ふ。

織田《おり》毅《た》（シーボルト記念館館長）は、楠本家墓所の初代嘉四郎夫婦の墓碑の花立に「楠本」と刻まれ、天保年間以前から楠本姓が使われていた可能性を指摘している。イネは宗城と対面する以前から楠本伊篤と名乗っていた。矢本と名乗ることもあったが、失本ではない。『藍山公記』にも矢本と記され、失本ではない。三瀬諸淵がイネに送った書簡も「矢本様」となっている。

以上のことから、宗城による改姓改名説は成立しない。では、伊達宗城によって失本イネを楠本伊篤と改名したという話はどこから生まれたのか。イネが伊達家の恩顧を強調するあまり、あるいは先祖美化の意図をもって呉秀三にそう語ったのであろうか。

宇和島で医院開業

元治元年（一八六四）七月十九日、長州藩は参与会議瓦解後の政治的空白に乗じ、武装して上京し、御所に発砲して禁門の変が起きた。

勅命による長州征伐が始まり、幕府は西国諸藩に出兵を命じた。宇和島藩は徳山を攻撃する四国討手勢を命じられ、降伏勧告の使者にも選ばれた。伊達宗徳の前夫人孝子が毛利斉元の二女であったからである。宗徳と孝姫の結婚は嘉永四年三月五日で、孝姫は嘉永六年一月十四日に死去したが、縁戚関係は継続していた。

長州藩も孝姫との縁を頼りに宇和島藩の支援を要請したが、尊皇翼幕家である宗城が長州藩を支援することはなかった。とはいえ、宗城は長州征伐にはきわめて消極的で、藩主宗徳以下藩兵二千数百人を派兵したものの、佐田岬半島で滞陣し、交戦する気はなかった。長州藩は幕府に恭順し、家老三人の首をさし出して事態収拾を図った。十二月二十七日、幕府は撤兵を命じ、第一次幕長戦争は終わった。

元治元年はそのような年であったが、楠本イネにとっては宇和島伊達家との雇用関係が結ばれた転機の年であった。イネは何度も宗城に呼び出され、宗城の命令によって長崎と宇和島を往来する。イ

五代友厚（国立国会図書館蔵『近代日本人の肖像』より）

ネには伊達家の医師のほかに、長崎特派員とでもいうべき任務が与えられたのである。

　この年の暮れ、かわち香蔵という浪人が宇和島に来て、宗城と家老松根図書に面会している。かわち香蔵は薩摩藩士五代才助（のち友厚）の変名である。薩英戦争で英国の捕虜となり、横浜に連行された五代は、釈放後、薩摩藩の攘夷派に命を狙われていたところ、伊達宗城の庇護を得る。以後、五代は宇和島藩と密接な関係を結び、長崎に滞留して情報提供や武器購入の斡旋をする。記録には見えないが、イネと五代には交流があったはずである。

　宇和島藩は長崎に多くの藩士を遊学させるが、宗城は五代才助への手紙で「長崎で悪俗に染まる家臣が多いので困る」とこぼしている。国際文化都市長崎は、四国僻遠の田舎侍にとって誘惑の多い、夢のような遊興都市でもあった。

　翌る慶応元年（一八六五）二月十三日夜、イネは大野昌三郎とともに宇和島に帰って来る。イネの宇和島・長崎往来に大野が付き添っていたとも考えられる。

「十四日　大野昌三郎昨夜長崎ヨリ帰省、矢本伊篤モ従ヒ来ルト届出」

「二十九日　昨年ノ例ニヨリ伊篤ノ滞留中扶持方ヲ賜ル」

と、『藍山公記』に記述がある
イネは城下で医院を開業する。当時、宇和島城下の町医者は約二十名、藩領全体では九十名ほどであった。江戸時代は無資格・無免許で医師になれたというが、六代藩主村壽《むらなが》が文政七年に定めた法令によれば、藩医が村医者・町医者を管理監督し、藩医の認可がないと開業できない仕組みになっていた。イネは伊達宗城の許しを得て（あるいは勧められ）、医院を開業したのであろう。

どこに開業したかは確たる史料がない。伊達家に『家中由緒書』という文書がある。家臣が家の履歴を藩に報告した文書の綴りで、「（大野昌三郎が慶応元年の）四月十八日、鎌原組大治控屋江別宅　幷《ならびに》伊篤モ同様之旨届之事」とある。大野昌三郎が「鎌原組大治控屋」に転居し、イネも同居したということで、ここが楠本医院であったと考えられる。

宇和島藩に鎌原《かんばら》という上級藩士がいて、その屋敷付近は鎌原通《かんばらどおり》とよばれていた。「鎌原組」は鎌原通と考えられ、「大治控屋」は大治の別邸と思われるが、大治という藩士はいないので、誤記かもしれない。大治控屋が鎌原通にあったとすれば、医院を開業するには谷川より市街地にやや近く、より適地である。イネは谷川の家を自宅、鎌原通の家を医院として使い分けていたのかもしれない。

楠本医院には患者が押しかけた。この頃、宇和島藩の人口は藩領全体で約十六万人、城下及び近郊の人口は二万人ほどである。押しかけるほど多数の妊産婦は宇和島にはいないから、産科専門ではない。イネは二宮敬作やポンペゆずりの優秀な外科医であり、ボードインに学んだ一流の眼科医でもある。内科や小児科も兼業したのであろう。

宇和島の住民にとって、女の医者など見たことも聞いたこともない。しかもこの医者は異人との間に生まれた女性である。三十七歳という大年増ではあるが、美人の医者ということで大評判になり、好奇心から受診を乞う者もいたかもしれない。

特筆しておきたいのは、住民がイネを忌避しなかったことである。外国人を敵視する思想風潮は、四国僻遠の城下町宇和島にはなかった。大洲ではそうはいかなかった。攘夷思想が宇和島より徹底していたということもあるが、内陸部の霧深い水郷大洲と、潮風薫る港町宇和島の人と風土の差異もあろう。

「三月二十六日　矢本伊篤佐賀関ヨリ帰ル」

「四月七日　矢本伊篤佐賀関ヨリ帰ル」

と『龍山公記』★に記述がある。豊後国佐賀関《さがのせき》には九州と伊予を結ぶ航路があり、イネは佐賀関と宇和島を忙しく往復している。

「四月二十九日　佐賀関ノ医生来テ矢本伊篤ノ門ニ入ル」

佐賀関の医学生得丸遂、三浦晋斎の二名がイネに従学し、閏五月十五日まで滞在した。宇和島のイネには門弟までいたのである。

織田毅の近年の研究によれば、イネは豊後杵築藩の藩医佐野博洋とも親しくしていた。佐野はシーボルトの第一次・第二次来日時の門人である。イネとの往復書簡（大分県立先哲史料館保管）があり、宛名は「佐野両先生様」となっている。両先生とは博洋と息子の雋達《しゅんたつ》のことで、長崎と宇和島を往復する際、イネは杵築の佐野父子を訪ねて親しく交流した。イネと佐野父子は佐賀関で会っていた可能性もある。

イネは博洋に医学書の購入を頼まれたり、依頼されて外科治療器を長崎で作らせている。また、博洋は患者の眼病治療をイネに依頼している。

『龍山公記』
九代藩主伊達宗徳の編年体記録。全24冊。龍山は宗徳の号。

「杵築の商人の妻が長く難治の眼病を患っており、先日、ボードイン様へ容体書を送りましたところ、あなた様に診てもらえば治るのではないかということでした。患者を連れてお伺いしようと思っていましたが、娘の出産と重なってお伺いできず、お手紙を差し上げるしだいです。この患者に御投薬・御治療をお願いします」

イネの眼科治療の実績として、長井石峰『蘭学大家　三瀬諸淵先生』に「宇和島にて多年盲目に苦しめる女を治療して見事に視力を回復せしめ、盲女狂喜した話が残つて居る」とある。

この頃、三瀬諸淵が獄中からイネに宛てた書状がある。

一筆啓上します。日増しに暑くなりますが、ますますご健勝の由、めでたく存じます。さて、先ごろ二宮篤四郎殿が参られた際、お返事をさしあげましたので、そのときのようすなど、ご承知のことと存じますが、その後も赦免について尽力してくれる役人がいて、先月二十七日、赦免を掛け合ってくれましたので、盆前には赦免になり、近いうちに帰国できる見通しで、日夜うれしくてなりません。（略）ここは娑婆とちがってまことに金のかかるところで、そのうえ、この節のさわぎで物価も上がり、この春までに四十両ほども費ってしまいました。しかし、生きてさえいればよいことがあるだろうとそのことだけを楽しみにしています。獄中では薬煎という骨の折れない役目なので、日夜勉学に勤しみ、今では英学も一人前にできるようになりました。ご安心されますよう。八月か九月には帰国するつもりなので、お目にかかって災難のことを詳しくお聞かせします。お只（高子）も無事で辛抱していることでしょうが、今回は手紙を書かないのでよろしく伝えてください。前便で送ってくれた短冊を肌身離さず、（タダの和歌を）毎日吟じています。このことも申し聞かせてください。その返歌を前便に添えるのを取り紛れて忘れていたので、この手紙で贈りますから、タダに見せてください。近いうちにお会いできることを特筆して。かしこ

諸淵

矢本様

お唯への返歌

待ち待ちて咲初にたるさくら花
四方に匂はす風も吹かなむ

文中、「この節のさわぎ」というのは長州再征のことである。将軍家茂が大坂に出陣した江戸は騒然とし、物価も高騰している。高子が和歌を贈ってくれたので三瀬は短冊を肌身離さず、毎日、和歌を口ずさむ。諸淵は返歌を贈っている。いわゆる相聞歌であり、短いラブレターである。

楠本家に伝来する高子（タダ）の短冊があり、シーボルト記念館に寄託されている。その中に、

待ち待ちし母屋の軒端のさくら花　今日うれしくも咲初めにけり

という一首がある。高子が諸淵に贈ったのはこれであろう。

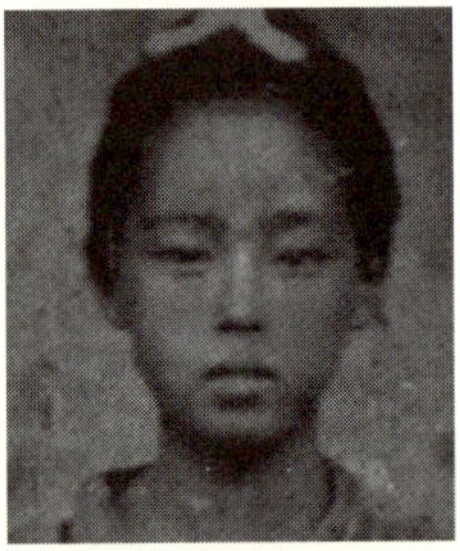

高子写真（下は顔部分の拡大）
（大洲市立博物館蔵）

同じ頃、五月四日付の「おた丶との」宛ての書簡がある。

久々に母上様（イネ）から手紙をいただき、そもじ（あなた）が無事につつがなく御殿にご奉公されていることを知り、また、送ってもらった歌からあなたが稽古事にも精進されていることがわかり、何よりうれしく思います。さて、わもし（私）のことですが、思いがけず現在の身の上となり、一方ならず心配されたことと思います。しかし、いずれ近いうちに佃島を出獄し、今年のうちには帰国したいと楽しみにしています。しばらくのことですから、ご奉公を大切に、母上に孝行され、稽古事にも精進され、心を煩わせることなく、帰りを待っていてください。何かを贈りたいのですが、佃島なので思うにまかせず残念です。篤四郎様から日光東照宮のお守りと御影をもらったので、お守りはわもしが身につけ、御影をそもじに贈ります。ご信心してください。
いずれめでたく帰国し、再会出来る日を楽しみに。かしこ。
五月四日
諸淵
おたゝとの

この手紙もラブレターにほかならない。

イネが三瀬に贈った高子の写真がある。台紙の裏面に「たゆますて太く立たる真木柱　動かめやわか大和心は」という諸淵名義の和歌が記され、「28・10・1865」と年月日が記されている。実際に撮影されたのは、それより以前であろう。単衣の地味な着物を着て正座しているタダは、髪をひっつめにし、髪飾りをした可憐な少女である。台紙の上部にオランダ語で「Lief Otada！（愛しいおただ！）」、下部に英語で「I Love you in all times（いつもあなたを愛する）」と流麗な筆記体で書かれている。

高島嘉右衛門（『呑象高嶋嘉右衛門翁傳』所収）

ところで、佃島獄舎に高島嘉右衛門★という囚人がいて、三瀬と意気投合する。伝記『呑象高嶋嘉右衛門翁傳』によると、三瀬は日がな一日、石臼を碾いて油を搾る重労働を科されていた。獄吏に顔の利

高島嘉右衛門
高島嘉右衛門は獄中で易学の研究をしていた。嘉右衛門は「高島易断」の祖である。入獄時は嘉兵衛と名乗っていたが、出獄後に嘉右衛門と改名。

く嘉右衛門が、三瀬を油引きから飯炊きにかえてやったところ、三瀬は三升飯を焦がし、百叩きの刑を受けることになった。

嘉右衛門が獄吏に詫びを入れ、叩きを半分で許してもらうと、三瀬は「慣れぬとてたちまう事のもどかしき　われ賤《しづ》が女《め》（飯炊き女）に劣りけるかな」という戯れ歌を詠んだ。嘉右衛門の計らいで、三瀬は煎薬掛になった。

三瀬と高島は囚人西村勝三とも親しくしていた。西村は佐野藩士であったが、脱藩し、横浜で密売を働いた罪で収監されていた。のちに西村は大村益次郎に気に入られ、明治二年（一八六九）、陸軍に軍靴を納入、三瀬と高島の協力を得て明治三年三月、築地に「伊勢勝造靴場」を設立する。「伊勢勝」は明治十七年「合資会社櫻組」と改称し、日本を代表する靴会社（現在のリーガル）になる。


慶応元年閏五月二十九日、イネは患者の殺到を「数かきりもなき病人に日夜せめ立られ」と手紙に書いている。「如水様」宛てで、如水は外海浦庄屋二宮市右衛門である。この書簡は武田科学振興財団杏雨書屋が所蔵している。書簡に封筒があって差出人住所が記載されていれば、イネの住居が谷川なのか鎌原通なのか判明する。杏雨書屋に照会したところ、封筒はないということであった。

この手紙には重要なことが何点も記されている。


詳しいお便りをいただき、ありがたく拝読しました。おっしゃるとおり、暑い毎日ですが、皆様方には揃ってご健勝のようで、なによりめでたく存じます。

私のことですが、ご承知のとおり、当春より宇和島に罷り越し、今日まで無事逗留しています。もっと早くにお手紙をさしあげるべきところ、当地に参ってからというもの、日夜、数限りない病人に責めたてられ、実に寸暇もなく、心ならずもお便りできなかったことをどうかお許し下さい。

篤四郎様がご東行され、都合よくお勤めされたというのはめでたいことで、近日、御帰藩されるようですが、江戸で（三瀬）周三殿にも面会されたということを、お手紙で初めて知りました。実は周三殿については、春以来、色々と面白くない凶説もあり、たいへん心配していましたので、初めて安心することができました。ということであれば、近いうちに帰って来られるので、それだけを楽しみに暮らしています。

娘のたかも、ご承知のとおり、昨年秋より御殿の御小姓御雇としてたいへん都合よく勤めていましたところ、最近になっておもいがけなくも御小姓本役を仰せつけられ、昇進したのは重々ありがたいことです。

私もしばしば御殿へ召し出され、大屋形様（宗城）、大御前様（猶姫）、屋形様（宗徳）、御前様（佳姫）にも御目見を仰せつけられ、皆様方いずれもご親切にお声をかけてくださり、特に大屋形様には何度となく召し出され、格別にご懇篤にしていただき、厚い思し召しには恐れ入るばかりです。

周三殿についても大屋形様は何かと気にかけてくださって、内々に運動して一日も早く釈放されるようご心配していただき、実に何とも恐れ入り奉るしだいです。万事、大屋形様のお情け深く、お優しいご配慮は身に余るもので、筆にも書けず、口にもいえないほどです。

母（たき）もこちらへ参るといい、先月末、長崎を出帆し、下関へまわって用事を済ませ、近くこちらへ罷り越すようで、その日を待ちかねています。

私ももう少し暇ができましたら、（如水様と）お会いしたいと楽しみにしています。書きたいことは限りなくあるのですが、前述したようにあまりに病人が押し寄せ、多忙をきわめていますので、それもできません。心ならずもこの辺で筆を置きます。めでたくかしこ。

閏五月二十九日　伊篤拝

如水様

けっこうな御品をいただき、ありがたく賞味いたしました。

御内室様（敬作の妹てつ）にも御鳳声下さいませ。もう少し暇ができましたら、参上してお会いしたいと思います。

記述の要点は、

一、楠本医院に患者が殺到している。

二、如水からの手紙で、二宮篤四郎が江戸で三瀬に面会したことを知った。三瀬が近いうちに帰ってくるようなので楽しみにしている。

三、御殿へしばしば招かれ、宗城、猶姫、宗徳、佳姫から親切にしてもらい、特に宗城には何度となく召し出され、恐れ入るばかりである。

四、高子が雇用後、半年ほどで昇進した。宗城が三瀬について釈放運動をした。宗城の何かと優しい配慮は筆舌に尽くしがたい。

五、近日、たきが宇和島へ来る。

三瀬周三に関する心配を除いては、イネは多忙で充実した日々を送っている。「もう少し暇ができましたら、参上してお会いしたい」と末尾にあるが、外海浦（現在の愛南町深浦）は土佐藩との国境に近く、当時は両三日の「暇」ができなければ「参上」できない遠隔地である。けっこうな品をありがたく賞味したというのは、深浦特産の鰹節、鰯の干物、鯣《するめ》であろうか。

イネは「大屋形様には何度となく召し出され、格別にご懇篤にしていただき、厚い思し召しに恐れ入るばかりです」と書いているが、長崎の政情、海外情報など、宗城とイネの間に交わされた話題は多岐にわたっていたと思われる。

たきが下関で用事を済ませて宇和島に来る、という記述があるが、下関での用事とは何であったのか。高子の談話によれば、たきが再婚した廻船業者俵屋和三郎は下関と通商し、俵屋は関問屋とよばれていたという。たきが下関を商用で訪ねたのであれば、和三郎没後、たきは俵屋の女主人であった可能性がある。あるいは、単に親戚知人を訪ねただけかもしれない。

六月初旬、たきが宇和島に来る。『龍山公記』に「六月七日　大野英之助ヨリ矢本伊篤母来リ伊篤ト同居ノ旨届出」とある。

八月、三瀬諸淵が四年ぶりに釈放され、大洲藩の郡奉行児玉外記氏精に伴われて大洲に帰郷した。

児玉氏精は京都、大坂で国事に奔走し、宇和島藩家老松根図書とも交流があった。三瀬は大洲藩に三人扶持で召抱えられる。

「慶応元年十一月二十二日　大洲人三瀬周造《ママ》ハ蘭学ニ達スレバ、時々呼寄、御用モ命セラレ度ト大洲侯ニ照会シ、差支ナキ趣ナレバ、御合力トシテ三人口賜ル旨ヲ田手次郎太夫ニ達セラル」

と『龍山公記』にある。伊達宗城は大洲藩主加藤泰秋★に請い、三瀬を三人扶持で宇和島藩お雇い洋学者に迎えた。

高子は三瀬と再会できる喜びを和歌に詠んだ。

いつしかと思ひ思ひし白菊の　やや咲き初むる花を見るかな

十一月末、三瀬は宇和島城下の谷川の家に移った。高子の回想によれば、高子が三瀬との面会のため宿下りする日、猶姫は化粧部屋で高子の顔を剃り、白粉を塗ったという。猶姫に化粧をしてもらった高子は、縮緬に花模様を縫い込んだ振袖にやの字の帯を結び、奥女中三人が付き添い、駕籠で帰宅した。たきは、華やかな御殿女中姿の高子を見て「これがタダか」と驚いた。

高子は、三瀬の両手の爪が佃島での薬湯煎じで黒ずんでいたので、嬉しいやら悲しいやらこの日のことは忘れがたい、と語っている。この日はあいにくの雨で、高子が雨をうらんだ和歌がある。

加藤泰秋
大洲藩６万石の最後の藩主。宗城より28歳年少。大洲藩は尊皇倒幕派で、小御所会議を軍勢で警備し、鳥羽伏見の戦いにも参戦した。

宿下りするにかきりてふる雨の　猶うらめしきけふのあはれさ

高子の和歌の師が、これを慰めて和歌を贈っている。

雨降れは土かたまると世にいへは　妹脊の仲は揺るくことなし

慶応二年正月二日夕刻、猶姫の体調に異変が生じた。嘔吐と嗜眠傾向があったというから、脳出血であろうか。年頭の諸行事は延期もしくは中止された。イネが治療に呼ばれたとか、高子が看病にあたったという記録はない。

二月十六日、猶姫の容態が急変した。眩暈を訴え、嘔吐下痢を繰り返した。人事不省となり、十八日午前五時に息をひきとった。高子が詠んだ和歌がある。

身もともに死なんとはかり思ほえつ　仕へまつりし君におくれて

三月下旬（日不詳）、三瀬諸淵二十六歳と高子十四歳の婚礼が行われた。服喪中の婚礼はきわめて異例である。一日も休むことなく国事斡旋に日々を送っていた宗城は、猶子夫人の急死によってその活動を一時的に休止す

天赦園（国指定名勝）

る。この忙中閑に、宗城は高子と諸淵の結婚を急がせたのであろう。

媒酌人は家老松根図書、式場は天赦園の明心楼。イネとたきが婚礼に同席したのは当然であるが、宗城肝煎りの婚礼であるから、宗城はもちろん、上級家臣や上級奥女中がいたかもしれない。末席に大野昌三郎や嘉蔵がいたかどうかはわからない。大名のお声がかりで華燭の典を迎えるなど夢のようなことで、高子と三瀬はもちろん、たきとイネにとっても生涯最良の日であった。

コラム

写真師イネ

三瀬諸淵の遺品の中に「慶應二年二月二十三日　上野ヨリ口授」というメモが残っており、湿板写真に用いる薬剤の名称と用量が列記されている。「上野ヨリ口授」の上野とは、文久二年に長崎に上野撮影局を開業した写真師上野彦馬である。高子との婚礼の一カ月前、三瀬は長崎で上野から写真術を学んだと考えられる。

また、「撮影術薬剤録　ドクトルバウトイン氏ノ傳」というメモも残っており、湿板写真のガラス原板から印画紙に焼き付ける薬液が記されている。「ドクトルバウトイン氏」とは医師アントニウス・F・ボードインである。ボードインは写真用機材一式を日本に持ち込み、長崎の街や人物を撮影した日曜写真家でもあった。三瀬は宇和島でさかんに写真を撮り、三瀬諸淵撮影と確認できる何点かの写真が大洲市立博物館に所蔵されている。

伊達宗徳、佳姫、佳姫の老女綾瀬が、紅葉を描いた屏風の前で写っている写真がある。藩主夫妻と

左から綾瀬、伊達宗徳、佳姫（大洲市立博物館蔵）

侍女を同じ構図で撮影した、非常に珍しい写真である。

三十歳過ぎの宗徳は裃姿で、眉目秀麗である。佳姫は正面を向き、顔をやや左方向に向け、大名家の奥方らしくお歯黒に置き眉をしている。美人であり、表情は快活で、聡明な感じもする。老女綾瀬は、御徒町の久保田藩佐竹家上屋敷から麻布龍土の宇和島藩上屋敷への佳姫の輿入れに同行した、佳姫付きの奥女中筆頭である。顔立ちこそ醜いが、いかにも貫禄がある。

これらの写真の原版は所在不明であるが、紙焼き写真が大洲市立博物館、シーボルト記念館、宇和島伊達家に伝来している。なぜ同じものが大洲、長崎、宇和島に残っているのか、著者にはその理由がわからなかった。また、誰が撮ったのか、これも不明であった。

シーボルト記念館所蔵の写真の台紙には、宗徳は「伊達春山公ノ御子様」、佳姫は「秋田佐田家様ノ御前様」、綾瀬は「秋田より宇和島被為入　御前様御友（御供）いたし候折　御出被成候ご老女さん　御名ハあやせさんと　申上候」と墨書されている。高子は長井宛て書簡に、秋田佐竹家を秋田佐田家と誤って書いている。台紙の墨書は高子自身が書き入れたものとみてよい。

また、「この写真は私の母（イネ）が宇和島様の御殿で御写し申し上げ、大切に母がしまっていた御三方の御写真です」と高子は書いている。

諸淵ならともかく、イネというのはにわかには信じ難い話である。しかし、イネがボードインから写真術も学んだとすれば、あり得ない話ではない。

この三枚の写真を大切に所蔵していた高子は、その複写を長井音次郎に贈った。高子は「（写真が経年劣化したので）このたびたくさんうつしたので、決してお返しには及ばず、お納め置きください」と書いている。「東京市世田谷区小田急経堂　小西写真館」の台紙に貼られている紙焼き写真もある。経堂に住んでいた高子は、三葉の写真を小西写真館で多数複写した。それで、同じものが大洲、長崎、宇和島に伝来しているのである。

第五章　長崎特派員イネ

英国艦隊宇和島へ

慶応二年四月（日不詳）、イネとたきは長崎に帰郷した。高子と諸淵の結婚を見届けたたきには宇和島に居続ける理由はないし、イネは宗城の特命を帯びて長崎に向かったと考えられる。四月三日、城辺村庄屋矢野安芸《あき》三郎《さぶろう》、藩士中山小右衛門、前原喜市、商人清家市郎左衛門が長崎に出立しているので、これに同行した可能性もある。

四月十七日、松根図書の嫡子内蔵《くら》が三瀬の門弟萩森厳助、商人近江屋恒之助を伴って長崎から上海に密航し、出島商人ボードイン（弟のA・J・ボードイン）所有のオランダ製蒸気船を三万七千ドルで購入した。記録には見えないが、ボードインと親しい楠本イネの関与があったかもしれない。国内貿易用のこの蒸気船は、天保年間に進水したので「天保録」★と命名された。幕府への届には「ボートエン所持之蒸気船、鉄造、長二十二間（約四〇メートル）、弐本柱船」とある。

五月十七日、松根図書が長崎に向けて出発した。目的は英国東洋艦隊宇和島訪問

天保録

ボードインに高値で売りつけられた船齢30年の「天保録」は、故障の連続で使い物にならなかった。

松根内蔵（松根敦子氏蔵）

松根図書（松根敦子氏蔵）

高子と豊松（大洲市立博物館蔵）

の事前交渉で、イネがこの秘密案件に関わる。

この頃、幕府の長州再征にあたって宇和島藩は、周防大島口攻撃隊の松山藩の援軍を命じられ、伊達宗徳以下の宇和島軍が出陣を始めていた。宗城は、出兵は無益とする伊達遠江守宗徳名義の意見書を大坂奉行に何度か送り、避戦を画策していた。

三瀬は蘭英学稽古所の開設準備に忙殺されていた。新婚の三瀬宅には松本豊松という使い走りの少年がいた。豊松のおばも同居し、三瀬は支那語で家政婦を意味する「阿《ア》姨《イ》」をもじってアヤチャンと呼んでいた。また、叶清十郎★という書生（学僕）もいたようである。

六月になって蘭英学稽古所が開所し、三瀬のもとに七十名を超える門弟が集まった。そのほとんどが十代の青少年である。

六月四日、松根図書が投宿する丸山の商家煙草屋に楠本イネが訪ねて来て、「（弟の）アレクサンダーが面会を望んでいるので、明朝、鳴滝邸に来てほしい」という。

図書の日記によれば、この日、図書は息子の内

叶清十郎
管見では、羽仁説子『シーボルトの娘たち』にその名が見られるだけである。

蔵と同道して眼鏡を買い、五代才助の昇進祝いに肴を贈った。昼は鰹の刺身で酒を飲み、夕刻、玉川亭に登楼し、着流しにくつろぎ、酒宴を楽しむ。市川團之允の座敷踊りを見ているうち、吐きそうになった図書は煙草屋に帰った。

翌朝、松根図書は玉川亭に赴き、置いてきた羽織袴に着替え、八時過ぎに鳴滝邸を訪ねた。アレクサンダーは、「英国艦隊は近日、鹿児島と宇和島を訪問します。旗艦プリンセス・ロイヤル号は世界最大の戦艦です。この機会を逃すと、二度とないでしょう」と告げた。ジョージ・キング副提督麾下《きか》の英国東洋艦隊は長崎に寄港中で、英国公使ハリー・パークスとその妻子を乗せていた。

夜、図書はおていという酒宿の女を呼んで酒の相手をさせ、八時頃床入りした。九時過ぎ、五代才助がやって来たが、泥酔して舌が回らず、図書は辟易した。

翌る六日の午前八時頃、図書は鳴滝邸を訪ねた。アレクサンダーが「公使パークスは不機嫌のようす」だと言う。図書は「今日のうちにパークス閣下にお会いしたい」と告げ、煙草屋に帰った。正午過ぎ、イネから「アレクサンダーが楠本医院で待っている」という知らせがあった。

ハリー・パークス（国際日本文化研究センター蔵）

図書はアレクサンダーに案内され、大浦の英国領事館に向かう。イネが同行したかどうかは不明である。領事館には五代才助がいた。図書はフレンチ領事、公使パークス、キング副提督と面談した。図書は日記に藩の機密に関することを書いていないので、面談の内容は不明である。

五代才助がこの一件に関与した背景には、英国艦隊の宇和島訪問によって宇和島軍を長州攻撃に参戦させない意図があった。この年の一月二十一日、薩長は同盟の密約を結んでいた。

翌る七日、幕府艦隊が周防大島を砲撃し、第二次長州戦争が始まった。

パークスにとって宇和島訪問は、薩摩藩にだけ訪問することを避ける政治的配慮があった。訪問先として想定されていたのは加賀藩、九州諸藩、土佐藩、宇和島藩であるが、受け入れたのは薩摩藩と宇和島藩だけで、土佐勤王党などの攘夷派が跋扈する土佐藩は呼びたくとも呼べず、山内容堂は臍《ほぞ》を噬《か》んだ。

八日、天保録に船長田手次郎太夫以下、矢野安芸三郎、前原喜市らが乗り組み、松根図書・内蔵父子、ボードインの治療を受けていた清水飛騨、西洋馬術を研究していた下田生駒・正馬兄弟ら藩士が乗船し、宇和島に向かった。このとき、小倉藩（幕府側）の要請により大小の銃器を積み込み、十日午後三時頃、門司の田野浦に陸揚げした。対岸の長州軍から丸見えで、以後、宇和島藩は薩長両藩から敵視されることになる。十一日午後、佐田岬半島にさしかかると天保録の機関が停止した。二時間ほどかけて修理し、樺崎港に着岸したのは夜十一時を過ぎていた。

六月十七日、プリンセス・ロイヤル号、サラミス号、サーペント号の三隻からなる英国艦隊が鹿児島を訪問した。坂本龍馬の斡旋によって薩摩藩名義で長州藩に大量の武器を売りつけたジャーディン・マセソン商会長崎代理店のトマス・グラヴァーも乗船していた。パークスは島津久光、島津茂久《もちひさ》と会見した。四年前の生麦事件、三年前の薩英戦争の記憶がまだ生々しかったが、五日間の鹿児島滞在は友好的に終わった。

もっとも、英国公使館医師ウィリアム・ウィリスはとうてい友好的な気分ではいられなかった。姉のファニーに宛てた書簡がある。

「私たちの薩摩訪問はかなり欺瞞的なもので、東海道でのリチャードソン殺害（生麦事件）を命令した悪人島津三郎（久光）と食事を共にするなんて、まともなことではありません。私の立場であれば、あんな悪人面を見たことがない、という表現も許されるでしょう。もしも私が英国公使だったら、あのような人間からの歓待など絶対に受けなかったでしょう。魚料理に、水のように見える気持ちの悪い酒の宴会が、吐き気がするほど長いこと続きました。魚、海藻、茸、海鼠などの料理が四〇種類も出るのです。想像してみてください。これが日本のご馳走なんです」

ウィリアム・ウィリス（横浜開港資料館蔵）

ウィリスはよほど不愉快だったようで、「礼砲の費用がもったいない」「金貨を船の外にポイポイ捨てたようなもの」「殺人犯（島津久光）と接触したので、我が身が穢れたような気がする」とまで書いている。また、鹿児島の女は江戸の女性★よりずっと醜いとも書いている。わずか三年後、鹿児島で医療活動をすることになるのを、このときウィリスは知る由もなかった。

英国艦隊は鹿児島を出港した。パークスの乗るサラミス号は下関海峡を渡る航路を取り、キング提督の乗るプリンセス・ロイヤル号★、砲艦サーペント号は鹿児

江戸の女性
ウィリスは「日本人女性が美しいとすれば、江戸の娘、商家の娘である」と述べているが、この時点で横浜の女性との間に一児をなし、後年、江夏八重という士族の娘と結婚した。

プリンセス・ロイヤル号
旧式の軍艦であるが、全長74メートル、全幅18メートル、排水量3129トン、大砲74門、砲艦外交にはうってつけの巨艦であった。

島から日向沖を北上する航路を取った。

宇和島藩にとって英国艦隊来航は避戦のまたとない口実で、渡海出兵を見合わせたいと幕府に願い出て、六月二十二日、八千人の大軍の一部を佐田岬の三机から撤退させた。

サーペント号は六月二十三日（一八六六年八月三日）午後一時、湾内を測量しながら宇和島港に先着し、「明日、プリンセス・ロイヤル号が来る」とだけ言い残し、プリンセス・ロイヤル号を迎えに行った。

六月二十四日午後五時二十分、プリンセス・ロイヤル号が投錨し、宇和島湾に号砲が轟いた。樺崎砲台は礼砲十五発をゆるゆると撃った。人びとは、一目、黒船を見ようと港に押し寄せ、あるいは高台や山に登った。

プリンセス・ロイヤル号の水彩画。近藤俊文講演録『英国軍艦が宇和島に来航　その歴史的意義について考える』所収。原画は国立海事博物館（ロンドン）蔵

艦隊応接の指揮には若い松根内蔵があたり、大野昌三郎、三瀬諸淵、萩森厳助らが補佐した。軍艦には一丁（一〇九メートル）以内に近づいてはならない、と布達されていたが、小舟を漕ぎ寄せる者が多く、英兵が投げ捨てるビールの空き瓶を競って拾い、「ギヤマン徳利」といって家宝にした。

翌る二十五日、宗城と宗徳の両殿様が家臣数名を伴ってプリンセス・ロイヤル号に乗艦し、半日余りいた。宗城がワーテルローの戦いの戦術を話題にしたので、キング提督は感嘆した。通訳にあたったのは三瀬で、流暢な英語と堂々とした

態度は高い評価を得た。午後四時、英兵の半数が和霊神社に案内され、御神楽の披露があり、市中の女子の三絃手踊りと冷酒でもてなされた。

翌日も両殿様は乗艦し、前日同様に過ごし、残り半数の英兵が和霊神社に案内された。プリンセス・ロイヤル号は一般公開され、老若男女が群れをなして乗り込んだ。鹿児島ではこのようなことはなかった。甲板は人で溢れ、商人は船員に物品を売ったが、販売価格は藩命によって統制されていた。

サラミス号のパークスは、二十五日と二十六日、下関でフランス公使ロッシュと幕長戦争終結について会談したが、実際は英仏の腹の探り合いであり、結論をみなかった。

サラミス号は一路、宇和島をめざしたが、豊後水道が荒れていたため、宇和島の南、津島組下灘村《しもなだ》の須下《すげ》に避難した。須下湾も波が高く、波穏やかな鼠鳴《ねずなき》の湾口に停泊した。上陸した英兵は魚や野菜を高値で買い、担い棒を槍と勘違いして驚いたり、近づいてくるお歯黒の女を追っ払い、お歯黒をしていない若い娘を盛んに手招きした。

二十七日午前十時、サラミス号が宇和島に入港した。通訳官アレクサンダーと三瀬諸淵は再会するが、手を取り、抱き合って五年ぶりの再会を喜んだのかどうか、記録はない。

三十人ほどの伊達家の女性たちが乗艦し、両殿様はパークスに家族を紹介した。家族とは宗城の側室やその子女であり、宗徳夫人佳子もいた可能性がある。薩摩では見られなかったこの西洋風の歓迎はパークスを非常に驚かせた。

高子もいた。「慶應二年六月、ゑい国よりぐんくわん宇和嶋様まゐりおりは」と高子は長井音次郎宛て書簡に記している。見るからに立派な艦長に腕を取られて船室に行き、美しい錦紗や腕輪をプレゼントされた。

高子はまた、「奥女中たちは懐剣をしのばせ、覚悟を決めて乗艦したが、英国士官たちの丁重で親切な応接ぶりに、拍子抜けした。甲板で水兵が洗濯しており、泡が出ているのを見て、シャボン（石鹸）というものを知らぬ奥女中たちは驚いた。煙草を喫う士官がマッチに火をつけるのを見て、異人の爪先から火が出るといって怖がった」と述懐している。高子はしかし、アレクサンダーが通訳として来ているにもかかわらず、この懐かしい叔父について語っていない。

午後四時十五分、英兵二百名と宇和島藩兵の合同軍事演習を三之丸練兵場で実施した。訓練後、西瓜、砂糖水、煎餅が振る舞われた。

二十八日、宗城・宗徳の両殿様は家臣約百人とともにプリンセス・ロイヤル号に乗艦し、艦上操練、砲撃訓練を見学した。船上での饗応のあと、パークス一家、キング提督以下の士官たちは小艇で樺崎港に上陸し、南御殿へ向かってパレードした。パークス夫人と令嬢を乗せた駕籠の前後に、騎馬隊と鉄砲隊が隊列を組んだ威風堂々の行列である。鼓笛隊が先導したようで、「ピーヒョーリ、ヒョーという調子が珍しく、これから宇和島地方では子供までがピーヒョーリ、ヒョーと唱え始め、大流行でございました」と高子は回顧している。

明心楼（宇和島伊達文化保存会蔵）

ウィリスは「乗馬の行進が馬鹿げていて面白かった」としている。身長一九〇センチ、体重二四〇ポンドの巨漢ウイリスが、西洋鞍を乗せた宇和島藩の軍馬に乗ったのである。ウィリスは「人々は素朴で幼稚に見えた」「町民は礼儀正しい」「軍艦の艦長が海に落ち、到着後、日本の着物に着替えたり、小さな出来事がいろいろあった」と記している。

南御殿の明心楼玄関前で松根図書が挨拶し、三瀬がこれを通訳した。英国下士官と中級藩士は明心楼玄関前の白州に控えた。下士官には椅子を出し、赤飯と裂き鯣でもてなした。上級士官は客間で茶と煙草盆でもてなされ、二階大広間で小酒宴、庭に降りて剣術三組観戦、庭園散策のあとは三味線音曲披露、大広間に戻って二汁七菜の大宴会。下士官と中級藩士は別間で一汁二菜の饗応。料理は宇和島流に吟味され、英国人は海老を好むというので、浦々から大量の車海老を調達した。

サラミス号の軍艦旗。324センチ×616センチ（宇和島伊達文化保存会蔵）

この宴席でも両殿様は家族を紹介した。この行動は、パークス曰く「東洋的な通常の控えめな態度からまったくかけ離れた」もので、薩摩ではついぞ見られなかったものである。

ウィリスは伊達家の女性たちについて、「彼女たちは白粉を塗りたくり、とても派手な着物を着ていました」「皆、とても楽しそうで、滑稽なことをあれこれするのでした」と記している。

やがて、太刀を掲げた小姓を従えた殿様然とした伊達春山が登場し、ウィリスの健康診断を所望した。異人に脈を取られるくらいなら死んだほうがまし、という島津久光とは正反対である。特に異常は認められない、もし調子が悪いのであれば、それは七十五歳という年齢によるものである、という診察結果に、一同は祝杯をあげた。

ウィリスは、宇和島の宴会が鹿児島での五時間を超える宴会ほど長くなく、会場を自由に歩き回ることができたので快適であった、と姉への手紙に記している。また、若い海軍少尉候補生たちが遠慮なく煙草を喫い、日本酒を飲み、会場の片隅で女性たちを口説いていたことを報告している。

楠本イネについて、ウィリスは興味深い言及をしている。

「われわれの通訳アレクサンダーの父君の日本人妻との間に何人かの子供がいて、たいていは医者として日本各地にいます。宇和島藩主一族の主席医師はほかならぬシーボルト先生の娘で、ヨーロッパの医学知識をいくらか身につけた、かしこい女性です」

シーボルトの「何人かの子供」は「何人もの弟子」と訂正しなければならないが、ウィリスはイネを伊達家の主席医師と認識していた。アレクサンダーからそのように聞かされていたのであろう。

「宴会は暗くなるまでつづき、若い女性たちによって歌われる奇妙な音楽を聴きました」演奏には高子も加わっていただろうか。「われわれはボートが待っているところまで、提灯行列で送られました」

翌る二十九日、診察の礼品を携えた春山と宗城がサラミス号に乗艦した。宗城は、「今後、豊後水道を通過するいかなる英国船も、希望するときはいつでも宇和島に立ち寄ることができる」便宜の提供を申し出た。また、パークスが宇和島藩の緋九曜紋の船旗を所望したので、サラミス号の軍艦旗と交換した。

パークスは宇和島城下の風光絶景に感嘆し、親密な歓迎にも感激したが、なによりも、噂に違《たが》わぬ宗城の英明ぶりに接することができたのが収穫だった。

この頃、幕府軍は長州軍に圧倒されていた。七月二十日、将軍家茂が急死した。二十八日、一橋慶喜が徳川宗家相続を上奏し、翌日に勅許が下った。八月十一日、徳川慶喜は大坂城で長州大討込みの大演説をし、自ら出陣すると宣言したが、三日後、老中小笠原長行《ながみち》の指揮する小倉口が陥落すると、停戦の勅命を願い出た。

八月十九日、アレクサンダーが三瀬に手紙（一八八六年九月二十七日付）を送っている。

親愛なる周三

伊予守様（宗城）からの親しみのこもった手紙に対し、私がたいへん感謝していることをお伝えください。手旗信号機と地図については公使パークスにただちに伺い、早急に入手して桜田を通じて送るつもりです。宇和島から江戸に戻って以来、何度か桜田に会いましたが、桜田はいつも親切で、礼儀正しく接してくれています。

伊予守様にお伝えしたいのは、ロシアに関する最新情報では、樺太から日本人の将官たちが帰って来たことです。領土についてのロシアとの困難な調停については未解決のようです。ヨーロッパにおけるプロイセンとオーストリアの戦争では、オーストリアがいくつかの大きな戦いで打ち負かされ、プロイセンに和睦を強いられることになりました。この戦争はまもなく終わるでしょう。

（略）

どうか、宗徳様と伊予守様へ私の最高の感謝と、松根内蔵への私の賛辞と感謝の念を伝えてください。それから、松根内蔵には英語辞書についての約束を忘れていないとお伝えください。私は横浜ではその約束を忘れ、購入できませんでした。次の機会にはきっと送ると伝えてください。

私は休暇を取って宇和島でもう一度あなたに会いたいとずっと思っています。この前の訪問は私にとって大いなる喜びだったのです。

父からはたくさんの手紙をもらっていますが、父は現在、戦地に近いミュンヘンで元気にしています。次の機会にはヨーロッパから戦地の地図を伊予守様に贈るつもりです。おただにもどうか宜しくお伝えください。

アレクサンダーより心をこめて

伊予守様のためにドイツにおける戦争に関する新聞を同封します。

桜田は江戸家老である。幕府とロシアとの樺太国境交渉、普墺戦争に関する記述は宗城の質問に答えたものである。「休暇を取って宇和島でもう一度会いたい」と書いているが、翌年十月、三瀬諸淵は高子とともに宇和島を去り、アレクサンダーが宇和島を再訪することはなかった。

八月二十日、将軍家茂の死去が公表され、翌日、ようやく慶喜は孝明天皇から長州戦争停戦の勅命を取り付けた。

九月十日（一八六六年十月十八日）、シーボルトがミュンヘンで死んだ。

シーボルトの死

シーボルトは日本退去後、三度目の訪日を画策した。一八六四年（元治元）、池田筑後守使節団に意見書を送り、池田使節団は幕府にシーボルトの再雇用を提案したが、実現しなかった。一八六五年（慶応元）九月、シーボルトは日仏貿易会社設立の計画書を携えてパリを訪れ、ナポレオン三世に謁見したが、実現の見込みはなかった。柴田日向守使節団がパリに到着すると、日本へ同行したいと要望したが、謝絶された。

パリでシーボルトは、歌劇作曲家マイアベーアと交遊し、三十数年前の江戸参府旅行の帰途、大坂の角座で観た「妹背山婦女庭訓」の筋書き「盲目の皇帝」を贈った。マイアベーアは歌劇にすることを試みるが、その死によって未完に終わる。

翌年春、二十六歳の新進作家アルフォンス・ドーデーがシーボルトに面会した。ドーデーによると、老シンドバッド（シーボルトのこと）は姪と称する若い魅力的な女性を伴っていた。ドーデーはシーボルトの語る「盲目の皇帝」に強い興味を抱いた。

五月、バイエルン政府から喜ばしい申し出があった。ミュンヘンで日本展覧会を開催し、シーボルトの収集品を大々的に展示し、それらを購入したいという。勇躍、シーボルトはミュンヘンに赴き、宮殿博物館で日本展の準備作業に没頭した。シーボルトは日本展のために日本の武士と学者を派遣するよう幕府に手紙（一八六六年八月二十六日付）を送り、アレクサンダーに手紙（九月六日付）で日本展のことを伝えた。

まもなくシーボルトは風邪をこじらせて敗血症になり、死の床で、「私は平和の国へ行く」とつぶやいた。平和の国とは日本で、日本に魅了され、その人生のほとんどを日本に捧げたシーボルトらしい臨終の言葉である。

ドーデーの短篇集『月曜物語』の中に「盲目の皇帝」がある。シーボルトを訪ねたドーデーは、宮殿博物館に通いつめ、その膨大な日本コレクションに感嘆する。シーボルトは日本の俳句について教えてくれたが、「盲目の皇帝」について詳しく知ることは、シーボルトの突然の死によって果たせなかった。

アーネスト・サトウ宇和島へ

アーネスト・サトウ（港区立港郷土資料館蔵）

十一月十八日（一八六七年十二月二十四日）、英国書記官アーネスト・サトウの乗る軍艦アーガス号が長崎に来航した。
サトウはパークスから三つの任務を与えられていた。
一、兵庫開港を大名たちに納得させること。
二、天皇か将軍かという日本の最高権威に関する内紛については、英国政府はいかなる党派に対しても支援をしないことを明言すること。

三、京都で予定されている大名会議、長州処分と兵庫開港に関する諸大名の動向について情報を収集すること。

三日後、サトウは楠本医院を訪問した。そこには若い宇和島藩士の先客がいた。この頃、諸藩の藩士たちが密談や情報交換の場としていたのは玉川亭、清風亭、一力楼、藤家、花月といった料亭で、坂本龍馬や亀山社中の面々も出入りしていた。楠本医院は、宇和島藩士の情報交換や密談の場所になっていた。

「彼女は四十歳になる美しい顔立ちの女性であるが、ヨーロッパ人の面影はほとんどどこにも見られなかった」

「私が彼女の父の死についてお悔やみをいうと、彼女はたいへん感動して、すぐに彼女が持っている父の記念の品々（多数の医療器具、薬品）をすべて取り出し、それらを丁寧にならべて見せてくれた」

「彼女の名前はイネといい、外科と産科を開業しているが、彼女が産科の器具を見せてくれる無頓着さには、なにか非常に微笑ましいものがあった」

イネは若くてハンサムなサトウにシーボルトから贈られた産科の医療器具をためらいもなく見せ、サトウはこれを「非常に微笑ましく」受け止めた。

イネはそればかりか、父シーボルトが使用人（しお）を孕ませたことを明かした。父の醜行を初対面のサトウに語ったイネの心境は何であろうか。イネは日本語を日本人のように話す外国人に初めて接した。しかも相手は弟アレクサンダーの同僚である。そんなことから親密な気分になったのかもしれない。イネはこのことを誰にも口外しないようにとサトウに念を押した。サトウは口外しない代わりに日記に書きとめた。

四日後、サトウが再び楠本医院を訪ねると、宇和島藩士の井関斎右衛門（盛艮《もりとめ》）と尾川半左衛門がいた。二人はサトウに質問し、政局に関する長い質疑応答があった。

サトウは長崎に八日間、鹿児島に三日間滞在したのち、宇和島に向かった。

十二月一日（一八六八年一月六日）午前十一時、アーガス号は宇和島に到着した。近づいて来た小舟に、オペラ・グラスでアーガス号を覗《うかが》う人物がいた。伊達宗徳である。乗艦した宗徳は「微行ゆえ失礼した」とサトウに語った。サトウは三瀬の通訳を待たずして、流暢な日本語で宗徳に挨拶をした。

田手次郎太夫が形式的に訪問意図を訊ね、サトウはキング提督の挨拶状を読み上げた。この年始状を三瀬が翻訳している。

宇和島太守閣下
時は新年の初めに御座候ば　朋友相互に祝詞を通じ申すこと
欧羅巴国民の風儀に御座候
私ども八月に謹みて閣下を訪問いたし候節　私を閣下の友と存じ候様
御望みなされ候ことに御座候　今閣下及びご親族の安泰無異の
祝詞を奉じ候為に私船のうち一艘を送り申し候時節を得申すことに御座候　恐々謹言
閣下の最も従順なる臣
水師提督兼総兵指揮官

ジオルジキング
周三謹訳

サトウが日本語に堪能と知った「二十歳くらいの紳士然とした」松根内蔵が、サトウに話しかけてきた。宇和島藩と薩摩藩が親しいこと、一橋慶喜には将軍になってほしくない（慶喜は四日後に将軍就任）こと、小倉口の戦での幕府軍の卑怯な振舞いなどについて語った。宗城の四女敏姫を妻に迎えたばかりの松根内蔵は、異人馴れしており、その態度は堂々としていた。

サトウが小舟で上陸すると、海岸には多くの奥女中が子供たちとともに待っていた。最も年長の男の子は立っていたが、多くは乳母に抱かれた乳幼児であった。宗城と宗徳の側室の子女で、それぞれに守刀を持った侍女たちが従っていた。立っていた年長の子供は宗徳の長男萬壽若《ますわか》六歳で、のちの伊達家十代当主宗陳《むねのぶ》である。

サトウは、とある道具屋で朱塗の漆器を非常に廉く買った。宇和島の道具屋は異人が漆器や陶磁器、書画骨董に目がないことを知らなかった。サトウは先着していた三人の士官と出くわし、四人で町歩きを楽しむ。四人はどこへ行っても住民の質問攻めにあい、士官の派手な軍服にさわる者もいた。

翌日午後一時頃、宗城と宗徳はアーガス号に乗艦した。両殿様は艦内を見学したあと、サトウが大金をはたいて長崎で購入したモーゼル・ワインを遠慮なく飲んだ。宗城は饒舌になり、フランス公使ロッシュと慶喜の親密な関係について批判的に語り始めた。そこで松根図書が「大屋形様、そろそろ礼砲を撃つ時間です」とさえぎった。

アーガス号が十七発の祝砲を撃ち、樺崎砲台は礼砲を撃ちかえした。礼砲の指揮には砲兵隊長入江佐吉があたった。やがて、両殿様の側室とその子女、奥女中らがアーガス号に乗艦した。伊達家の女性たちはものおじせず、ヨーロッパの淑女のようにサトウと会話をした。このとき、佳姫、高子がいた可能性がある。

夕刻、サトウは砲兵隊長入江佐吉に招かれ、入江の四人の部下も交え、入江の妻の手料理で酒宴になった。江戸でのサトウは、芝車町（高輪二丁目）の料理茶屋万清から三食を出前させており、日本食を苦にしなかった。サトウは深夜まで歓談し、清潔な布団で快適に眠った。

翌日、英兵と藩兵との射撃大会を開催したところ、宇和島藩鉄砲組が勝った。そのあと、サトウは南御殿明心楼の大広間に向かった。広間には豪華な料理が用意してあった。

鹿児島での料理は、洋食の皿が次つぎに出され、シェリー酒、シャンパン、ブランデーも出た。サトウは料理を褒めたが、「実を言うと、ご馳走はそんなによいものではなかったし、料理の取り合わせも褒められたものではなかった」と述懐している。宇和島では日本食であり、日本酒だった。最も趣向を凝らしたものは、羽毛が生えたままの野鴨で、いまにも飛び立ちそうに見えた。ぴんとはね上がった両翼の間に刻んだ鴨肉の炙ったものが載せてあった。別の皿には大きな伊勢海老や大きな鯛。皿や盃などは親戚の佐賀藩鍋島家から到来した高級な鍋島焼である。

大ぶりの盃で燗酒を酌み交わすと、酒と料理が次つぎに運ばれて来た。食後、ラウンド艦長以下の幹部は帰艦したが、宗城はサトウをひきとめ、兵庫開港問題を話題にした。宗城は開港には理解があった。

宗城はここでも慶喜とフランス公使ロッシュとの関係について批判的に語った。サトウが横浜の英字新聞に発表した論説「英国策論」（将軍元首否定論）について語ると、「ああ、それなら読んだことがある」と宗城はこともなげに答えた。「さて、女たちをよんで歌舞音曲でもやらせましょう」と宗城は政局に関する話題を打ち切った。

ハレムの美女たち、すなわち側室や奥女中からなる華やかな女性たちがなだれ込んで来た。子供たちも入ってくる。ハレムの美女たちの人気はサトウに集中した。サトウは女性全員の酌を受けたが、佳姫や高子がいて、サトウに酒をすすめたかどうかは定かではない。

ハレムの美女たちの歌と踊りが始まると、宗城はふと気がついたように、「私がアーガス号に乗り込んだことを横浜の新聞に書いてはいけませんよ。病気ということにして京都の会議も断っているのだし、幕府の耳にも入れたくないから」とサトウに告げた。これでサトウはパークスから与えられた三つの任務をほぼ果たしたことになる。

士官の一人が、ハレムの美女たちに混じって踊っていた。サトウが士官に耳打ちし、士官はホーン・パイプを踊り始めた。水兵の甲板での踊りで、一種の体操である。両腕を胸で組み、足を蹴り上げる珍妙な踊りに、伊達家の女たちも男たちも声をあげて笑った。

宗城がふらふらと立ち上がり、袴の股立を取り、英兵と腕を組んで踊り始めた。二人の家老も踊りに加わる。「時は新年の初め、朋友相互の祝い」に錦上花を添える光景であった。

このあとサトウは、徒歩で数分の距離にある松根図書の屋敷に連れていかれ、図書・内蔵父子と酒を飲みながら歓談した。泥酔したサトウはそのまま松根邸に泊まった。「翌朝、午前六時半、軍艦は湾外に出た。私は名残惜しさでいっぱいであった」とサトウは記している。

二宮篤四郎の横死

十二月二十五日、孝明天皇が崩御し、以後、過激な攘夷運動は急速に衰退した。孝明天皇の後ろ盾を失った徳川慶喜は、幕府の威信回復と薩摩藩の抑え込みを図るべく、兵庫開港の勅許を得ることに躍起になった。

慶応三年を迎え、薩摩藩は長州藩の名誉回復と兵庫開港阻止を実現することで幕府の権威を失墜させ、政治を朝廷と雄藩で主導すべく、京都での四侯会議を立案した。家老小松帯刀《たてわき》が松平春嶽の説得にあたった。西郷吉之助は二月に帰国し、島津久光の上洛の同意をとりつけ、汽船三邦丸で鹿児島を出港、二月十七日に土佐の山内容堂、二十三日に伊達宗城と面談した。

松根図書が藩庫の疲弊を理由に上洛を渋ると、「これは御家老のお言葉とも思えず」と西郷は食い下がった。結論を得ぬまま酒席になると、「吉之助は京になじみの女があるか」と宗城ははぐらかすようなことを訊ねた。西郷の狙いは、宗城をあわよくば倒幕派に抱き込む、もしくは中立、悪くとも翼幕派とさせないことにあったが、宗城の態度は曖昧で、西郷は宗城に失望した。

この頃、猶姫の一周忌にあたって高子が和歌を詠んでいる。

君かためつみてし去年《こぞ》のしのはれて　つまぬ若菜に濡る丶袖かも

三月、将軍慶喜は朝廷に兵庫開港を奏請したが、却下された。そこで慶喜は、大坂城大広間にイギリス、フランス、オランダの公使を招き、謡曲で鍛えた喉で音吐朗朗と演説し、遅くとも十二月には兵庫を開港すると口約した。

末尾に「四月十六日」とあるだけで、年次は書かれていないが、イネが斎藤丈蔵に宛てた書状がある。流麗な筆蹟で書かれたこの書状（個人蔵）は、美麗に表装されており、表装に用いられている長崎更紗はイネの着物の一部と伝えられる。特に重要なことが書かれているわけではないが、イネの自筆書簡は数点しか伝来しないので、以下に全文を意訳しておく。

幸便に託してお便りをさしあげます。暖かくなってきましたが、御地ではご母公様はじめ皆々様ますます御清祥とのこと、まことにめでたい限りです。京都にのぼられたあなた様が御病気になられたというので、たいへん心配しておりましたが、全快されてご帰宅されたとのこと、心よりお悦び申し上げます。ご母公様も留守中は長々とお気づかいされ、ご帰宅を待ちかねておられたところ、このたびの無事のご帰宅、さぞお悦びのことでしょう。

さて、私も正月十五日には長崎を出発する予定でいたところ、かれこれ用事があり、しだいに出発が遅れてしまい、このことでご母公様やご内室様にまでご心配をおかけし、実にお気の毒ともなんとも書きようがなく、申し開きもないしだいです。明け暮れ、気の毒をしたと思ってきましたが、あなた様からよろしくお伝え下さいますよう、ひとえにお願い申しあげます。いずれ遠からぬうちにご拝顔のうえお詫び申しあげたく、まずはご帰宅のお悦びまで。あらあら。
目出度
かしく

四月十六日
伊篤

斎藤様

返す返す、ご母公様、ご内室様、ご子息様、ご息女様、皆々様へよろしくお伝えくださいますよう。おさへ様のこと相変わらずお世話していただき、ほんとうにありがたく存じます。谷川の両人相変わらずお世話になっております こと、山々お礼申し上げます。早々。
かしく

イネは大野昌三郎だけでなく、斎藤一家と家族ぐるみで交際し、支援を受けていたのである。追伸の「おさへ様」は不詳。斎藤家に世話になっている「谷川の両人」は三瀬と高子で、これからして手紙は慶応三年四月十六日に送られたとみてよい。

ボードインはかねて江戸に医学校と理学校を開設することを幕府に建言していた。幕府は趣旨に賛同し、オランダの化学者クーンラート・ハラタマ★が理学校教授

クーンラート・ハラタマ
慶応2年3月から長崎精得館で、明治2年5月から大阪舎密局で理化学を教え、明治3年12月、帰国した。

として招聘されていた。慶応三年四月（中旬か）、ボードインは医学校開設に向け、緒方惟準《これよし》（洪庵の二男）ら留学生を伴ってオランダに出発した。ボードインが離日する直前に、三瀬諸淵に宛てた書状（シーボルト記念館蔵）がある。

斎藤丈蔵（故山村昌太郎氏蔵）

斎藤丈蔵の家族（大洲市立博物館蔵）

尊敬する周三様

あなたの心のこもったお手紙をたしかに拝受しました。面識がないにもかかわらず、ご厚情を示され、感謝します。私は数日のうちにアメリカ経由でオランダへ出発する予定です。しかし、もう一度、日本に帰ってきて、あなたにお近づきになる機会にめぐまれることを望んでいます。また、ご家族と、あなたのお母様（イネ）のご多幸とご健康をお祈りします。

ドクトル・ボードイン

一八六七年五月十三日（慶応三年四月十日）

三瀬がボードインに宛てた「心のこもったお手紙」は伝来しない。その内容は不明だが、三瀬は長崎でボードインに従学することを考えている。

四侯会議が五月四日から二十一日までに八回、福井藩邸、摂政二条斉敬《なりゆき》邸、土佐藩邸、二条城などで開催された。長州処分と兵庫開港のどちらから協議すべきか、その優先順位を決めるだけでも議論は堂々巡りした。十四日、将軍慶喜を迎えての会議では、英仏蘭代表への兵庫開港の口約が問題とされたが、慶喜は滔々《とうとう》と国際情勢を弁じ、開港は不可避であると獅子吼した。

五月二十三日午後三時、慶喜は参内して摂政二条斉敬以下、白塗りの公卿と対峙したが、四侯がいない。慶喜は四侯を召集したが、春嶽だけが五時頃に参上し、長州問題先決を主張した。宗城ら三侯は病気を理由に欠席した。朝議は夜を徹して行われ、翌日も続いた。公卿たちは疲労困憊し、若い慶喜が体力にものをいわせ、ついに開港の勅許を勝ち取った。四侯会議は失敗に終わり、薩摩藩は武力討幕を決意する。

いずれ遠からぬうちに宇和島に行くと斎藤丈蔵に伝えたイネであるが、遅くとも八月には宇和島に来ていた。八月十日、佳姫の出産に際し、野田律斎と熊崎寛哉に加えてイネが泊り番を勤めている。熊崎寛哉は華岡流の外科医で、野田律斎については前述した。佳姫の初産は死産であったから、伊達家は二度目の出産に万全を期し、イネを召し出したのである。結果はまたしても死産であった。

八月十一日、京都の宗城は父春山の病気を理由に帰国することとし、老中板倉勝静《かつきよ》にこの旨を伝えた。「今御帰省されては甚だ心細い。薩摩などは尊公でなければとても抑えることはできない」と慰留されたが、

旅衣たちまよふかな雲霧の　はれぬ都のあと思ひつゝ

と心境を詠んで、宗城は帰国した。

八月十二日、二宮篤四郎が長崎で客死した。

篤四郎は二宮又兵衛とも名乗り、伯父二宮敬作の縁故や有田屋彦助を頼りに、富商で砲術家の小曽根家とも関係を持ち、ときに長野静一と変名して情報収集に携わっていた。

二宮又兵衛肖像（小幡泰道氏提供）

篤四郎はイギリスの武器商人オールトから武器を購入しようとしていたが、何者かに購入資金を盗まれた。有田屋彦助の情報によると、盗んだのは元対馬藩士で攘夷浪人の岩村八郎（別名藤田陶庵）と諌山鼎器であるという。
篤四郎が岩村八郎に返却を迫ると、岩村は奸計を用い、仲間を使って篤四郎を料亭に招き、篤四郎にさんざん飲ませた。岩村ら数名は大井手橋付近で待ち伏せし、篤四郎を闇討ちした。
二宮篤四郎は未明に絶命し、伊良林の光源寺★に葬られた。享年二十九歳。
イネは篤四郎を自分の手で救命治療できなかったことを悔やんだであろう。歌人でもあった父二宮如水★には「名は朽ちず世にも残せよ長崎に　をしくも消えし露の玉の緒」の絶唱がある。二宮逸二は藩士ではなく、篤四郎も譜代藩士ではない。彼らは正規

光源寺

光源寺には二宮又兵衛（篤四郎）の墓があり、「二宮又兵衛頌徳碑」がある。頌徳碑は明治15年11月、児島惟謙、西園寺公成、杉山勵、土居通夫、矢野貞興が建てた。碑文には篤四郎の閲歴が書かれ、暗殺一件も記されている。なお、二宮又兵衛は亀山社中に属し、龍馬没後の亀山社中を切り盛りしたという伝承がある。坂本龍馬が暗殺されるのは3カ月後の11月15日であるから、あり得ない話である。

の藩士が行うには都合の悪い危険な任務に携わり、落命したのである。それが二宮敬作の子であり、甥であるのは痛ましいというほかない。

宇和島藩は藩論がほぼ統一され、血で血を洗う藩内抗争もなく、幕長戦争にも戊辰戦争にも参戦せず、維新殉難者を一人も出していない。血の臭いがしない宇和島藩はきわめて異色である。しかし、二宮逸二の変死と二宮篤四郎の横死は、宇和島藩にも血なまぐさい陰の部分があったことを物語っている。

幕府崩壊

十月十四日、将軍慶喜は国政を朝廷に返還（大政奉還）した。政権返上によって倒幕の大義名分は消失する。乾坤一擲、慶喜は大政奉還に徳川家の命運を賭けた。

十月二十六日、三瀬諸淵は蘭英学稽古所教授を辞任し、高子とともに長崎に向かった。途中、三瀬夫婦は大洲の実家麓屋に宿泊した。大洲藩士が麓屋に押しかけ、異人は畜生であるとして玄関先に馬糞を盛った馬の草鞋を吊るし、刀で柱に斬りつけるなどの狼藉をした。

長崎では、ボードインの後任のオランダ人医師コンスタント・ゲオルグ・ファン・マンスフェルト★が精得館で医学教授にあたっていた。マンスフェルトはイネの最後の師である。

十二月九日、王政復古の大号令、討幕派の攻勢が始まる。

二宮如水
文化11年生、明治20年没。如水はまもなく小幡と改姓している。子孫小幡泰道氏に改姓の理由を訊ねたところ、「又兵衛が殺されたから改姓したのだと聞いている」とのことであった。

麓屋（大洲市立博物館蔵）

烏帽子・直垂姿の三瀬諸淵（大洲市立博物館蔵）

翌る慶応四年正月三日、幕府軍と討幕軍が鳥羽・伏見で衝突。徳川慶喜は錦の御旗に戦慄恐懼《きょうく》し、江戸に逃げ帰った。伊達宗城は、戦いの原因は薩長の陰謀で戦闘は私戦であり、慶喜は朝敵に非ず、と悲憤慷慨した。

ボードインが緒方惟準ら留学生とともに帰国したが、幕府は崩壊していた。幕府に代わって新政府が医学校と理学校を開設することとし、医学校は騒然としている江戸を避けて大坂に開校されることになった。ボードインと緒方惟準は大坂に向かい、三瀬と高子も長崎から大坂に移住する。

二月、大坂の医学校設立に関してボードインと、松平春嶽、小松帯刀、後藤象二郎の面談があり、その通訳を三瀬が務めた。

三月下旬から五月にかけて天皇が大坂に行幸する。このとき三瀬が天皇に拝謁を許され、下賜された烏帽子、直垂姿の写真が残っている。

五月十五日、上野戦争を大村益次郎が指揮し、半日ほどで彰義隊を壊滅させた。大村は以後、戊辰戦争を転戦する。

七月十七日、江戸は東京と改称され、九月八日、慶応は明治と改元された。

マンスフェルト

精得館を長崎医学校に発展させたマンスフェルトは、熊本医学校の創設にも尽力し、京都、大阪で医学を教え、明治12年に離日した。

第六章　明治を生きる

たきの死

明治二年一月、大阪大福寺の大阪医学校にボードインが招かれ、三瀬諸淵はボードインの講義の通訳をする。二月、医学校仮病院（大福寺伝習所）が竣工し、二十六歳の緒方惟準が院長となった。

四月十二日、長崎でたきが死んだ。享年六十三。死因は子宮がんという。死の床でたきは「おらんだ苺、おらんだ苺」と譫言をつぶやいた。

たきがシーボルトと出島で暮らしていた頃、シーボルトは植物園でオランダ苺を育てていた。晩春に実が生る苺を、シーボルトは愛する「おたきさん」にも食べさせた。死に臨んだたきが苺を食べたいとつぶやいたのは、そんな古い記憶がよみがえったからである。

イネは鳴滝の植物園を訪ねたが、果実はまだ青い。ポルトガル領事ロウレイロ★の屋敷の庭に苺が実っているのではないか、とイネは思い及んだ。ロウレイロもシーボルトと同じように植物栽培の名人である。領事であると同時

ジョセ・ダ・シルヴァ・ロウレイロ
ロウレイロは大洲藩に蒸気船（「いろは丸事件」で有名）を売った人物。売買には五代友厚、坂本龍馬の斡旋があった。

に貿易商でもあるロウレイロは、シーボルトと親しく交友し、アレクサンダーともイネとも面識があった。

大浦のポルトガル領事館を訪ねると、庭にはオランダ苺が真紅の可憐な実を結んでいた。ロウレイロは笊いっぱいの苺をイネに持たせた。イネがつぶした苺をたきの口に含ませると、「もうこれで思い残すことはない」たきは満足したようにつぶやいた。

高子の回顧談によれば、以上のようなことになる。イネはたきを看取ったが、大阪にいた高子は祖母の臨終には立ち会えなかった。

ハインリヒ（関口忠志氏蔵）

晩年のたき（シーボルト記念館蔵）

七月、大福寺の医学校仮病院は鈴木町代官屋敷跡に移転し、大阪医学校病院として八月に開院した。
この明治二年、欧州を歴訪していたアレクサンダーが帰国した。アレクサンダーは十七歳の弟ハインリヒ・フォン・シーボルトを帯同していた――というのが従来の通説であるが、月日も不詳である。沓澤宣賢《くつざわのぶかた》（東海大学教授）の近年の研究では、ハインリヒはドイツに遊学していた本間清雄に伴われて八月（日不詳）に来日したという。本間は翌年の八月に渡欧し、ウィーンで外交官として活躍する。
イネのもう一人の異母弟であるハインリヒは、父シーボルトのコレクションの整理などを手伝っているうちに日本に魅了され、日本は眷恋《けんれん》の地になった。訪日には父の日本研究を継承する目的もあった。

明治二年の諸淵と高子については、大阪の写真館で撮影した写真が残っているが、書簡等は伝来せず、著者の知る限り、伊達宗徳の日記に登場するのみである。明治二年八月、高子は大阪で二年ぶりに伊達宗徳と再会する。

版籍奉還によって宇和島藩知事に任命された伊達宗徳は、東京を七月二十一日に出発、東海道を宇和島に向かった。宗徳は道中日記を書いている。八月一日の日記には、三河岡崎の旅館を出た宗徳が、駕籠と徒歩を併用しながら道中するようすが記されている。矢矧橋を過ぎた宗徳は、とある宿で蕎麦を食べ、酒を飲む。この酒はなかなか旨い。宗徳は庭を眺め、杜若《かきつばた》が咲いているのに目を止める。「そういえば江戸に初めて参府した際、この庭に大きな蛇がいた。吹矢で射止めると、富永という者が叩き殺した」と宗徳は回想する。宗徳の江戸初参府は九年前の万延元年六月で、このとき宗徳は三十歳。吹矢というのも興味深いが、杜若と蛇というのはなにがなし詩的で、あまり知られるところのない宇和島藩最後の藩主伊達宗徳の一面にふれる思いがする。

三瀬は宇和島を去ったのちも伊達家との関係を継続し、宗徳は三瀬夫婦が大阪にいることを知っていた。宗徳が知らせたのか、八月七日、高子は中之島の大坂屋敷★に宗徳を訪ねる。「たか、お酌、そのほか大いに働く」「小姓たちが気がきかないので、おたかが来てくれたのは大いに助かった」と宗徳は記している。このとき十八歳の高子は宗徳の酒の酌をする。「明日は周三も連れて来るように」と宗徳は上機嫌で高子に

大坂屋敷

宇和島藩大坂蔵屋敷は中之島にあり、その現在地は朝日新聞大阪本社あたり。

命じた。

　翌日の午後、宗徳は三瀬夫婦を含む五人を従えて大阪の街歩きをする。繁華なところに写真館があった。「写真をいたし候ところへ参る。二十歳ばかりの娘、今日、お写しになられませんかと言う。土肥真一郎が、今日は遅くなったからこの次に早く来て写そうと申す。色々、写真見る。高杉晋作、坂下《（ママ）》龍馬などの像あり」

　土肥真一郎はのちの土居通夫★である。土居と同じく下級藩士の家に生まれ、大津事件で「護法の神」として知られる児島惟謙《これかた》とは竹馬の友であった。二人は城下丸之内の田都味《たづみ》嘉門（剣術指南役。幕末の剣豪。多都味とも）に入門し、田宮流の剣技を磨いた。文久元年十二月（大城戸圭一推定）、坂本龍馬が田都味道場に来訪、児島と土居は龍馬の慨世憂国の獅子吼に感化され、のちに出郷して志士たちと交流する。

　この頃、悪徒が農家や商家に押し入って強盗を働くなどは日常茶飯事であった。宗徳の身辺警護であれば剣豪土肥真一郎は適役であるが、大阪暮らしが長いので名所案内をしたのかもしれない。

　宗徳一行は自由亭に入る。自由亭は明治元年九月、梅本町に開業した西洋料理店兼ホテルである。撞球室で西洋人がビリヤードをして

土居通夫と児島惟謙。明治二年撮影。右の土居は眼光鋭く、いかにも剣客然としている（宇和島市立中央図書館蔵）

土居通夫

土居通夫は後年、関西財界に重きをなした。明治28年、大阪商業会議所の第七代会頭となり、死ぬまで22年間、在職した。盟友五代友厚の三女芳子を養女にし、伊達宗徳の第五子剛吉郎を養嗣子に迎えた。大正６年９月９日没。

いた。宗徳もやってみるが、なかなか西洋人のようにはいかない。やがて食事の準備が調う。酒はビール、シャンパン、葡萄酒。宗徳はメニューを記していないが、料理は東京よりまずかったと書いている。宗徳は食通である。

五時頃、一行は自由亭を出て、松嶋遊郭に新規開業した松鶴楼を訪ねる。松鶴楼は白亜三層の洋館で、屋上には黄金のライオン像が飾られ、大阪の新名所になる。宗徳は松鶴楼主人に案内され、各部屋の女郎（娼妓）を紹介される。女郎たちは江戸から来たという。宗徳は女郎と話をするが、特に美人とも思えない。女郎の名前を訊ねるが、聞くはしから忘れる。

二階に上がると眺望がよい。茶が出る。近所にヒウスという西洋馬術の名人がいて夕方はいつも乗馬をしている、と主人が言う。宗徳はこれを見たいと思い、随行の周助という者を遣わしたが、ヒウスは上海に行って留守だった。

松鶴楼を出た宗徳一行は新町を歩き、たそがれの天神にいたる。「人通りが多いが、格別、美人もいない」と宗徳は記している。美貌の高子を同伴していれば、誰も美人に見えなくて当然かもしれない。ここで三瀬夫婦は宗徳と別れる。宗徳は屋敷に戻って入浴する。湯から出ると、高子から鯛が届いていた。やはり高子は気がきく。

大村益次郎の死とイネ

九月四日、大村益次郎が京都三条木屋町の投宿先で刺客に襲撃され、多数の創傷を受けた。近隣の医師多数が救急治療にあたり、七日、河原町の長州藩控屋敷に運び込まれた。右膝の傷が化膿して高熱を発し、益次郎は開業まもない大阪府病院で治療を受けることになった。十月二日、大村を乗せた高瀬舟が淀川を下り、八軒屋から担架で運ばれ、午後五時、鈴木町の大阪府病院に入院した。

化膿した右膝頭の傷は悪化するばかりで、ボードインは大腿部切断を提案した。手術には政府の許可を要したので、執刀は十月二十七日の朝であった。大村は「切った足は洪庵先生の墓の傍らに埋めてほしい」と院長緒方惟準に要請した。大村は順調に回復するかに見えたが、十一月四日、容態が急変し、翌日の午後七時、絶命した。

このとき、諸淵、高子、イネが益次郎を看病し、臨終を看取ったという通説があり、『花神』ではイネの看護が終盤の白眉となっている。

昭和十三年に『婦人之友』に連載が始まった羽仁説子の『シーボルトの娘たち』には、

——諸淵は遂に大村を大阪にはこんで病院に入れた。「大村先生ははじめのうちは大熱に苦しまれ、住居つづきの病院よりすさまじい唸り声が幾晩もつづいた」とたか子夫人が語っている。

と書かれている。

昭和十四年、高子の一周忌に刊行された『故山脇多賀子に寄壽留』に、河本眼科病院原田薫二夫人和子の追悼文が収録されている。原田和子は晩年の高子の箏曲の門人である。和子が高子と靖国神社の大村益次郎像の前を通りかかったとき、高子は歩みを止め、「三日四晩が程は非常に苦しまれ凄まじき唸り聲は（高子）の院宅迄も漏れ聞え」たと語った。

益次郎の凄まじい唸り声が「住居つづきの病院より」「院宅迄」聞こえたのであるから、三瀬夫婦は病院に付属する官舎で生活していたと考えられる。

昭和三年に刊行された長井石峰著『蘭学大家　三瀬諸淵先生』（不偏閣）には、ボードインが主治医になり、緒方惟準、諸淵が助手となったと記されている。高子も看護にあたり、「横濱から馳せつけ」たイネも「看護に専心従事し臨終まで七十余日間、諸淵と共に非常に骨を折った」という。

昭和十九年刊行の大村益次郎先生伝記刊行会編『大村益次郎』には、緒方惟準の二男緒方銈次郎の談話が収録されている。

「先生に御恩を受けたシーボルトの娘伊篤さん（当時、横浜で医を開業中）とその娘阿高さん、それに阿高さんの主人三瀬周三氏が寝食を忘れて一心に看病に努められた。三瀬氏は伊予大洲の人、蘭学の達人であり、大阪医学校の教師として当時病院にも勤められていた。私の母吉重も十九歳位であったと思うが、これらの人達のお指図を受けて及ばずながら、時々御介抱に参ったこともあったように聞き及んでいる」

ところが、中山沃は著書『緒方惟準伝――緒方家の人々とその周辺』（平成二十四年　思文閣出版）で、三瀬がボードインの講義を通訳したことを証明する資料もなければ、諸淵、高子、イネが大村の看護をした資料も発見されていないとしている。

織田毅も、論文「明治期における楠本いね」（『鳴滝紀要　第26号』）で、「同時代の史料には、いねのこのような活動をしめすものは見出し得ない。いねの娘たかの回想にも見えず、当時いねが横浜に滞在（あるいは居住）していたという事実も確認できない」とする。

なんとも身も蓋もない話で、イネの一生にこの出来事がなかったとすると、その生涯がいささか色褪せてしまう気がするのは著者だけだろうか。たしかに、イネの看病を証明する同時代史料はない。しかし、看病しなかったことを証明できる史料も発見されていないのである。

ちなみに、イネが横浜で撮った写真が伝来する。誰かわからない女性と二人で写った写真で、台紙裏面に「横濱馬車道　写真師東谷」の朱印が貼られている。写真師東谷とは狩野派の絵師清水東谷で、再来日時のシーボルトにお抱え絵師として雇われた。東谷はシーボルトから写真機材を譲り受け、明治元年から横浜馬車道に開業し、明治五年に東京に移った。明治二年かどうかはわからないが、イネが横浜に滞在したのは事実である。

ここに、末尾に「十二月十六日」とだけ記されたイネの手紙がある。イネが長崎から東京のアレクサンダーに宛てた書簡である。宇和先哲記念館の平成二十五年度企画展「イネと弟ハインリッヒ」で初めて一般公開された。所有者はハインリヒ・フォン・シーボルトの子孫の関口忠志。

イネが自身の行動を綴っているきわめて貴重な史料であるが、問題は書かれた年次が判然としないことである。アレクサンダーの日本語能力に配慮したのか、箇条書きの手紙はほぼ全文が片仮名で書かれている。毛筆の筆蹟は粗雑で、急いで書いたように見える。

当時の口語体で書かれているが、現代文に書き直してみる。

ホウトイン様がお越しになったので、この手紙をさしあげます。

一、あなたが寒さにも障りなくお勤めされ、たいへんうれしく存じます。

横浜で撮影された写真（シーボルト記念館蔵）

一、先日、神戸から長崎に帰り、その節、アストン様にちょっとお目にかかり、家のこと、道具のことなどを聞きました。しかし、アストン様は出帆の前で、お忙しいごようすだったので、話もゆっくりはできませんでした。

一、アストン様がお越しの際、あなたから頼まれた道具を送りました。しかし、あまりに急なことだったので、道具は少し残りました。後日、残りを送るようロレイロに頼んでおきました。そのうち、届くことでしょう。

一、金子百両、家の代金はホウトインから受け取ってください。また、家を買ったときの書類、トド様がお持ち帰りになったその書類を私にください。しかし、それが手元にない場合は、あなたが一筆書いてください。

一、私も、九月十八日に長崎を出て、肥後や伊予に参り、宇和島で伊達様（伊達宗徳）にもお目にかかり、御殿にしばらく滞留しました。

十月十六日に宇和島を発ち、大洲を経由して松山の三津浜へ出て、三津浜から船を借り、十一月二日に神戸のホウトイン部屋に着きました。翌る三日、大阪に出向いて高子周三夫婦に会いました。二人とも無事に暮らしています。

十二日にまた神戸に帰り、ポルトガルコンシェルロレイロから頼まれていた産婦のために長崎へ、十六日、エンケルス肥前より帰り、長崎に十九日に着きました。

産婦が男子を出産したので、今日、ニュウロックより神戸へ帰り、しばらく神戸に滞留するつもりです。

長崎を出る時、鳴滝のことをロレイロに頼んでおきました。あなたに送る道具も、あなたが手紙にロレイロに依頼するようにと書いてあったので、そのようにして長崎を出ました。はなはだ延引いたし、気の毒に存じます。
一、何もかも拙速のことゆえ、間違いが多く、いずれそのうちお目にかかり、詳しくお話しします。まずは急いでしたためました。
かしく
イ子
十二月十六日
アレクサンデル様
伊予守様（伊達宗城）とお会いの節には宜しくお伝えください。

冒頭の「ホウトイン様」とは医師ではない弟のボードインである。神戸が開港した慶応三年十一月二十八日、弟ボードインは神戸オランダ領事館の初代領事になり、明治二年二月までその職にあった。オランダ貿易会社駐日筆頭代理人でもあったから、その後も神戸で貿易に従事する。「アストン様」は英国領事館勤務のウィリアム・ジョージ・アストンで、給費通訳見習いとして元治元年（一八六四）に来日、アーネスト・サトウ、アレクサンダーの同僚である。
イネは、アストンから鳴滝邸と家財道具に関するアレクサンダーの伝言を聞く。イネは道具を送ったが、急なことだったので少し残り、残った道具をポルトガル領事ロウレイロに送ってもらうよう依頼している。

「金子百両、家の代金はホウトインから受け取ってください。また、家を買ったときの書類、トド様がお持ち帰りになったその書類を私にくださいー」——イネはシーボルトがアレクサンダーに与えた鳴滝の土地家屋を百両で購入したのである。「トド様」とは「父様」で、アレクサンダーはシーボルトのことを「トド様」とよんでいたのであろう。

九月十八日に長崎を出たイネは、熊本を経由して宇和島で伊達宗徳に面会し、御殿に逗留する。伊達宗徳は明治二年八月十六日から明治四年八月十四日まで宇和島にいた。したがって、イネが宇和島で宗徳と面会できたのは明治二年か三年ということになる。

十月十六日にイネは宇和島を発ち、大洲を経由して松山の三津浜へ向かう。イネは大洲の三瀬の実家麓屋を訪ねたのではないだろうか。三津浜の港で乗船し、十一月二日に神戸の「ホウトイン部屋」に旅装を解く。イネはおそらく、ボードイン邸を旅中の休息、神戸港発着の船便を待つためなどに使っていたのであろう。

翌三日、イネは大阪で三瀬夫婦に会っているから、手紙が書かれたのは明治二年以後ということになるが、明治三年であれば、十月が二回ある。十月と閏十月である。手紙に閏十月についての言及がないのは不自然である。

大阪に九日間滞在したイネは十一月十二日に神戸に帰り、ロウレイロの日本人妻（丸山遊女）の出産のために船で長崎に向かい、十六日「エンケルス肥前（エンケルスは不詳、肥前は佐賀）」から帰って、十九日に長崎に帰着する。産婦が男子を出産したので、十二月十六日、イネは「ニュウロック（不詳）」から神戸に帰る。イネは神戸にしばらく滞留するつもりである。

追伸に「伊予守様（伊達宗城）に宜しくお伝えください」とあるが、明治三年ならアレクサンダーは宗城に会うことができない。英国公使館を辞職したアレクサンダーは、明治政府のお雇い外国人として英国に出張しているからである。

また、明治二年であれば、アストンは公使パークスに同行して十一月二十三日に長崎に到着し、イネは十一月十九日に佐賀から長崎に帰っているから、アストンはイネに会うことができる。

以上のことから、手紙が書かれたのは明治二年と断定できる。

イネは十一月三日に三瀬夫婦と会い、十一日まで三瀬宅（大阪府病院の官舎）に滞在している。「横濱から馳せつけた」とか「臨終まで七十余日間」はあり得ないが、十一月三日から臨終の五日まで、イネが三日間、大村益次郎を看病した可能姓はある。手紙に大村の死について書いていないのは、大急ぎで手紙を書くイネが、この一件をアレクサンダーに伝える必要を感じなかったからであろう。「いずれそのうちお目にかかり」と書いているから、イネは東京行きを考えているようにも思われる。

なお、イネは九月下旬から十月十六日まで、三週間ほど宇和島に滞在している。イネは伊達家の家庭医としての活動をしたのかもしれないが、それにしても多忙なイネにとって三週間は長い。イネは向後、宇和島を訪ねることはないと考え、旧知の藩士、藩医や奥女中、楠本医院に来院した患家や支援してくれた人びとと旧交を温めたのかもしれない。卯之町の二宮家や外海浦の二宮家を訪ねた可能性もある。

明治二年は新政府がドイツ医学の採用を決定した年である。政府はウィリアム・ウィリスを東京の医学校病院（のち大学東校）の院長★に迎えていた。大村益次郎がパークスを通じてウィリスを院長に招いたという。

かねてウィリスは、戊辰戦争の傷病兵を治療して高く評価され、政府がイギリス医学を導入することはほぼ既定の事実であったが、これを医学校取調御用掛の相良知安と岩佐純★が覆した。

相良知安がボードインから学んだオランダ医学は、実質的にはドイツ医学である。相良は「（医学は）独乙ナリ、英仏ハ害アツテ利ナシ」という信念のもとに、日本の医学をドイツ式にするべく、イギリス医学を推す山内容堂★や西郷隆盛を論破した。

政府はドイツ医学を制式採用したが、ウィリスの処遇に苦慮した。医学校取締の石神良策が、ウィリスを鹿児島西洋医学院に迎えることを提言した。鹿児島生まれの石神は、天保十四年から嘉永四年にかけて長崎で蘭医学を学び、薩摩藩の藩医として戊辰戦争でウィリスの助手を務めた。

パークスはウィリスの鹿児島行きを渋々認め、ウィリスは太政大臣以上の九百円という破格の高給で鹿児島に赴任する。ウィリスを迎えた鹿児島西洋医学院は、鹿児島医学校となり、ウィリスは医学校校長兼附属病院院長に、ウィリスに同行した石神は医学校教授になった。

医学校病院の院長

この頃、宇和島藩領津島組の村医藤岡春叢が高下駄二足を踏み潰して上京し、ウィリスに従学した。帰郷すると、藤岡医院はエゲレス仕込みということで大いに流行った。

相良知安と岩佐純

相良知安は元佐賀藩医。後半生は不遇で、易者として貧窮生活を送った。岩佐純は元福井藩医。

山内容堂

慶応四年、ウィリスは大酒家の容堂の肝臓疾患を治療している。

石神良策の弟子に薩摩藩の郷士高木兼寛がいる。慶応二年、十八歳のとき、石神に師事した。戊辰戦争ではウィリスと石神から現場の外科治療を学び、鹿児島でもウィリスと石神のもとで働く。

アーネスト・サトウは『一外交官の見た明治維新』で、「日本女性とシーボルトの間に生まれた娘を娶った薩摩の医師で、石神というすこぶる快活な老人に会った」と語っている。石神良策は慶応三年、薩摩藩士の娘筆と結婚している。石神良策がイネの夫である、とサトウが誤認した理由は不明である。

石神良策とイネ（大洲市立博物館蔵）

石井信義（今泉源吉『桂川家の人々　最終編』所収）

イネと石神の関係は詳らかではないが、晩年の高子は「（石神は）母おイネを引き立ててくださいました」と回想し、石神の写真を数点保有していた。イネと石神良策が一緒に写った写真もある。二人が親しかったのは事実である。
石神良策は明治五年（一八七二）、海軍病院長に迎えられ、石神の推挙によって高《たか》木《き》兼寛《かねひろ》も海軍入りする。明治八年四月一日、石神良策は五十四歳で没した。高木兼寛は海軍に英国医学を伝承し、脚気治療に功績があった。明治十五年、有志共立東京病院を設立、のちの東京慈恵会医科大学病院である。
この明治二年、石井信義は「二等医師教授職病院掛兼」として大学東校に奉職し、月給五十円を支給されていた。

今泉みねの自叙伝『名ごりの夢——蘭医桂川家に生れて』に信義についての記述がある。「石井さんと申しますと、せいのすらっとした、髪の毛をなでつけるようにうしろにぶらっとさせた、眉毛の濃い、色の白い顔の人——。真底やさしみのある方でした」

幕府崩壊で桂川家が没落すると、石井信義は桂川家を支援し、みねをお姫様扱いした。

「石井さんは御維新のあとで、ときめくようになられましたが、こちら（桂川家）は大きな邸から追い出されて、けちな長屋にはいりました。しかし、一度御主様《しゅう》とか、先生とかいうた者に対して石井さんは実にものがたく、先方の境遇はどうあっても、ご自分の態度はつゆかえなさいませんでした。そしてたくさんな月給をおもらいになり、また人からあがめられるようになればなるほど、時勢に合わず米の代にも困ることになった徳川家の者に同情は深く、決して御自分の出世を誇るようなことはありませんでした。いつまでも御恩々々といっては、ハアッと手をつかんばかりになさいました」

石井信義の無類に誠実な人物像が髣髴とする。

石井はみねを引き取り、縁談をまとめようと奔走する。「むこうはどこかの御大名だということでしたが、御見合いの折あんまり私がお転婆だったのでだめになって、石井さんがどうもおひいさまには困りますといったこともありました」

桂川みねは明治六年、信義の勧めで外務卿副島種臣《そえじまたねおみ》の愛弟子で司法省出仕の今泉利春に嫁いだ。信義の思惑に反し、今泉利春は佐賀の乱で下獄するなど、みねの結婚生活は順風ではなかった。

明治二年十二月、石井信義は単身、大阪に向かう。林洞海の後任として大阪医学校の校長に迎えられたのである。続いて妻子が大阪に引っ越した。福澤諭吉が大阪の親戚に、石井の妻は大阪に不案内なので面倒を見てほしい、という手紙を送っている。石井の妻愛子は福澤諭吉の義妹にあたるという。

築地での産院開業

明治三年二月、楠本イネが東京築地で産科医院を開業した、というのは定説化している。イネの自筆履歴明細書に「明治三年二月ヨリ同十年二月マデ都合八ケ年東京府京橋区築地壱番地ニ於テ産科医開業罷在候」と書かれているからである。

母たきの死★によってイネは介護の必要がなくなった。また、神戸、横浜、東京が繁栄する一方、長崎は衰微する。しかし、イネが長崎を離れて産科医として生活するのであれば、三瀬夫婦と石井信義がいる大阪という選択肢もある。東京なのはなぜか。民部卿兼大蔵卿の伊達宗城、民部省お雇いアレクサンダーの勧めがあったとも考えられるが、いずれにせよ、四十三歳のイネは帝都東京で産科医としての生活を始める。

この頃、高子が大阪の写真館で撮影した写真がある。外箱の裏に「明治参年春大坂ニて撮影」と記され、箱蓋の裏には「大阪本町橋西詰中村雅朝写」と朱印された紙が貼り付けてある。

左から楠本松江、高子、二宮終吉
（大洲市立博物館蔵）

たきの死

たきの姉まさは健在で、明治13年12月7日に死亡したという。妹さだ、ふみ、弟善四郎については不詳。

写真には三人の人物が写っている。「中　三瀬高子二十一才　向テ右二宮終吉、向テ左楠本松江」と裏書がある。

二宮終吉は二宮敬作の三男である。この時期、大阪にいたのか、あるいは三瀬夫婦を訪ねて大阪に来たので、記念に写真を撮ったのか、よくわからない。終吉は官吏になり、函館税関に勤務していた頃の写真も残っている。明治四十一年八月、函館で病死したという。

さて、この写真の楠本松江は、しおの娘（マツ、松枝）であろうか。イネにとって歳の離れた異母妹であり、高子にとっては年下の叔母である。古賀十二郎の万延元年誕生説を信用すれば、このとき松江は十歳。写真の松江は十歳にしては老けているが、眼窩が窪み、色が白く、外国人との間に生まれたと思われる特徴が認められる。

高子（後列左）、イネ（中央）、諸淵（右端）
（大洲市立博物館蔵）

この楠本松江がしおの娘であれば、イネは嫌っていたしおの娘に楠本姓を認めたことになる。であれば、シーボルトは離日する際、イネに松江の養育を託したとも考えられる。シーボルトは幕府から多額の顧問料を得ていたから、養育費は充分に与えられた。

イネが築地での開業準備に多忙な明治三年、松江は大阪の三瀬夫婦に預けられたのではないだろうか。以後、松江は三瀬夫婦が養育し、ときおりイネがようすを見たと著者は類推するが、写真からそう想像されるだけであり、確たる史料はない。

もう一枚、撮影時期も場所も不明だが、松江とおぼしい人物が写っている写真がある。諸淵の後ろにいてふくれっ面をしているのが松江と思われる。侍姿の人物は徳田敏廣といい、諸淵の門人という。イネ、諸淵、高子の三人が写っている写真はこの一枚しか伝来しない。

なお、著者は楠本松江について二、三の研究者に質問したが、「わからない」ということであった。五月十四日、ボードインの後任としてオランダ人医師クリスチャン・ヤコブ・エルメレンス（和名亜爾蔑聯斯、越尓蔑嗹斯）が神戸港に到着した。ボードインは政府から多額の慰労金を与えられ、日本を去る。

三好昌文は論文「忘れられた洋学者」で、イネの東京開業にあたって大野昌三郎が上京したとしている。三好が論拠としているのは、明治三年十月二十一日、大野が京都在住の兄斎藤丈蔵に書き送った長文の手紙で、末尾に「イネが私の持病悪化を知って、先日、神戸から東京に帰ってきました。イネは昨日もまたやってきました。このたびは二十日ほど東京に逗留する予定です」とある。

この短い記述では、大野が築地でイネと同居していたと断定することはできないが、イネが神戸を拠点とし、神戸と東京を往復し、築地の楠本医院が本格開業にはいたっていないことが窺える。イネは神戸居留地の外国人関係の妊産婦の主治医をしていたとも考えられ、明治三年は東京開業の準備期間もしくは試験的開業期間だったのではないだろうか。

大野昌三郎は宇和島への帰途、前原喜市と瀬戸内海で奇妙な再会をする。

前原喜市の「国製蒸気船」を改造する計画が明治二年十二月に立ち上がり、明治三年十月、蒸気機関を強化した「改製蒸気船」が大阪への航海を試みた。瀬戸内海を順調に航行し、安治川河口に投錨、大阪に居合わせた従二位様（伊達宗城）に上覧した。

帰途、蒸気船は瀬戸内海の来島海峡で座礁し、周囲に船が集まって来た。その中に大野昌三郎がいた。息子の悪鬼三郎も一緒である。この海上再会を、嘉蔵は自伝に「驚いた」としか書いていないので、二人が何を話したかはわからない。

大野悪鬼三郎は、このとき八歳か九歳である。大野昌三郎が築地の楠本医院に同居していたとしても、悪鬼三郎も一緒だった可能性がある。想像の域を出ないが、イネが伊達宗城に初めて対面した元治元年三月、大野の妻は離縁あるいは死んでいたのではないだろうか。昌三郎は娘イ子を養女に出したが、幼い悪鬼三郎をかかえて不自由な鰥夫《やもめ》暮らしをしており、一時的にイネが悪鬼三郎の母親がわりになったとしても不思議はない。大野昌三郎が撮影した悪鬼三郎の写真がある。イネあるいは三瀬から学んだのか、大野は写真術の心得があり、写真機を所有していた。

大野悪鬼三郎（故山村昌太郎氏蔵）

座礁した蒸気船は、潮が満ちると離礁し、無事に宇和島に帰港した。日本は日々、激変し、宇和島も例外ではない。宇和島藩御船手組は解体され、陸軍に編入されていた。しかも、伊達宗城は「蒸気船は無用之長物」であるから廃棄せよと松根図書に命じた。前原喜市は活躍の場を失う。

明治三年十一月六日、アレクサンダーが出張先の英国から伊達宗城に長文の手紙を送っている。アレクサンダーは、紙幣製造及び偽札防止策のこと、ヨーロッパ情勢、普仏戦争などについてこまごまと報告している。この時期、従二位大蔵卿兼民部卿の宗城は、パークスと協働して造幣、鉄道、電信、灯台の近代化四事業を推進していた。

明治四年四月、伊達宗城は欽差全権大使として支那に渡り、日清通商条規の締結にあたった。条約は七月に調印されたが、李鴻章の草案をほぼ受け入れたもので、軍事同盟的な内容を諸外国から非難された。

七月、大阪の三瀬諸淵は大学東校に迎えられ、高子とともに虎ノ門に住む。三瀬夫婦とイネは互いに往来したと考えられる。

八月十九日、三瀬は文部中教授に任命され、徒刑囹圄《れいぎょ》局の幹事も兼任する。刑務所の衛生及び医療の改革をまかされたわけで、辛酸をなめた佃島監獄での経験を買われての人事である。

九月二十七日、宗城は引責辞職し、今戸邸に隠棲した。一将功成りて万骨枯る、政府出仕の旧宇和島藩士もこぞって帰国した。宇和島は以後、明治政府の藩閥体制から一掃される。

十一月十一日、大阪の石井信義が文部中教授を命じられ、東京に帰ってくる。石井は大阪で駆黴院（梅毒予防施設）の設置に尽力するなど、大いに活躍したが、健康上の理由もあって東京に戻ったようである。後任の校長にはポンペとボードインに学んだ高橋正純が迎えられた。

病気がちの石井信義は教壇に立つことはほとんどなく、もっぱら医学書の翻訳にあたるが、駿河台甲賀町の自宅兼医院には患者が多かったという。駿河台の石井信義を、築地のイネと虎ノ門の三瀬夫婦はしばしば訪ねたであろう。

コラム

メーテルのモデル高子

明治四年三月、三瀬夫婦は心斎橋の写真館で写真を撮る。箱に収められたガラス湿版写真で、箱蓋の裏面には「浪花　心斎橋北詰　写真師　中川信輔」の焼印がある。諸淵は羽織袴で右手に刀を持ち、十九歳になってまもない高子は矢筈絣の着物姿である。高子の最も有名な写真で、よくその美貌を伝えている。

漫画家・アニメーション作家松本零士は、一九九〇年代の初め、大洲でこの写真を見て愕然とする。高子の顔は松本の代表作「銀河鉄道９９９」のメーテルのイメージそのものだったからである。「私は昔から、彼女（高子）のような顔を描こうと努力してきたし、私が描く女性は皆彼女のようなのだ。美人というだけではない。この骨格、気の強そうな雰囲気、優しくも厳しそうな瞳。何もかもがそうだった」

諸淵・高子夫婦（大洲市立博物館蔵）

©松本零士

松本零士の先祖は根っからの大洲人で、三瀬諸淵と同郷である。また、高子が死んだ年、松本零士は生まれている。運命的なものを感じた松本は、マスコミを通じて高子について語り、写真を紹介し、その美貌をたたえた。以来、高子は幕末・明治最高の美女、メーテルのモデルとして脚光を浴びる。

前原喜市、ハインリヒ、大野昌三郎

明治五年（一八七二）七月二十七日、前原喜市は大阪で汽船の運送の仕事があると誘われ、大阪に向かったが、運送の話は世話人の空言であった。窮した喜市は、北浜一丁目の矢野貞興を訪ねる。矢野貞興はかつての上司矢野安芸三郎で、このとき大阪府大属（八等官）になっていた。喜市は西洋鏡を製造することを思いつき、知人に支援を求めた。支援者は矢野貞興、土居通夫、造幣寮の羽太周介である。

十月、文部大教授三瀬諸淵は工部省八等出仕となり、東京と横浜を結ぶ鉄道敷設事業に従事する。京浜鉄道の必要性を政府に説いたのは高島嘉右衛門★である。嘉右衛門はパークスから横浜の領事館建設の仕事を請負い、異人旅館高島屋を開業、実業家として成功していた。政府から横浜の鉄道用地埋め立て工事をまかされた嘉右衛門が大隈重信、伊藤博文に推挙した結果、三瀬が鉄道事業に携わることになったという。

十一月、ウィーンで万国博覧会の参加交渉にあたっていたアレクサンダー二十七歳が日本に帰って来た。

弟ハインリヒは、父シーボルトの遺志を継いで日本の文物を収集するかたわら、横浜のハドソン＆マルコム商会に勤めていた。御三卿田安家の御用商人武蔵屋がハドソン＆マルコム商会に出入りしていた。日本橋通り三丁目の武蔵屋吉兵衛商店は袋物屋で、主人岩本吉兵衛の妻の安は田安家の祐筆をつとめたこともある。娘の岩本花は容姿に優れ、長唄、三味線、箏、舞踊などに通じていた。

高島嘉右衛門
嘉右衛門はガス灯事業にも活躍し、横浜の発展に貢献する。横浜市西区高島町は高島嘉右衛門にちなむ町名である。

ハインリヒは商用で武蔵屋を訪ねるうち、花に惹かれた。歌舞伎や伝統芸能を愛好するハインリヒにとって、花は理想の女性であった。ハインリヒは花との結婚を望むが、花の両親は反対した。そこで、アレクサンダー、イネ、政府要人が両親を説得し、ハインリヒは数え二十二歳の花と結婚した。花は後年、福澤諭吉の三女俊、小泉信三の姉などに芸事と行儀作法を教える。

福澤諭吉は石井信義（久吉）が適塾に学んでいたときの塾頭で、福澤は石井の学才と人柄を愛し、交流が続いていた。石井が福澤にイネを紹介し、福澤はイネに惚れ込み、福澤夫人錦の妹今泉釖《とう》がイネに師事することになった。今泉釖は夫と死別して男の子を育てていたが、福澤は女も学問をやり、職を身につけ、経済的にも独立するべきだという考えだったので、釖にイネのもとで産科修業をするよう勧めたのである。

前原喜市が西洋大鏡製造に苦心惨憺しているうち、十一月九日、改暦勅書が出され、十二月三日をもって明治六年一月一日とすることになった。師走十二月はわずか二日で終わる。

西洋大鏡の製造に行き詰まった前原喜市は、自伝「前原一代記咄」を執筆する。改暦によって世間が混乱する中、喜市は自伝の冒頭に「陰暦を六拾壱はつとめ経て　けふより陽の暦の初春」と腰折れを書きつけている。

喜市は一月中旬、仮寓先の天満浜川の酒屋山下興右衛門宅で昏倒した。薬王丸を二服のんだが、翌朝「極黒便」を下し、大いに驚く。日増しに気分が悪く、消毒丸を十服ほど服用、神中灸気湯も服用する。喜市は病気の原因を水銀中毒と自己診断し、酒もよくないと判断して禁酒した。日々老衰し、居候の身なので食事のたびに心配するので病気が出たのではないか、などとも書いている。

二月中旬、快方に向かったが、喜市は無一文になった。矢野貞興からはすでにかなりの資金提供を受けていたので、土居通夫から三両、山下興右衛門から二両借りた。救いが一つあった。喜市は息子の喜作を大阪に帯同していたが、羽太周介の世話で喜作は造幣寮に雇われることになった。

大阪医学校病院は学制改革によって明治五年に廃止されたが、大阪の富商三百余人の出資により、西本願寺北御堂境内に新たに大阪府病院が開院した。院長は高橋正純で、エルメレンスが診療と講義にあたることになった。

エルメレンスは大の日本贔屓で、気さくな人柄によって絶大な信頼を集め、鴻池善右衛門、住友吉左衛門などの富豪、実川延若、中村宗十郎など歌舞伎役者が心酔した。エルメレンスの人気は凄まじく、どこも悪くないのに診療を受け、歓談する者さえいた。また、エルメレンスは人格高潔で、妻帯・妾帯を勧められても耳をかさなかったという。そんなエルメレンスが処方した健胃剤「ビットル散」は、宣伝看板にエルメレンスの肖像写真が用いられ、よく売れた。

エルメレンスと三瀬諸淵（個人蔵シーボルト記念館保管）

四月、三瀬諸淵はエルメレンスの講義★を通訳するため、大阪府病院に迎えられ、再び大阪暮らしが始まった。

同じ四月、ハインリヒの妻花が長男一《はじめ》を出産し、イネが助産した。この年の一月下旬、ハインリヒはウィーン万国博のために渡墺していたので、夫婦は片仮名の手紙をやりとりした（長男は生後四カ月で病死し、これをハインリヒに報告する花の痛切な手紙が残っている。花へのハインリヒの悲痛な返信には、イネから悔み状が届いたことが書かれている）。

大阪では、尾羽打ち枯らした前原喜市が、来阪まもない三瀬諸淵を訪ねる。諸淵は不在で、喜市が「おたか様」（高子）に寒くてたまらないと訴えると、綿入胴着を与えられた。喜市は矢野貞興からは褌と足袋を貰い、「乞食のようになった」と我が身を嘆く。

喜市が諸淵を訪ねたのは、鏡の製造に必要な薬剤について教示を乞うためで、借覧した書物を参考に工夫を重ね、金色額縁入り縦二尺五分、幅一尺七寸五分の西洋大鏡を完成させた。鏡は土佐の士族の進物用に用いられ、喜市は鏡の裏に「六拾弐歳前原発明」と記した。矢野貞興の注文で、六月五日から十日間かけて三十五枚を仕上げた。

おりから息子の喜作が、造幣寮の給料は交際費、家賃、食費、雑費を引くとまったく残らないので、宇和島で百姓をしたいという。六月末、前原父子は宇和島に帰った。喜市の自伝はここで終わる（「日々老衰し」と自伝に書いた喜市であるが、宇和島では巧山と号して読書や作歌を楽しみ、明治二十五年九月十八日、八十歳で長逝した）。

この頃、宇和島の大野昌三郎に内務省から至急上京せよとの通達があった。昌三郎は娘イ子の夫為我を伴って上京し、墨田区本所の小野義真★の家に寄宿した。

土佐宿毛の大庄屋に生まれた小野義真は少年時代、宇和島で大野昌三郎に三年間従学した。工部省で出世していた小野は旧師の大野を内務省に推薦し、学恩に報いようとしたのである。大野昌三郎は

エルメレンスの講義

エルメレンスの講義を諸淵と高橋正純が翻訳し、「日講紀聞薬物学」「日講紀聞原病学各論」が刊行された。

「準奏任御用掛、土木寮勤務、月棒百円」の辞令を交付され、洋書翻訳に従事する。

月給百円は高給であるが、大野はわずか二カ月で辞表を提出した。薩長土肥の藩閥が幅をきかす官庁勤めに嫌気がさしたといい、為我を小野のもとに残して帰郷した。在京中、大野が築地の楠本医院を訪ねたかどうかは不明である。

大野昌三郎は宇和島で学才を発揮することなく、明治十三年五月十四日、五十六歳（推定）で死んだ。ちなみに、大野の兄斎藤丈蔵は明治九年に没している。丈蔵の三男竜は裁判官になり、竜の二男晌《しょう》は哲学研究で大成し、明治大学、東洋大学の名誉教授を務めた。大野昌三郎の直系子孫に山村家★がある。

宮内省御用掛

明治六年七月二十九日、長崎縣東京出張所に、「長崎縣下銅座町楠本以祢、右之もの御用有之候間、

小野義真

明治7年、実業界に転身して三菱財閥の顧問となるほか、日本鉄道会社の理事・副社長・社長として22年間在職した。明治24年、三菱社長の岩崎弥之助、鉄道庁長官の井上勝と協働して岩手県盛岡郊外に西洋式牧畜農場「小岩井農場」を開設した。小岩井には小野の一字がとられている。

山村家

昭和52年２月16日の「夕刊宇和島日日」に、「市内笹町の山村昌太郎氏（55歳、高知銀行勤務）は大野悪鬼三郎の孫で、山村氏は昌三郎とイネの写真、イネが持っていた短刀、高野長英が大野昌三郎に与えた短刀を所蔵している」という記事が掲載された。ＮＨＫ大河ドラマ「花神」が放送されており、この関係で記事になったのである。イネの懐剣は国貞作で、長さ19センチ、幅2.3センチ、黒漆塗りの鞘は雲文模様が施され、豪奢な刀袋に収められている。伊達家から拝領したものであろうか。

明後廿一日午前十時永田町当省御用屋敷罷出候様相達可有之、此段申入候也、明治六年七月廿九日、
宮内大小丞」という通達があった。
楠本イネを三十一日午前十時に宮内省に出頭させよというのである。
この通達を受けたイネは、ただちに福澤諭吉に相談した。福澤は即座に宮内大丞杉孫七郎に手紙を書き、イネに渡した。

杉孫七郎様　福澤諭吉
酷暑難凌、益ヽ御清安奉拝賀　陳ハ蘭人シイボルト娘伊篤　通称ハお以祢ハ小生兼而より知る人ニ而当春来築地江開業　産科を業とし　既ニ御旧同藩山尾君之方へも屢ヽ罷出　御懇命を蒙る者なり　此度宮内省より御用召相成　定而産科之御用なるべし　御場所柄　不案内ハ勿論　殊ニ婦人之義　大ニ心配いたし居候　就而ハ此後　度々罷出　不案内之義ハ伺も仕可　御心付之三ケ条ハ無御伏臓被仰聞被下候様奉願候　山尾君より御差図も可有之候得共　尚私より内々貴下様江願奉度　い才ハ当人参上可申上　幾重ニも宜敷　御指揮奉願候　頓首
七月廿日　福澤諭吉
杉孫七郎様　侍史

現代文にしてみる。
「しのぎ難い暑さですが、益々ご清祥のことと存じます。申し上げますが、蘭人シーボルトの娘伊

篤通称おイネは私のかねてからの知人で、この春以来築地で開業、産科を営んでいます。杉様と同じ旧長州藩の山尾君の家にもしばしば訪ね、親しくしています。この度、宮内省から呼び出しがあり、きっと産科の御用だと思います。宮中のことがわからないのはもちろん、女性ですから何かと心配です。つきましては、今後たびたび参上して質問もするでしょうが、御心付の三ケ条は腹蔵なく言い聞かせてくださるようお願いします。山尾君から指導もあるでしょうが、なお私から内々にあなた様にお願いします。委細は本人が参上して申し上げます。どうかよろしくご指導をお願いします」

この手紙は「福澤諭吉いね推薦状」として伝来するが、内容からすると「いね推薦状」ではなく「いね指導依頼状」である。文中、「御心付之三ケ条」は不詳。宮中での見聞は他言無用、というようなことであろうか。

この書状には「以祢事　志本伊篤　持参」という端裏書★がある。イネはこの手紙を携えて杉孫七郎に面会し、杉に直接手渡したのである。

杉孫七郎は旧長州藩士で、福澤諭吉とは文久遣欧使節団の同僚である。「山尾君」とは旧長州藩士山尾庸三、いわゆる長州五傑の一人で、福澤と親しかった。山尾は明治三年に工部省の設立に関わり、工部省で重きをなしていた。イネは、工部省に出仕していた三瀬を通じて山尾庸三と交流があったと考えられる。

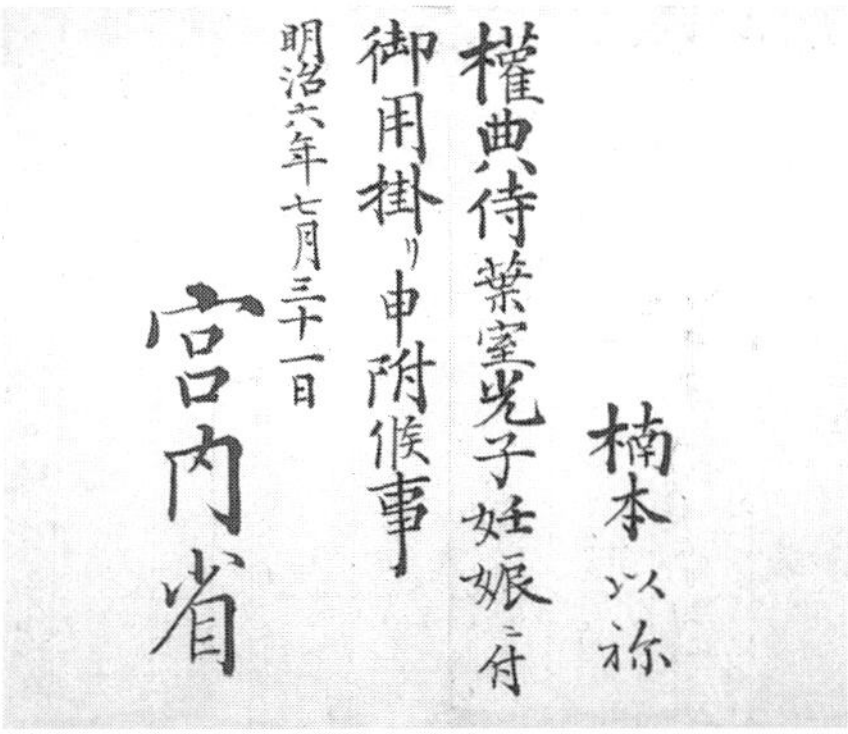
楠本以祢
權典侍葉室光子妊娠ニ付
御用掛リ申附候事
明治六年七月三十一日
宮内省

宮内省御用掛任命書（国指定重要文化財／シーボルト記念館蔵）

通説では、イネの御用掛は福澤の推薦で実現したとされるが、宮内省の権大醫伊東盛貞★、宮中漢方医賀川満載、ほかに石井信義、石井と親しい文部省医務局長の長与専齋、三瀬諸淵などによる運動があったようである。伊達宗城も関わっていたかもしれない。なお、この書状の「当春来築地江開業」からすると、イネの築地開業は明治六年春ということになる。この記述だけで明治三年開業説を覆すことはできないが、注目に価する。

七月三十一日、楠本イネは宮内省に出頭し、葉室光子の妊娠御用掛を命じられた。辞令書は以下のとおり。

楠本以祢
権典侍葉室光子妊娠ニ付
御用掛リ申附候事
明治六年七月三十一日

宮内省

九月五日、宮内省から「出産道具に関する打ち合わせのために七日八時に出頭せよ」との通知があ

端裏書
手紙の右端を端といい、その裏に書かれた文字のこと。手紙は奥（左端）を内側にして折り畳むので、端裏の部分が表になる。受け取った者はまずここを読むことになる。

伊東盛貞
緒方洪庵門下で、伊東玄朴の娘婿。号は寛斎。

り、九月八日には「賀川満載の立会いで出産道具の見分があるから九日七時に出頭せよ」との通知があった。

九月十八日午後三時三十分、永田町御用邸で若宮が誕生したが、死産であった。二十二日、葉室光子も死亡した。

九月二十八日、宮内省から明日十時に出頭せよとの通知があった。この日、山尾庸三から、「宮内省の件について至急相談したいことがあるので、すぐさまおいでください。今夕差し支えがあるのであれば、明朝七時半までにおいでください」という書状が届いた。至急の相談が何であったかはわからない。二十九日、イネが宮内省に出頭すると、「御降誕之節格別骨折候ニ付」イネに百円、イネの助手として出産に立会った今泉釖に五拾円が下賜された。

イネの御用掛には多くの人の支援があった。イネがシーボルトの娘であったからであるが、イネ自身に人間的魅力があったからであろう。皇室御用達の女医楠本イネの名声は高まり、福澤諭吉はこれを喜び、楠本医院を大病院にするよう慫慂《しょうよう》した。

この年、征韓派の西郷隆盛と反対派の岩倉具視、大久保利通が激しく対立し、両派の板挟みとなった太政大臣三条実美は心労のあまり、十月十七日、危篤状態になった。明治天皇は十二月二十九日、三条実美の別邸対鴎荘（台東区橋場二丁目一番）に太政大臣を見舞った。帰途、天皇一行は伊達宗城の今戸屋敷で休息した。

明治四年九月二十七日に公職を退いた宗城は、今戸邸（台東区今戸一丁目一番）に隠棲していた。宗城は天皇を隅田川に面した一階の洋間に迎え、天皇は隅田川の風光を「いつみてもあかぬ景色は隅田

川　難美路の花は冬もさきつゝ」と詠んだ。宗城は天皇を二階に案内してオルゴールと中国の書などを天覧したが、若宮死産のお悔やみを述べ、楠本イネを話題にしたかどうかはわからない。

石井信義の明治七年日記

明治七年三月二十日、三瀬諸淵は大阪府病院を退職し、東京の内務省土木寮に出仕する。土木寮は治水事業のためにオランダから技師数名を招いており、この関係から三瀬が土木寮に勤めることになったと思われる。

石井信義の「明治七年日記」とよばれる、一日も欠けることのない日記（シーボルト記念館蔵）がある。半紙を四つ折りにし、四十枚を横綴りにした一六〇頁にわたる日記で、毛筆の細字で丁寧に書き込まれている。明治七年のほかには残っていないのが惜しまれる。

信義の日記によれば、三瀬は三月二十二日に大阪を出て、東海道を東上する。

四月三日、三瀬は石井信義に宛てて「今月中旬に東京に着く」「イネも同道している」と手紙で知らせている。ということは、イネは楠本医院を今泉釖にまかせて大阪の三瀬夫婦を訪ねていたことになるが、大阪訪問の理由は不明である。

船便を使わず、東海道をゆっくりと東上している理由も不明である。楠本松江は同行していないが、この事情については後述する。

四月十八日朝、今泉釖が石井信義を訪ね、「昨晩、イネと高子が東京に着いた、諸淵は横浜にとどまっている」と報告する。諸淵が横浜にとどまった理由は不明。

三瀬夫婦は築地の楠本医院に寄留し、その後、虎ノ門外琴平町一丁目に家を借りた。高子は二十二歳になっていたが、子に恵まれず、もっぱら箏曲修業に励む。この頃かどうか、福澤諭吉の夫人の錦が箏の良師に恵まれないということで、高子が箏を教授することになった。

信義には一日として心身爽快な日はない。胃痛に悩まされてソーダ水を飲み、便秘や下痢に苦しんで薬を常用している。四月二十八日から六月四日まで、消化促進のために毎日のように乗馬をするが、効果はなかった。

四月二十三日、諸淵が来る。禁酒中というので酒は出さず、料理を出して歓待する。四月二十五日、諸淵が来る。お高とイネも来る。イネは先に帰る。信義はお高に酒を出し、久々にゆるゆる話す（翌る二十六日、五月三日、五月二十一日、六月一日、七月四日、七月十一日、九月二十九日、十一月十七日、十一月二十九日、十二月十一日、十二月十六日、十二月十九日に諸淵が石井宅に来訪している）。

十月九日午後、福澤諭吉が来て、「かねて勧めている病院拡張にイネがその意思がないのであれば、今泉釖をイネに預けておく意味もない。伊東玄伯★にでも預けたい。このあたりのことをイネが立腹しないように伝えてほしい」と言う。信義はさっそくイネを訪ねるが、不在であった。

十月二十五日、信義は三瀬宅を訪ねるため十時に家を出る。胃痛に襲われ、三瀬宅に着くとソー

石井信義（個人蔵シーボルト記念館保管）

伊東玄伯
伊東玄朴の二女と結婚、養嗣子となる。

ダ水を飲む。イネが来ると、信義は福澤の意向を伝える。信義、イネ、三瀬夫婦は午後三時まで話し込んだ。そのあと、信義は福澤邸を訪ね、遅くまで談話した。福澤は信義に夜食を出す。問題は解決したようだが、委細は不明である。

十一月二十九日、石井信義の妻愛子が産気づき、イネがおふみを連れて九時頃来る。和泉橋の産婆も来る。十一時半、愛子は男子を出産。諸淵が鶏卵大箱、りんご、水仙を携えて見舞いに来る。イネは帰宅し、おふみが泊まる。

十一月三十日、イネが来る。十二月四日夕方、信義はイネを訪ね、新生児臍肉芽腫のことを話す。イネはすぐに診察したいという。イネは信義と人力車で石井宅へ向かう。治療後、シキートカットン（海島棉。高級な綿花）で臍を包むと、イネは帰宅した。

十二月十九日、アレクサンダーと諸淵が来る。十二月二十九日、信義はおふみを呼び、イネへのお礼として上方茶一斤、鰹節小折一ツ、おふみには壱円を持たせた。

この日記によって、楠本医院には内弟子兼助手の今泉釖がおり、助手兼家政婦のおふみがいたことがわかる。翌年、今泉釖は三田で産院を開業した。

三瀬諸淵急逝と松江の妊娠堕胎事件

明治八年の楠本イネについては史料が見当たらない。

明治九年十月十一日、三瀬諸淵は大阪府病院一等医を拝命し、またもや大阪暮らしが始まった。古巣の北御堂の病院に通勤するかたわら、瓦町二丁目甲二七〇の借家で診療も始めた。外遊資金がほしかったからと思われる。

三瀬は、ヨーロッパの病院を視察し、国籍を問わず優秀な医師を連れ帰り、東京に総合病院兼病理研究所を開設したいと夢見ていた。産科の医長にはイネを迎えるつもりだったかもしれない。

諸淵から外遊の構想を聞いた伊達宗城は、「海原の五の大国ゆき見なむ　身こそいとへ末もはるけく」と和歌を贈って励ました。

明治十年一月中旬、諸淵は肺炎にかかって喀血し、エルメレンスの吐酒石（催吐、去痰剤）を用いた治療によって九死に一生を得る。

二月（日不詳）、イネは突然、楠本医院を廃業して大阪に向かった。イネのこの唐突な行動の理由は何であったろうか。よほどの理由がなければ、順調な楠本医院を畳む必要はない。イネは諸淵の病後を心配するあまり、大阪に移住したのだろうか。おりしも、西南戦争が始まり、大阪には多数の傷病兵が搬送されていた。

三月一日、アレクサンダーが大蔵卿大隈重信に半年間の帰国休暇を願い出た。母ヘレーネが死亡したからである。兄に代わってハインリヒが大蔵省に出仕した。

西南戦争が始まり、大阪には多数の傷病兵が搬送された。諸淵はエルメレンスとともに大阪府病院に勤務し、自宅での医療にも精勤していたが、九月になって体調を崩した。いったんは回復したが、十月になると下痢が続き、高橋正純院長はじめ大阪府病院の医師たちが往診して治療にあたり、高子も看病した。イネも看護にあたったはずである。

なお、十月（一日か）、三瀬は大阪府出向を命じられている。エルメレンスが病院を辞して帰国したことがその理由であろう。

石井信義が十月二十一日付で「三瀬お高殿」に宛てた見舞い状がある。

大阪に帰られてから御安否も絶えて承らず、先ごろ二度、お愛から書状をさしあげましたが、御受け取りになられたでしょうか。さて、今日、平野町（大阪）の林近道からの書状で知ったのですが、周三様が今月上旬から病臥され、日に六、七度の下痢で食事も取れない重症とのこと、初めて承知して一同驚き入り、さぞかしご心配のことと深くお察し申し上げます。いかなる御病気なのか、ご様子を詳しくお知らせいただきたいと存じます。なにぶんにも遠隔地ですのでお見舞いもかなわず、ただ心配するばかりです。御手当に油断はないと存じますが、なお精々御介抱されますようひたすら願っております。さだめて御母上様も日夜ひとかたならぬ御心痛のことと拝察します。最近、御地もコレラ病が流行していると新聞で読みましたが、皆様もご用心専一になさいますよう。こちらは皆変わりなく、私もその後、眼病がしだいに快方し、以前のように原書を読むことはできませんが、たいていのものは見ることに支障がなくなり、身体もまずまず壮健で日々病用に奔走しておりますの

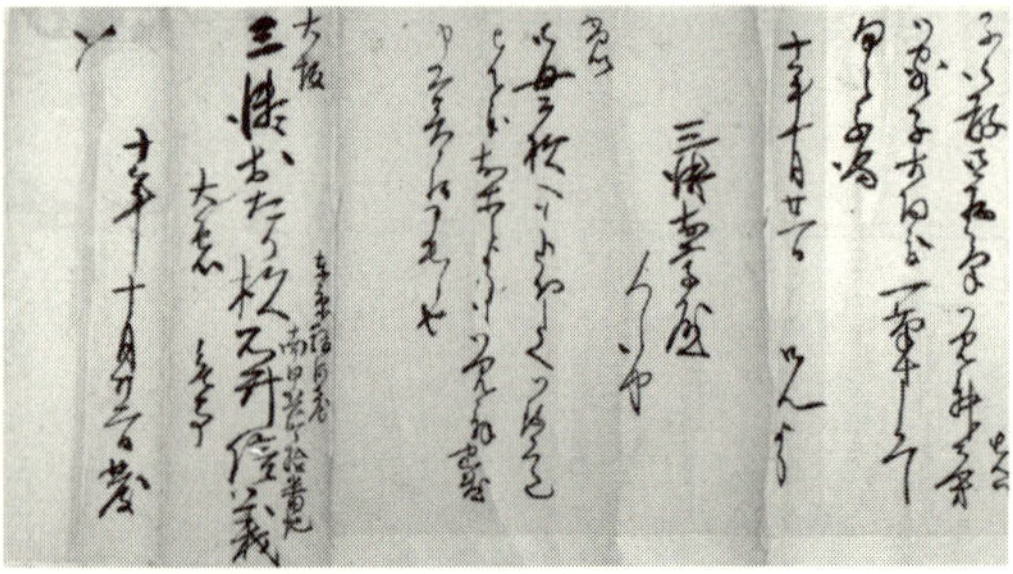

高子宛て石井信義見舞い状（大洲市立博物館蔵）

で、ご心配なさいませんよう。まずは、とりあえず御病気御見舞旁、ご様子を伺いたく一筆さしあげました。惣々不備

十年十月廿一日

兄より

三瀬お高殿

人々御中

なおもって、御母上様へも宜くお伝えください。お愛からもくれぐれも御見舞申し上げます。

三瀬諸淵は十九日正午過ぎ、絶命した。書物（新聞とも）を持ってくるよう高子にいい、読みながら息をひきとったという。三十八歳であった。遺骸は阿倍野墓地に埋葬された。シーボルトから贈られた洋杖も棺に納められた。昭和三年、郷里大洲の妙心寺派大禅寺に改葬される際、洋杖が発掘され、大洲市立博物館に保存されている。

失意傷心のイネに、石井信義から十月二十三日付「楠本お稲様」宛ての悔やみ状が届いた。

十九日付の書留郵便がたった今、二十三日に届き、拝見しました。諸淵様、今月上旬より劇性腸カタルに罹患され、病院の高橋氏はじめ皆様ご尽力され、百方ご療養の甲斐もなく、去る十九日午前十二時過ぎ、ついにご逝去されたとのお知らせ、まことに驚いております。実は平野町の小林近道が十六日に出した書状が一昨日の二十一日に届き、御大患のご様子を知って大いに心配

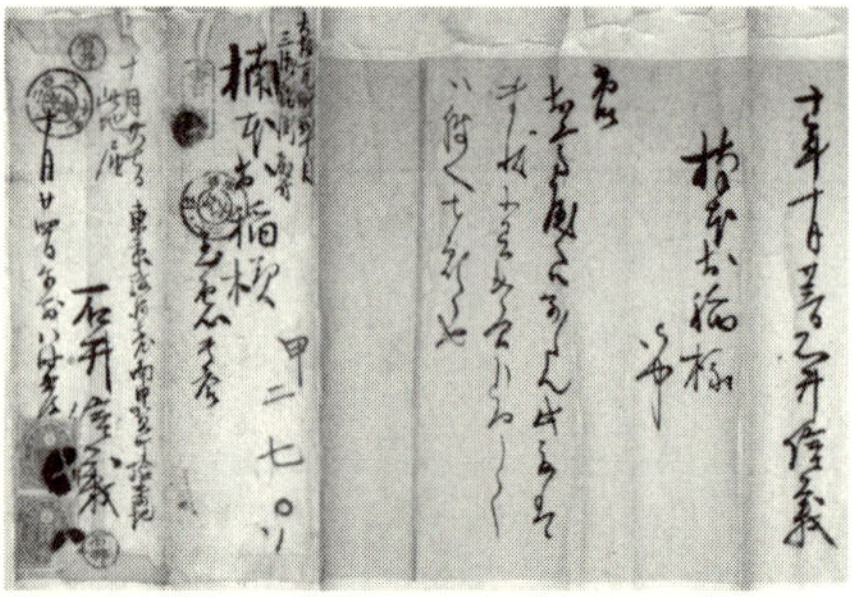
楠本イネ宛て石井信義悔やみ状（大洲市立博物館蔵）

し、昨二十二日、ただちに手紙を小林近道に出して容体について尋ねたところでしたが、何としたことか、今日のこの凶報に一同仰天し、悲歎にくれています。さぞさぞご愁傷の至りと深くご拝察し、一同からもくれぐれもお悔やみ申し上げます。お高殿もとかくヒステリ症でお困りのところ、このたびはよくご看病され、ご心痛もこのうえないと思われますが、ご病気が悪化するご様子はないとの由で、安堵しています。どうぞ看病疲れの出ないよう、ことに今後は別してご養生されますよう。御許様（イネ）には、諸淵様のことでは幼少の頃から一通りではないご丹精をなされ、さまざまなご苦労をされてきたところへ、ついにこのようなことになり、まことに言語に絶するお力落としであろうと、ご胸中お察し申し上げます。私も片腕をもぎとられたような気がしています。なお、向後のこともおいおいお尋ねしたいと思いますが、まずはとりあえずお返事旁お悔やみ申し上げます。気候不順、特にコレラ流行のおり、せっかくご自愛され、追善祈り奉ります。惣々不備

十年十月廿三日

石井信義

楠本お稲様

御中

なおもって
お高殿には今回は書状を差し上げませんので、よろしくお伝え願います。

二通の手紙から諸淵の病状がわかるが、「お高殿もとかくヒステリ症でお困りのところ、このたびはよくご看病され」とある。高子には「ヒステリ症」の持病があったのである。十一年に及ぶ不妊と「ヒステリ症」の関係も考えられる。

近藤俊文（市立宇和島病院名誉院長、宇和島歴史文化研究会会長）から著者に寄せられた情報によると、明治十年十月二十七日、東京のハインリヒがドイツに帰国中のアレクサンダーに宛てた手紙があり、二〇〇〇年にドイツで刊行された『Acta Sieboldiana IX』（Harrassowitz Verlag 刊）に収録されているという。この手紙の前半部分に驚くべきことが書かれている。以下、近藤俊文の意訳を掲げる。

親愛なるアレックス
一八七七年十月二十七日　東京にて
少し前、大阪で周三（三瀬諸淵）が死亡したことを、昨日、知りました。このことについて、おイネからは何も聞いていません。
以前、周三の女生徒の一人から「まつねに子が出来たが、死にました」と聞き及んでいました。まつねの相手のオランダ人医師はヨーロッパに帰国したようですが、このことが世間に知れたら非常に都合が悪い、と心配していたそうです。

まつねは病気で非常に重症、子を堕胎した疑惑があります。これはあきらかな醜聞事件ですから、私はおイネに連絡を取って真相を知りたいと思っています。この医師はまつねにある程度のお金を渡しているようです。

まつねは大阪でおイネとお高と住んでいます。私は以前にも（大阪の）おイネに手紙を書きましたが、一度も返事をくれないのです。私はかねてMが妊娠していたことを知っていましたが、つまるところ良い結果だったとしても、こんな嫌な結末になるとは予想もしていませんでした。当然ながら、おイネにこれらの責任のすべてがあります。

私がウィーンにいたとき、まつねは前述のオランダ人医師によって同棲させられていたのです。彼が短期間（日本を）留守をしていたとき、まつねのために横浜の銀行にお金を振り込んだようです。

非常に善人だった周三、特にお高にとってはそうであった周三の死を、私は心から悲しんでいます。（以下、略）

手紙の冒頭でハインリヒは三瀬の死を告げ、まつねが妊娠し、子が死んだことを報告している。まつねはシーボルトがしおに生ませた松江と考えられる。松江はアレクサンダーとハインリヒにとって異母妹であり、身内の不祥事であるから、ハインリヒはドイツの兄に知らせたのである。この頃、松江は十六、七歳である。

この手紙には編著者の注記があり、オランダ人医師を「おそらくはアントニウス・フランシスクス・ボードイン」としている。イネの恩師であり、三瀬諸淵の上司でもあったA・F・ボードインは、明治三年に政府から三千両を下賜され、オランダに帰国している。編著者の誤認である。

ハインリヒが「ウィーンにいた時、まつねはオランダ医師によって同棲させられていた」とある。三瀬はエルメレンスの講義を通訳するため、東京から大阪府病院に出向している。松江も三瀬夫婦と大阪に同行したのではないだろうか。松江がオランダ人医師と同棲するにいたった経緯は不明である。

責任はすべてイネにある、とハインリヒがイネを責めているのはイネが松江の後見人のような立場にあったからであろう。「イネは高子、松江と大阪に住んでいる」とある。前年二月のイネの突然の大阪移住は、松江の妊娠堕胎事件がその理由で、イネ、高子、諸淵が事態収拾に奔走したのではないだろうか。

松江を妾にし、妊娠させ、堕胎させたオランダ医師は誰であろうか。著者はエルメレンスではないかと想像する。

明治十年六月に大阪府病院を退職し、惜しまれて離日したエルメレンスは、ハーグ市民病院の院長に迎えられたが、明治十三年二月十一日、南仏に旅行中、急死する。明治十四年、高橋正純ほか大阪の有志により中之島に堂々たる記念碑（昭和十一年、大阪大学に移転）が建てられた。除幕式には数百発の花火と楽隊による演奏があり、祭壇に飾られた肖像写真は複製され、一枚三十五銭で飛ぶように売れたという。

そのようなエルメレンスに裏の顔があった、とは考えたくはないが、諸淵と非常に親しいエルメレンスであれば、松江と接点がある。エルメレンスは、松江との関係が醜聞事件に発展することをおそれ、後難を避けるためにあわただしく日本を去ったのではないだろうか。もちろんこれは著者の想像に過ぎない。

多くの人が三瀬諸淵の死を惜しんだ。世が世であれば七百石取りの御家老様である松根内蔵もその一人である。権六★と名を改め、この時期、裁判官として東京築地に居住していた。権六が楠本イネに宛てた悔やみ状（大洲市立博物館蔵）が残っている。

> 十月廿八日付けのお手紙を拝読したところ、諸淵君が九月上旬からご病気になられたが、しだいに快方され、一時は出勤されたものの、再び御大病になられ、ついに十月十九日午後十二時、ご卒去なさったとは、実にもって驚愕の至りで、如何なる計らいか、ご愁傷のこととお察しいたします。
> 於たか様にお障りはないか伺います。お取り込み中とは存じますが、御地のご都合がつきしだい、東京に出てこられてはいかがでしょうか。及ばずながらできるだけのお世話をさせていただきます。遠路隔てておりますので思うにまかせず、とりあえず書面をもってお見舞旁、お悔やみ申し上げます。お力落としもさることながら、

松根権六

翌年、築地で生まれた権六の二男が俳人松根東洋城である。東洋城は伯爵柳原前光（室は宗城の二女初子）邸に下宿し、前光が愛妾に産ませた燁子（柳原白蓮）と恋仲になるが、恋愛は実らず、終生独身を通した。

お心丈夫に思し召され、出京をお待ちしております。

十一月廿四日

松根権六

楠本於稲様

松根権六は諸淵の死を悼むだけでなく、イネが東京に帰ってくることを強く勧めている。松根権六だけでなく、イネと高子の東京移転を勧める声は多かったであろう。しかし、イネは長崎で暮らすことにする。諸淵の死によって地上に残されたのは、五十歳のイネと二十五歳の寡婦高子。失意傷心の母子にとって、安住の地は故郷の長崎しかなかったのだろうか。

高子の古賀十二郎への談話（大正十二年十一月十三日聴取）によれば、明治十一年（月日不詳）、イネは八坂町（現・鍛冶屋町）の旧家笠野家の貸家に産院を開業した。イネと寡婦高子の母子家庭はどのようなものであっただろう。来診する乳児の泣き声のほかは、高子の奏でる箏、三絃、胡弓が聞こえるだけのひっそりした日々であっただろうか。悩みの種の松江も同居していた可能性があるが、イネは松江を実母の伊東糸子に返したかもしれないし、堕胎後の松江はすでに死んでいたかもしれない。

片桐重明と山脇泰介

高子の談話によると、「母イネハ、私ニ産科ノ稽古ヲサセタイト云フ考デ」あったので、上京して石井信義のもとで産科修業をするよう勧める。しかし、二十六歳になった高子が産科医の修業を始めるのは手遅れではないだろうか。また、産科修業であれば、石井よりイネのほうが適任であるから、釈然としない話である。

おりしも、東京から片桐重明という男が訪ねて来た。片桐は高子より二歳年長で、石井信義の門弟である。イネは片桐の来訪を好機と考え、渡りに船とばかりに東京に帰る片桐に高子を託した。高子は片桐と気船に乗るが、神戸港で高子は片桐に口説かれる。片桐は、三瀬夫婦が駿河台の石井邸に出入りしていた頃から高子に思いをかけていたという。「船ガ湊川ノアタリニ来タ時トート私ハ彼ノ毒手ニカカリマシタ」と高子は告白している。

上京後、高子はまさかの妊娠をした。事情を知った石井信義は、片桐重明に詫証文を書かせ、片桐は石井一門から破門される。

この一件を知ったイネは、片桐を婿にしてはどうか、と手紙で知らせてきた。しかし、高子は片桐重明と夫婦になる気はなく、石井信義も妹高子を片桐にやるわけにはいかないと反対した。結局、身重の高子は長崎に帰郷する。

イネは石井宗謙に船中強姦されて高子を生み、その高子も片桐重明に船中強姦されて妊娠出産……。これはあまりにも異常な話である。古賀十二郎と吉村昭はこの話を信じるが、著者にはどうにも信じ難い。そもそも、片桐はどのような目的があって長崎に来たのだろうか。結果的には高子を強姦するために長崎に来たということになるが、実際、片桐は長崎に来たのだろうか。

高子は「片桐ハ学問ノナイ男デ、アンナ男ニ身ヲ汚サレタカト思ヘバ、今デモクヤシクテナリマセン」と語っている。片桐は学識のない人物だったのだろうか。

明治二十一年五月、大蔵省印刷局から屈列印《クレイン》著『黴菌病論』が出版されている。四五一頁の大著で、翻訳者は片桐重明である。序文を緒方惟準が書いている。奥付には「翻訳兼発行人　静岡縣平民片桐重明　東京神田駿河臺南甲賀町十七番地」とある。片桐は学問のない男ではないし、破門されたという片桐の住居は石井邸の近くである。

おりから、高子とほぼ同年齢の山脇泰介（泰助とも）という人物が、人を介して高子に求婚してきた。

山脇泰介は嘉永四年（一八五一）、越前福井藩の藩医の家に生まれ、福井藩の医学所済生館で医学を学び、明治二年、藩命で東京の大学東校に学んだ。翌年、長崎医学校に入学、明治七年に卒業した。内務省役人となって東京と京都の司薬場に勤務したのち、明治八年、長崎県立長崎病院医師及び長崎医学校助教に迎えられ、西南戦争では傷病兵の治療に功績があった。

泰介の二歳年上の兄山脇玄は、長崎で蘭医学を学んだのち、明治三年、文部省留学生としてドイツで法学を学び、帰国後は司法省で重きをなしている。

山脇泰介（『故山脇多賀子に寄壽留』所収）

山脇泰介は、高子がシーボルトの孫娘であり、三瀬諸淵未亡人であることを承知の上で妻に求めてきたという。高子の再婚相手として願ってもない人物であるが、高子は妊娠している。イネは適当な理由をつけて求婚を断った。まもなく山脇泰介は高子の妊娠を知るが、身重のまま来てくれてもよい、と一途に高子を望んだ。

明治十二年七月十九日、二十七歳の高子は男子を出産した。イネと高子は相談し、三瀬諸淵（周三）のような立派な医者になるようにと、周三と命名した。

山脇泰介が高子を望んでやまないので、イネは高子を再婚させることにしたが、さすがに子連れで嫁がせるのは気が引け、生後まもない周三を養子に出した。養子先は長崎の池原家で、当主の池原日南は眼科医（文学者でもあった）であり、イネとはかねて親交があった。周三は日南の子の池原延安の二男として入籍した。

三瀬高子は周三出産の三カ月後、明治十二年十月、山脇泰介に嫁ぎ、名前を多賀子と改めた。

楠本家を継ぐ者がいなくなったので、明治十三年六月四日、イネは孫の周三を自分の養子にした。池原延安は名のある楠本家を絶やしてはならないとして、快く承知したという。しかし、周三を養子に出せば、楠本家がイネをもって途絶えるのは初めからわかっていたことであるから、これも不可解な話である。

以上、高子の談話をもとに記述し、疑問点についても述べた。著者にはなお疑問があり、それについて次項に述べる。

明眸罪あり

楠本周三の写真がある。シーボルトから数えて六世、周三の孫にあたる楠本貞夫が所蔵する。周三は慈恵医大を卒業して医師になり、明治四十三年（推定）、高木兼寛の勧めで舞鶴の海軍病院に勤務する。医師になってからの写真であろう、口髭をたくわえた壮年の周三は、眼窩が窪み、彫りの深い、外国人の雰囲気を宿す容貌である。

そして、これまで公開されたことがない、周三に関する興味深い手紙を楠本貞夫が所蔵する。

昭和四十五年（月日不詳）、朝日新聞にシーボルトの子孫についての記事と家系図が掲載された。朝日新聞には「花神」が連載されており、連続ドラマ「オランダおいね」も放送されていたから、この関係で記事になったのであろう。

同年七月、北九州市小倉区の朝日新聞西部本社に、同市八幡区の黒崎窯業診療所の医師長嶋洋（六十三歳）から質問の手紙が送られてきた。

楠本周三（楠本貞夫氏所蔵）

長嶋洋は手紙に、「長嶋洋の母方の祖父は久留米藩医の二宮慎斎で、祖母はジ《（ママ）》ーボルト初来日時の門人工藤謙同の五女である」、と記している。

長嶋洋が小学校低学年のころ、ときおり、舞鶴海軍共済会病院の医師の診療を受けた。医師は「眼の青い、ひげの赤い、やさしい先生」であった。また、医師には長嶋少年より三、四歳年少の「カネチャン」とよばれる男の子がいた。

長嶋洋は「眼の青い、ひげの赤い、やさしい」医師が、楠本周三氏ではないか、「カネチャン」が周三氏の子周篤《かねあつ》氏ではないか、と新聞社に質問したのである。

手紙の末尾には、周三夫人千恵子★がヴァイオリンをたしなみ、舞鶴の住民が西洋三味線といって珍しがった、と付記されている。この手紙は楠本周篤に転送され、周篤の子息楠本貞夫が所蔵する。

現在、周三の父親が片桐重明であるというのは定説化しているが、周三の眼が青くひげが赤い、という長嶋洋の証言によれば、周三の父親を片桐重明とすることは難しい。高子を妊娠させた相手、周三の父親は外国人だったのではないだろうか。

相手が外国人であれ、原因はつまるところ高子の美貌にある。明眸《めいぼう》罪ありというほかないが、高子とその相手は結婚していない。しなかったのか、できなかったのか。大恋愛だったのか、道ならぬ関係だったのか、一度だけの過ちであったのか、強姦なのか。……何もわからない。

何も伝わっていないということは、その外国人と高子の関係を隠蔽しなければならない深刻な事情があったからである。

著者はその外国人が誰であるのか、特に興味はないが、その人物がエルメレンスではないかという疑念を禁じ得ない（またもエルメレンス?!）。

高子の最も近いところにいた外国人はエルメレンスである。エルメレンスが瓦町二丁目の三瀬宅を訪ね、三瀬夫婦がエルメレンスを訪ねることもあったかもしれない。エルメレンスは婦人病にも知見

千恵子
宇和島出身というが、不詳。

があったから、子に恵まれない三瀬夫婦はエルメレンスの診察を受けたかもしれない。もっとも、これを裏付ける史料はない。

だいいち、周三が誕生するのは明治十二年七月十九日であるから、明治十年の秋（?）に離日したエルメレンスにはアリバイがある。しかしながら、周三の誕生が実際は明治十一年であったとすれば、エルメレンスの可能性が出てくる。

もしそうであれば、高子がエルメレンスと関係を生じたとき、夫の諸淵は存命している。強姦でなければ密通で、周三は不義の子ということになる。密通であれ強姦であれ、これは秘密にしなければならない不祥事である。

そこで、イネ、高子、石井信義、片桐重明が相談した結果、「高子は諸淵没後、片桐重明に嫁いだが、まもなく離婚し、離婚後、周三が生れた」ということにしたのではあるまいか。この口裏合わせには山脇玄、泰介も加わっていた可能性がある。

ともあれ、高子と片桐の結婚説は、吉村昭が片桐による強姦説（「筆録　山脇タカ子談話資料」）を公表する昭和五十五年まで、ほぼ通説になるのである。

それはさて、松江の妊娠と堕胎、諸淵の急死、高子の周三出産……あいつぐ変事にイネが尽瘁《じんすい》し、困憊したのはまちがいない。その生涯で最も苦渋にみちた二年余りではなかったろうか。とはいえ、周三の誕生によって、ともあれ日本にシーボルトの血脈が継承されたのであるから、イネにはある種の安堵があったかもしれない。

なお、エルメレンスの名誉のために附言しておくが、エルメレンスがシーボルトの娘（松江）と孫娘（高子）を妊娠させたというのは、あくまで著者の想像であり、仮説である。これを証明する史料はない。しかしながら、エルメレンスの端正な容姿、人を惹きつける魅力的な人柄を想うと、あながち荒唐無稽な妄想とも思えないのである。

石井信義の死

泰介と多賀子、この美男美女の夫婦が長崎の街歩きをするとき、道行く人は足を止めてふりかえったかもしれない。深窓の令嬢を迎えることもできた山脇泰介が、あえて、暗い過去がある高子を妻に求めたのは、高子がシーボルトの孫娘であり、類まれな美貌だという、それだけの理由からであろうか。夫婦の機微を窺い知るすべはないが、新婚生活は幸せであったと思われる。

明治十三年十二月一日、夫婦に待望の長男が生まれ、初《はじめ》と命名された。この名前には泰介の心情が込められているように思われる。

明治十四年、山脇泰介は長崎医学校二等教諭になったが、七月一日、山脇家を最初の不幸が襲う。初が朝から嘔吐を繰返し、午後一時過ぎ、生後八カ月で夭折した。

明治十五年一月十二日、東京の謙道石井信義（謙道）が急死した。イネと高子にとってかけがえのない存在であった信義の、四十二歳の死である。石井信義は品川上大崎の高野山真言宗高福院に葬られた。墓地には石井宗謙の墓と並んで信義夫妻の墓がある。

この年、山脇泰介は長崎病院の副院長となる。イネは周三の養育に精根を傾け、高子もときおり周三に会って我が子の成長を見守ったであろう。するうちに、高子は山脇の第二子を妊娠した。

明治十六年は悪いことばかりではなかった。山脇泰介が佐賀県杵島郡柄崎《つかさき》★の柄崎病院の院長に迎えられたのである。柄崎病院は、ボードインの門人で佐賀の乱で軍医として活動した石井玄菴が、明治十二年に私財を投じて開院した総合病院である。

四月十二日、高子は女児を分娩した。奇しくも四月十二日はたきの命日である。三歳九カ月の周三の手をひいて柄崎病院にやって来たイネが、「この子の名前をたきとしてはどうか」と提案したのであろうか、女児はたきと命名された。

高子はたきを連れて長崎の実家に帰った。長男初を零歳児で死なせていることもあり、イネのもとでたきの育児をしようとしたのであろう。

明治十七年四月十二日、たきは無事に生後一年を迎えた。四月二十一日、山脇泰介が高子に宛てた手紙に、「其地の都合次第にて母上様始周三殿者御導道被成候様　母上様江申伝被下候（そちらの都合にもよりますが、お母様と周三殿を同行されますよう、お母様にお伝えください）」とある。泰介は、イネと周三も柄崎で一緒に暮らそうと勧めている。しかし、イネは周三とともに長崎にとどまった。

この頃の撮影と思われるが、イネ、

イネ家族写真（シーボルト記念館保管）

佐賀県杵島郡柄崎
柄崎は現在の武雄市で、美人の湯として有名な温泉地。豊臣秀吉、伊達政宗、宮本武蔵が入湯したといわれ、シーボルトも入湯している。高子も温泉を楽しんだかもしれない。

高子、周三、たきが長崎の上野彦馬写真館で撮った家族写真がある。画面右にイネが椅子にかけており、あどけない孫のたきを膝の上に抱いている。後ろに高子が立っているが、非常に窶《やつ》れて見える。左に椅子が置かれ、坊主頭の周三が座っている。

この年、産婆営業に免許が義務化され、十一月二十日、イネは「産婆免許鑑札願」を長崎県令に提出した。添付された履歴明細書には、弘化二年（一八四五）から明治六年（一八七三）までの二十八年間の医学的経歴が記されている。これまで、何度も引用してきたが、楠本イネの生涯を知る上で重要な史料である。以下はその全文。

履歴明細書

長崎縣長崎区銅座町五十五番戸
楠　本　イ　ネ
齢五十七年七ケ月

一弘化二年二月ヨリ嘉永四年九月マデ都合六年八ケ月備前岡山下ノ町医師石井宗軒ニ従ヒ産科医師修業仕候。
一嘉永四年十月ヨリ安政元年九月マデ満三ケ年当区磨屋町寄留医師阿部魯庵ニ従ヒ前同断。
一安政元年十一月ヨリ伊予国宇和島医師二宮如山ノ門ニ入産科修業中同五年該人当区ニ罷越寄留仕候ニ付私儀モ一同帰郷、文久元年十月マデ都合七ケ年修業仕候。

一安政六年以来明治二年マデ都合拾壱ケ年当港出嶋在留ノ和蘭人ドクトル＝ポンペ氏及ビ同ドクトル＝ボードエン氏、同ドクトル＝マンス氏に引続キ随従産科医術修業仕候。

一明治三年二月ヨリ同十年二月マデ都合八ケ年東京府京橋区築地壱番地ニ於テ産科医開業罷在候。

一明治六年七月権典侍葉室光子殿御妊娠ノ節別紙写ノ通宮内省御用掛拝命仕候。

一明治六年九月廿九日宮内省ニ於テ若様御降誕ノ節格別骨折候旨ヲ以金百円下シ賜候。

右之通相違無之候也。

明治十七年十一月廿日

楠本イネ ㊞

吉雄圭斎の「保証書」も添付されている。吉雄圭斎、その父吉雄幸載、いずれもシーボルトの門人である。

保証書

一別紙銅座町楠本イ子履歴之内安政六年ヨリ明治二年マテ之間和蘭人ドクトルポンペ、ボードヱン、マンス之三氏江随従シ産科医術修業候儀者拙者保証候也
明治十七年十一月

当区新町三番戸
正七位　吉雄　圭斎 ㊞

イネが産婆鑑札を取得したのは、産婆業を継続する上で必要に迫られたからである。この年、初めて医術開業検定試験に女子が受験することが認められたが、イネは試験を受けていない。五十八歳という年齢や、時代後れになった自分の医学では試験に耐えられないと判断した、などといった通説がある。実際は、医術開業試験は新たに開業を志す者を対象としていたのでイネは受験する必要がなかった。経験豊富なイネは産婆だけでなく、町医者としての軽易な医療行為をしていたかもしれない。この検定試験に荻野吟子★が合格し、翌年、開業して日本初の女医として話題になる。荻野吟子は国家試験に合格した女医第一号ではあるが、以前から日本に女医はいたのであって、イネもその一人である。

ところで、鈴村譲は村田峰次郎『大村益次郎先生事蹟』に収録されている談話（対談）で、「伊篤は女医者でございましたから、産婆をやつて居りまして、江戸《(ママ)》に参りました後も、始終産婆をして居りました。私共の方の屋敷の子供らは、大抵伊篤が取り上げたものです。今でも始終往來しておりますから、尚近日伊篤に面會致し御紹介を致しませう」と語っている。

旧宇和島藩士の鈴村が伊達家今戸邸を「私共の方の屋敷」と表現したのであれば、楠本イネは今戸邸で出産があ

明治19年頃の楠本イネ（大洲市立博物館蔵）

荻野吟子

嘉永４年生まれ、大正２年没。吟子は女医を志すが、開業試験は女性に門戸を閉ざしていた。吟子の窮状に同情して政府に運動した一人が高島嘉右衛門である。

ると、その助産をしていたことになる。

村田峰次郎がこの談話を聴取した時日は不詳であるが、談話の中に「それが今の櫻組といふ靴の製造會社で」という一節がある。合資会社櫻組が設立されたのは明治十七年である。鈴村は明治十七年（月日不詳）から明治十九年十一月まで太政官修史館（国史編纂所）の職員として東京にいた。村田峰次郎が談話を聴取したのは明治十八年か十九年であろう。この頃、村田は太政官御用掛（官報編集）を経て、衆議院に勤務していた。

気になるのは、鈴村が「（イネと）今でも始終往來しておりますから、尚近日伊篤に面會致し御紹介を致しませう」と語っていることである。明治十八年から十九年にかけて、イネは東京で産婆をしていたことになる。この二年間はイネに関する史料がなく、空白期間であるから、まったくあり得ない話ではない。

山脇泰介の急逝

明治十八年六月十一日、アレクサンダー・フォン・シーボルトが久々に鳴滝を訪ねた。鳴滝邸は明治七年の台風で大破し、荒廃した庭園にはわずかに見覚えのある樹木を数えるばかりだった。このとき、アレックスがイネと旧交を温め、高子も懐かしい「アレク叔父」と再会したかどうか、定かではない。

明治十九年、高子は四度目の妊娠をした。泰介とは三度目である。高子は多産系で、三瀬諸淵との間に子に恵まれなかったのは諸淵に原因があったと考えるほかない。

幸福は長くは続かない。高子の人生は過酷である、山脇泰介は夏の終わり頃、体調を崩した。古巣の長崎病院に入院し、九月二十九日、三十五歳で没した★。死因はコレラという。悲しみもさることながら、イネと高子は運命を呪ったかもしれない。

身重の高子は娘たきを連れ、三年ばかり過ごした柄崎を離れ、長崎の実家（銅座町五十五番戸）に戻った。

明治二十年二月十四日、三十五歳の高子は泰介の忘れ形見を出産した。生まれたのは女児で、種（たね、多祢）と命名された。イネ、高子、周三、たき、種の一家五人の暮らしが始まる。

男爵アレクサンダー・フォン・シーボルトは、明治政府の外交官として欧州と日本を忙しく往来していた。この年の三月、離日直前のアレクサンダーがイネに手紙を書き送っている。「お高様御出京ニ候ハ、小生方狭キ長屋モ有之候間当分御住居被成候テモ宜敷御都合次第可被成下候（お高様が上京されるのであれば、私の持家には狭いながら長屋もありますので、当座の御住居になさってもよく、御都合しだいでそうしてください）」

ハインリヒもオーストリア＝ハンガリー二重帝国大使館に勤めるかたわら、日本文化や考古学の研究に没頭していた。この時期、アレクサンダーとハインリヒは、イネと高子にとって最も頼りになる親戚である。イネは長崎を引き払って東京に出ることを考えるようになる。

明治二十一年のイネについては史料がない。

35歳で没
長崎の大音寺に葬られ、明治21年、長與專齋と吉田健康の撰文が刻まれた「山脇泰介氏記念碑」が建てられた。長與專齋は適塾に学んだ医師で、明治政府の官僚。吉田健康は不詳。

コラム

新富座

明治十九年五月十日から六月二十五日まで、東京の新富座で河竹黙阿弥の新作歌舞伎「夢物語《ゆめものがたり》盧《ろ》生容画《せいのすがたえ》」が上演された。

自由民権運動が高まる中、渡辺崋山と高野長英は自由民権思想の先駆者とされ、明治十七年、民権運動家藤田茂吉が著書『文明東漸史』で蛮社の獄を描いた。長英と崋山は広く注目を集め、これを芝居にしようとする動きが出てきた。新富座の座長守田勘弥もその一人である。

芝居は、長英が投獄される場面から始まり、火事に乗じて脱獄し、逃亡生活の末に幕吏と闘って短刀で喉を突くまでが描かれている。長英（と崋山の母）を左團次、崋山（と輪法寺の僧愛善、町方尾村藤太夫）を市川團十郎、小関三英を市川海老蔵、鳥居要（耀）蔵（と荒川段斎実は大槻俊斎）を市川段右衛門が演じた。

崋山役の團十郎が舞台で実際に絵を描く、左團次の長英が捕らえられる場面で土砂降りの本雨が横ざまに降る、柳が本物そっくりに風になびくといった趣向が尾ひれをつけて吹聴され、大入り満員になり、三十三日興行を四十二日興行に延長することになった。十三歳のときにこの芝居を観た岡本綺堂は、「土間も高土間も桟敷も、人を以て真っ黒に埋められている大入りの盛況に、わたしは少し呆気に取られた位であった」と回想している。

この興行は千秋楽まで三日ばかり残して打ち切りとなった。抗議があったからである。内務省三等技師後藤新平は長英と祖先を同じくし、長英とは十七親等の関係にあたる。後藤新平は、長英が娼妓から施しを受ける場面、盗みを働く場面が事実に反し、長英の名誉を毀損するとして警視庁に公演中止を勧告するよう求めた。

後藤新平は後年、宇和島を二度訪ねている。一度目は鉄道院総裁として明治四十一年十一月、四国の鉄道視察の途次、来宇した。二度目は大正十四年十一月、日本ボーイスカウト連盟総裁として、連盟理事長の二荒《ふたら》芳徳伯爵とともに来宇した。二荒芳徳は宇和島藩九代藩主伊達宗徳の九男で、二荒伯爵家に養子に迎えられた。

このとき、後藤新平は酒問屋久都《くっ》直太郎に招かれ、久都邸を訪ねた。久都邸は長英の五岳堂があった旧桜田別荘である。後藤新平は旧五岳堂跡に佇んで深く感銘し、「瑞皐《ずいこう》高野長英先生居住之地」と書を揮毫した。昭和十二年、久都直太郎は後藤の書を碑石に刻み、裏面に郷土史家兵頭賢一の撰文を添え、久都邸玄関前に設置（現存する）した。

公演に抗議したのは後藤新平だけではない。仙台藩儒者大槻磐渓《ばんけい》の二男大槻如電《じょでん》も、高野の遺族の許可を得ずして上演するのはもってのほかと抗議した。守田勘弥は大槻の抗議を謝ってすませ、警視庁の中止勧告に対してはのらりくらりと時間稼ぎの戦術に出た。豪胆な守田勘弥に比べ、河竹黙阿弥は小心者だったらしく、一日も早く打ち切りにしてほしいと守田に懇願し、中止にいたった。大当たりを取りながら、この芝居がその後再演されなかったのもこの理由による（同工異曲の芝居が以後も上演され、明治三十二年八月に明治座で「新狂言　高野長英記」が上演されているのはその一例である）。

この芝居を伊達宗城が観ている。宗城は芝居見物を好み、名だたる歌舞伎役者が今戸屋敷を訪ねることもあった。宗城は興味津々で観劇したにちがいない。

六月七日朝七時、宗城は愛妾和と十二女の泰八歳、供の者四人を伴い、人力車をつらねて今戸邸を出た。宗城には二十五人の子があった。泰の生母和は宗城の三十四歳年下で、側室栄浦亡き後、宗城お気に入りの側妾であった。

その観劇スタイルは、早朝に家を出て、まずは新富座に隣接する茶屋で朝食、午前の部を観て昼食、午後の部を観て夕食、夜の部を観て夜食というものであった。西洋式に夜公演を始めたのは新富座が初めてである。宗城は芝居がはねた後、茶屋で食事をし、その席に役者を呼んで歓談することもあった。宗城は、三十八年前に大坂屋敷で長英と密談したときのことを語って聞かせたかもしれない。観劇後、夜の十一時に帰宅している。

「新富座」三代目歌川広重画

明治15、16年頃の新富座

ハインリヒ・シーボルトは大の歌舞伎好きで、守田勘弥とも親しく、明治十二年二月三日、新富座の柿落《こけら》しには大使館の仲間とともにご贔屓幕を贈っている。ハインリヒが新富座で伊達宗城と顔を合わせたかどうかは定かではない。

残月

明治二十二年五月一日から三日にかけて、宇和島で伊達春山公百歳長寿の祝賀行事があり、天赦園での園遊会、提灯行列、稚児行列、花火大会、闘牛大会などが開催された。この祝賀行事に出席するため、伊達宗徳が三月二十八日に、伊達宗城が四月二十三日に東京を汽船で出発した。

四月二十四日、神戸港に到着した宗城は、「長崎いとくと岸江出ル」と日記に書いている。「長崎いとく」はイネである。「岸江」は宗城の愛妾栄浦《しげうら》のおばで、上級奥女中であったが、明治二年、栄浦死去によって栄浦の奥御殿が解体され、解雇された。

かつての伊達家奥女中が、今戸屋敷の宗城を訪ねることがあった。くみという者が訪ねて来たとき、「むかしハ随分美しき様存候処、大違のば、(老婆)」になっていたので驚いた、などと宗城は日記に書いている。

イネは岸江と交流があったようで、イネと岸江は二人で宗城に面会したのである。翌二十五日も、「岸江いとく出ルほとなくいとく下ル」とある。イネと岸江は宗城と面談し、まもなくイネは退出する。明治二十二年になってもイネと伊達家の関係は継続しているのである。

イネはこの宗城との再会を高子に手紙で知らせている。長崎を出たイネは三通の電報を高子に打電し、手紙を書き送った。電報と手紙は伝来しないが、高子の返信がシーボルト記念館に所蔵されている。著者は織田毅館長に依頼し、読み下し文にしてもらったが、そのままでは読みづらいので、以下、現代文にする。

三度の電報、そして神戸からの詳しいお便り、たしかに届き、うれしく読みました。お母上様には船旅も滞りなく到着されたとのこと、何よりめでたく、安心いたしました。私もこどもたちも皆々無事に暮らしていますので、決してご心配なさらないでください。

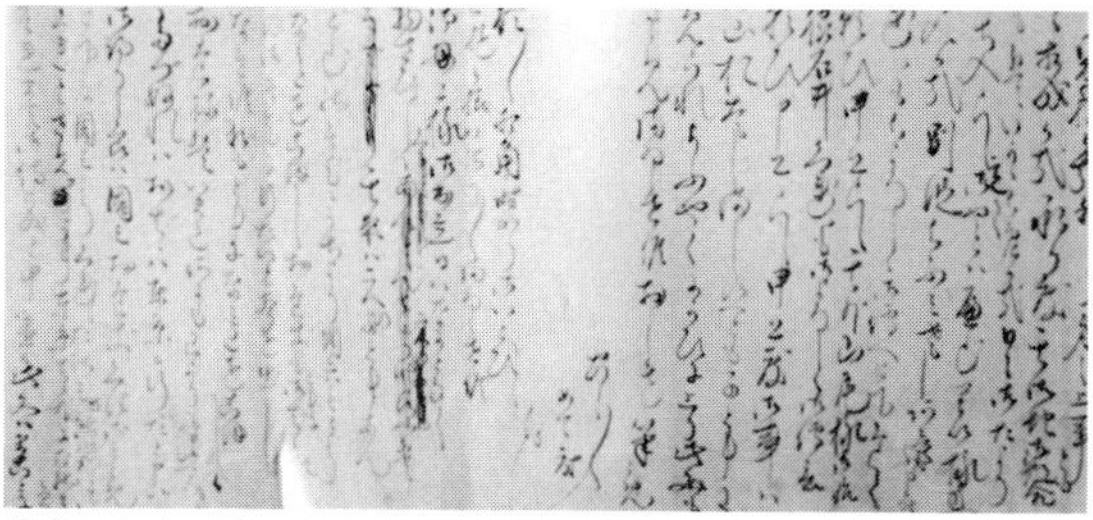

楠本イネ宛て高子書状（シーボルト記念館蔵）

さて、このたび春山様が無事百歳になられたお祝いにあたり、今戸様（宗城）が御国入りになる途次、神戸で思いがけなくも今戸様にお目通りなさったそうで、ありがたいことなどをお知らせいただき、まことにありがたく、私もうれしく存じております。

二十日頃まで東京でお待ちになられるご都合とか、いずれも承知しました。逗留中、なにとぞ召し上がるものにお気を付け、一日も長く元気でいてくださるよう、かげながら、そればかり念じています。

皆々無事でいることを一筆お知らせしようと思っていたのですが、おゆきさん、こども、いずれもまことに手がかかり、少しの暇もありません。今日までお便りも差し上げられなかったことをお許しください。こどもを連れて銭湯に参るだけで、むかいありよしにも今日まで参っていません。

家のことはよく気を付けて守りますので、どうかご安心ください。吉田おとら様はしだいにお病気も全快されたそうで、お残しになったかすていらをおゆきに持たせ、私はいずれそのうちにお見舞に伺うと伝言し、都合のよい日に参上するつもりです。

お母上様は山脇、石井、山尾様などにもお会いになられると思います。山脇様のご両親など、ご機嫌よくされておりますでしょうか。私どもの身の上がどうなることか承りたく、御地のご都合もいかがなのか、お便りをお待ち申しております。

さだめてお母上様は、へんりい（ハインリヒ）様方に寄宿されると存じますが、へんりい様には特に手紙も差し上げていないので、くれぐれも宜しくお伝えください。そのほか、山尾様をはじめ、山脇、石井様にも宜しくお伝えください。申し上げたいことは海山あるのですが、こどもに責めたてられ、ようやく二階に上り、この手紙をしたためております。

あらあら　めでたく　かしく

なおなお、時節向き、御いといあそばされますよう。（八字翻読不能）お母上様がご出立された日は、なんとなく物寂しく、その夜は二人のこどもは行灯のそばに寄り、周三は涙をこぼし、おたきもおばば様のおそばに行きたいと言い、おたねはまだ何もわからないとはいえ、訊ねると、おばば様は東京に行ったと申します。

お帰りの節は、周三とおたきに靴を買ってくださるよう、周三からくれぐれも頼まれています。長崎で買ってくれとせがまれるのですが、東京のおばば様に頼むから、それまで待てと言っております。この文はまことに急いでしたためましたので、決して人にはお見せにならないようお願いします。
大乱筆おゆるし　かしく
四月三十日　たか
御母上様
御もとへ

文中の「むかいありよし」と「吉田おとら様」は不詳。「(宗城と)神戸で思いがけなくもお目通りなさったそうで、ありがたいことなどをお知らせいただき、私もうれしく存じております」とあるから、宗城はイネを歓待したのであろう。

また、文中のおゆきさんは、若い、あまり気のきかない家政婦であろうか。高子は子育てに忙殺され、銭湯に出かけるほかは外出もままならない。周三、たき、たねが、おばば様(イネ)がいなくなって寂しがっているようすは微笑ましい。大急ぎで書いた手紙なので人には見せないでほしい、という一文に高子の性格の一端が窺える。なお、この長い手紙には追伸があるが、省略する。

手紙の宛先は「東京赤坂葵町三番地　墺国公使館内　楠本おいね様」である。イネはオーストリア公使館のハインリヒ邸に逗留している。この手紙からイネの上京の目的が明確にわかる。イネは東京移住について山脇家、石井家、山尾家、ハインリヒ家と相談するために上京したのである。このときイネは六十一歳、東京移住は大英断である。

それはさて、イネは土産の靴を買っただろうか。買ったとすれば、それは合資会社櫻組の靴だったろうか。

長崎に帰ったイネは、十歳の周三を連れて上京し、麻布区我善坊町に寄留する。イネは銅座町の家の売却を知人の安達常吉に頼んでいたが、七月二十七日、四七〇円で売れたとの連絡があった。イネは東京に永住する覚悟である。イネは周三を東京で学ばせ、医師に育てようと考えたのであろう。我善坊町にしばらく寄留したイネと周三は、赤坂大和邸三番墺国公使館ハインリヒ・シーボルト方に移った。

十一月二十四日、日本一の長寿大名伊達宗紀（春山）が紀寿（百歳）をもって長逝した。

明治二十三年のイネについては史料がない。

明治二十四年五月、「麻布仲ノ町六番地」の男爵★ハインリヒの自邸にイネと周三は移転した。まもなく、高子が長女たきと二女種を連れて上京し、同居した。イネはかねて高子一家も東京に移住させる考えであり、その環境が整ったので呼び寄せたのである。

三十九歳の高子は箏曲中心の生活を送り、周三（十二歳）、たき（八歳）、種（四歳）の養育には主として六十四歳のイネがあたったと思われる。

八月十八日、イネは高子に宛てて遺言状を書いた。

私儀もしもの事御座候節者　金子壱銭たりともむたな事に御つかひなされぬ

男爵
ハインリヒはこの年の３月３日、オーストリアの男爵となり、爵位記をウィーンで交付された。

よふたのミのこしおき　しせんの事御座候時者　たゝたゝないく〳〵やき長崎のこふたい時に御送り下され度候　それも御ついて御座候時にてよろしく御座候　これたけくれ〳〵たのミ中候　また私のとふくなれ者たのものすきにとりはからいなさるへし　これたけちょとかきのこしおき候

明治廿四年八月十八日書おく

楠本い祢　㊞

おたかとの

現代文にしておく。

「私の身にもしものことがあれば、お金は一銭たりとも無駄遣いなさらぬようお願いしておきます。死んだときは、内々で火葬し、長崎の晧臺寺に納骨してください。それも、ついでのときでよろしいです。これだけはくれぐれもお願いします。私の死後は、遺品などはお好きなようにしてください。このことだけ、ちょっと書き残しておきます」

イネが死ぬのは十二年後であるから、遺言状作成は早過ぎるようにも思われる。この頃、健康不安を自覚する何かがあったのかもしれない。冒頭、倹約についてきびしい調子で書いてあるが、イネがある程度の資産を持っており、高子に浪費癖があったことが類推される。

明治二十五年五月二十日、イネ、高子、周三、たき、種は麻布仲ノ町十一番地に新たにハインリヒが建てた家屋に移った。種は後年、「バロン（男爵）・ヘンリー・シーボルトの建てました麻布仲之町の洋式の家」に移り住んだと回想している。

十二月二十日、伊達宗城が七十四歳で病没した。イネと高子は今戸屋敷を弔問しただろうか。箏曲の奥義をきわめた高子は、イネの三絃との合奏で、地歌箏曲「残月」をしばしば演奏した。「残月」は亡き人への哀悼を表現した追善曲である。

磯部の松に葉隠れて　沖の方へと入る月の
光や夢の世を早う　覚めて真如の明らけき
月の都に住むやらん　今はつてだに朧夜の
月日ばかりはめぐりきて

イネは七十六歳、高子は八十六歳まで生きる。見送った人も数多く、感慨をこめて演奏したことであろう。イネの没後、イネの命日には高子の三絃と二女種の箏で「残月」を合奏し、イネを偲んだという。

晩年と死

明治二十六年、二十七年のイネについての史料はない。

明治二十八年五月十八日、イネは周三とともに「麻布飯倉片町三十二番地」に転居し、高子、たき、種も同居した。転居の理由は不明であるが、ハインリヒは五月、上海のオーストリア＝ハンガリー帝国総領事館に領事代理として赴任したので、この関係があったのかもしれない。

八月五日、第六代駐日英国公使アーネスト・サトウは、

「何人かの人々を答礼のため訪問する。その中の一人は宇和島の伊達宗陳《むねのぶ》で、英語を話す。その令妹は北白川宮妃殿下であり、その夫人は久留米藩有馬家の出で、夫人の令妹は小松宮妃殿下である。もう一人は男爵伊達宗敦である。伊達宗城の令息であり、その夫人は私の古い知己の松根三楽と妻のお豊さん―すばらしい女性だった―の令嬢である」

と日記に記している。伊達宗陳は伊達家十代当主で、かつてサトウが軍艦アーガス号で宇和島を訪問した際、船着場でサトウを迎えた伊達宗徳の嫡男萬壽若である。松根三楽は図書であり、「すばらしい女性のお豊さん」は妻トモ、令嬢は萬喜子である。三十年後もサトウは伊達家の人びとと親しく交流しているが、イネとサトウとの交流があったかどうか、不明である。

明治二十九年二月十七日、アレクサンダーとハインリヒの肝煎りでシーボルト生誕百年祭が上野精養軒で開催された。エルヴィン・ベルツ博士が記念講演をし、イネと高子は来賓として出席した。日本のシーボルト研究書の嚆矢《こうし》である呉秀三の『シーボルト先生』(二一〇頁の冊子)が、出席者に配布された。生誕百年祭は横浜でも開催された。

五月十九日、ハインリヒがアーネスト・サトウを訪ね、兄アレックスがシーボルトのことを書いた小冊子『フィリップ・フランツ・フォン・シーボルトの生涯と活動より』を贈呈した。

明治三十年、三十一年、三十二年のイネ関する史料は見当たらない。この頃であろうか、イネに手を引かれて三田の福澤邸をしばしば訪ねた、と種が回想している。福澤家との親密な関係が続いてい

る。また、種が「おばば様の顔は異人みたい」と口を滑らせると、イネが「私には大和魂がある」と血相を変えたという。

明治三十三年十月十六日、七十三歳のイネは鳴滝の土地家屋を周三の名義にし、高子への財産譲渡状を作成した。

明治三十四年一月十六日、イネは隠居届を出し、周三が楠本家の家督を継承した。二月三日、福澤諭吉が死んだ。

明治三十五年のイネについての史料はない。

イネは明治二十二年以後、麻布界隈を四回も転居している。この理由は不明で、特段の理由はないのかもしれないが、周三と関係があるかもしれない。周三の獨逸学協会学校中等部（獨協中学）への入学は十八歳で、一般的には十二、三歳である。周三の学業が順調に進まなかったのは、病気がちであったか、あるいは混血児差別の影響があったと考えられなくもない。なお、獨協中学の創設者の一人が山脇玄である。周三の獨協中学進学は山脇玄の縁故によるものであろう。

明治33年５月、楠本イネ73歳の写真（シーボルト記念館蔵）

明治三十六年八月二十六日午後八時過ぎ、イネは七六年の生涯を閉じた。高子は「母イネハ鰻ヲタベ、ソレデマタ、水瓜ヲタベマシテ、食アタリヲ致シマシテ、ソレガ死因トナリ」と語り、米山種は「私の十六の秋、心臓麻痺で他界されました」と述べている。

翌年、イネの遺志を継いだ周三は、二十五歳で慈恵医大に入学した。卒業後、周三は医師生活およそ十年で急逝する。シーボルトのＤＮＡを継ぐイネと高子の不撓不屈の人生はもちろんであるが、周三の短い生涯にも著者は感慨を禁じ得ない。

福井英俊の論文『楠本・米山家★資料にみる楠本いねの足跡』（鳴滝紀要別冊）は、わずか一八頁の小冊子であるが、一級史料だけを引用して楠本イネの足跡をたどっている。

同論文の「いねの出生と戸籍謄本」によれば、明治三十三年及び三十七年の戸籍謄本には「父亡楠本新兵衛　母不詳　文政十年五月六日生　本籍地長崎市銅座町五十五番戸」と記されている。楠本新兵衛の死亡年月日は明治二年四月十二日となっている。これは楠本たきの死亡年月日である。

イネは父の名をシーボルトと届けず、楠本新兵衛と届け、その死亡年月日を母たきの死亡年月日にしている。楠本新兵衛は存在しない架空の人物である。これはどういうことか。

福井は「当時の日本にあって、混血児に対する差別の問題と無関係ではなかった」としている。楠本イネは差別について語っていないが、日頃から日本人に見られるように努めていた。混血児であることの辛さは骨身にしみていたであろう。

イネが戸籍謄本に「母不詳」としているのはたきが遊女であったから、と著者は第一章に書いた。擱筆するにあたり、その考えは変わらない。しかしイネは、母を不詳としながら、架空の父楠本新兵衛の死亡年月日をたきの死亡年月日としている。母たきを追慕するイネは、母の命日だけは戸籍に残したのである。

米山家
米山家は二女種の嫁ぎ先。

コラム

楠本イネゆかりの地

長崎市

鳴滝塾舎跡にシーボルト記念館がある。シーボルト、たき、イネ、高子などに関する貴重な資料が展示されている。同館はシーボルトとその周辺に関する調査研究を進め、特別展を随時開催し、平成三年以後は毎年『鳴滝紀要』を刊行するほか、関連図書を刊行している。

岡山市

下之町商店会事務所の壁に「オランダおいね医術修業の地」という案内板がある。ここは石井宗謙の医院跡地である。平成十六年四月、オランダ通り商店街振興組合が設立され、「オランダおいね」を地域振興に活用している。また、岡山日蘭協会を設立してオランダとの友好を深めている。

愛媛県西予市

二宮敬作邸跡に「女医イネ発祥の地」の案内板がある。宇和文化会館のロビーには、楠本イネと二宮敬作の胸像がある。宇和先哲記念館には、シーボルトから二宮敬作に贈られた拡大鏡やギヤマンの洋杯、イネが所有していた梅の木を蒔絵にした印籠、高子が長井音次郎に宛てた書簡などが展示されている。西予市は二宮敬作と楠本イネの顕彰に積極的で、オランダ及びドイツとの国際友好関係を結んでいる。

愛媛県大洲市

大洲市立博物館に、三瀬諸淵が撮影あるいは所有していた多数の写真、諸淵の甥三瀬彦之進が収集した多数の資料が所蔵されている。シーボルトから諸淵に贈られた洋杖や拡大鏡、シーボルトの処方箋、諸淵が獄中で詠んだ和歌、高子のデスマスクなども展示されている。

愛媛県宇和島市

東京で開業したイネは、「お国はどちらですか」と訊かれると「伊予の宇和島です」と答えたという。しかし、宇和島市はイネ、高子、諸淵の顕彰には無関心で、見るべきものはない。

東京都

築地のあかつき公園にシーボルトの胸像があり、説明板にイネについての言及がある。新宿区河田町の東京女子医科大学に楠本イネの胸像がある。上野恩賜公園に医師ボードインの胸像「ボードワン博士像」がある。

楠本イネ没後史

矢田挿雲の憂鬱——没後史の序に代えて

矢田挿雲は金沢生まれ、小説家としての代表作は『太閤記』で、俳人としては正岡子規最後の門人である。挿雲は、大正九年から報知新聞に連載した歴史読物『江戸から東京へ』に、シーボルト事件とシーボルトの子孫について書いた。

大正十一年に書籍化すると、矢田に知人から手紙が届いた。「石井研堂、石井梅太郎、山脇タカ子の三人兄妹が、シーボルトの血を伝える孫である」と書かれているが、「石井研堂氏はシーボルトおよび長崎とは何の関係もないのではないか」という指摘である。

三人のうちシーボルトの孫は高子だけであるから、挿雲の記述はずいぶんいい加減である。それはともかく、石井研堂は福島県二本松生まれ、少年雑誌の編集、執筆を経て、明治文化及び錦絵の研究家である。矢田挿雲は、石井研堂が石井謙道（信義）と同一人物であると誤認し、迂闊にも、存命している石井研堂本人に確認しないまま執筆したのである。読者の注意を受けた矢田挿雲はさだめし憂鬱で、シーボルトについて書くのではなかった、と思ったかもしれない。挿雲は重い腰をあげて追跡調査を始める。

　挿雲はその調査結果を、「江戸から東京へ」に「シーボルトの血筋」と題して掲載した。挿雲はあれこれと言い訳をしている。「外人の血を、混えた人々のことを、当人または縁戚の人の口から聞くことが、妙に私を遠慮がましくさせた」とし、生来の「ものぐさ」が最大の理由であるとしている。

　この時期、三瀬諸淵没後の高子が片桐重明と再婚したという巷説があり、シーボルトの孫娘高子が片桐重明夫人であると思い込んでいる挿雲は、まずは駿河台の片桐邸を訪問した。取次の人に名刺を渡して来意を告げると、夫人は数年前に亡くなっているという。そして意外にも、片桐重明は「会いたくない」という。挿雲が取次を通じてタカ子夫人について問うと、「この人に訊いてほしい」と、華族の医学博士を紹介された。「外人の血統に関することだから」答えにくい事情があるのだろう、と思いながら挿雲は辞去する。

　片桐重明に取材を試みたのは矢田挿雲だけかもしれない。わかったことと言えば、駿河台で医院を経営している片桐重明が妻に先立たれていること、そして片桐が挿雲の取材を拒否し、高子との関係について口を閉ざしたということだけである。

　挿雲は紹介された華族の医学博士を訪ねるでもなく、山脇夫人高子が片桐に再嫁したのだろうか、高子と片桐夫人は別人なのか、それとも姉妹なのか……あれこれ考えをめぐらせたあげく、泰介の兄山脇玄に高子について手紙で質問する。その返事は、

「小生舎弟の妻タカは、シーボルトの孫と聞きおよびおり、片桐氏に嫁したるも、何かの理由で離婚となり、その間に一男ありたるも、金沢《ママ》病院勤務中病死し、今は孤独の身となりて、カツカツ生活

致しおり候。その他の委細は承知せず候」というものであった。山脇玄は「弟泰介の妻であった高子はシーボルトの孫娘で、片桐と結婚して一男をもうけたが、何かの理由で離婚し、一男（楠本周三）は病死した」と答え、「委細は承知せず候」と口を濁している。

するうちに、吉野作造から挿雲に手紙が届く。シーボルトの子孫や石井家について詳しく知りたいので調べてほしい、という。少年時代から仰ぎ見る存在であった大思想家吉野作造の手紙に、通俗作家矢田挿雲は恐懼《きょうく》する。

そこへ、石井研堂本人から手紙が届いた。冒頭に「矢田挿雲兄足下、過日胃腸病院の南博士より、貴著のシーボルト事件を告げられ、貴著を読んではじめて予にシーボルトの孫たる栄誉を与へられたる御芳情を知り候」とあり、研堂は諧謔《かいぎゃく》な調子で自分はシーボルトと無関係であると語る。

挿雲はますます憂鬱であるが、石井宗謙、石井謙道（信義）とその子らについて調査し、宗謙の二男石井梅太郎が五稜郭で戦死したと書いている。また、石井宗謙の弟真吾に一男二女があり、二男道京が家を継ぎ、道京の子石井柳太郎が神田小川町で医院を開業していると記している。

高子との直接面談を決意した挿雲が再び山脇玄に訊ねたところ、赤坂見附にほど近い高子の住所を知らされた。

数え年七十二歳の高子と面談した挿雲は、「どこを探しても、欧州人の血の痕跡を認めることはできなかつた」「純粋の日本人であつた」と記している。

高子は長崎弁で訥々と語った。母がイネで、父が石井宗謙であること、三瀬諸淵との結婚と諸淵の急逝、山脇泰介との再婚と泰介の急逝、長女タキは日本新聞の記者神谷卓雄と結婚し、大正七年二月に病死、二女タネ子は鉄道省官吏米山恒章に嫁いで数名の子がいる、楠本家を継いだ長男周三は舞鶴病院勤務中に病死、未亡人が遺児周篤と長崎鳴滝に住んでいる……。

「我が国におけるシーボルトの血は、末広がりにひろがつて、恐らく永久に絶ゆることはあるまい」と挿雲は書いている。

高子は片桐との関係についてはぐらかしたのであろう、挿雲はなお釈然としないままであったが、「それは解し得ぬ謎であるけれども、私はもはや強いてその謎を解く必要もなし、また興味もない」と記している。挿雲は周三の出生の秘密にあと一歩というところまで肉迫したが、追跡調査に倦み果て、調査から撤退したのである。

高子は以下のようなことも挿雲に語った。

再来日したシーボルトを、高子は祖母園木（其扇）に手を引かれてしばしば訪ねたが、娘イネの苦難の人生を知るたきは「新たな生命を作り出すことを、気疎く覚えて、夜はかならず帰つて来た」という。当時、五十三歳のたきに新たな生命を作り出すことができたただろうか？　現実味に欠ける話である。

シーボルトが三瀬諸淵を帯同して江戸に出府し、諸淵が幕府によって監禁され、シーボルトが悄然と長崎へ帰って来ると、イネは恐ろしい剣幕で、

「お父ウさん、大事な婿ドンを、どうしました。さあ返してください」

と迫って、シーボルトの胸を叩いた。シーボルトはおどおどして、

「私、少しも知りません」

と、とぼけるほかなかった。

高子は未来の夫の災厄を憂いたが、目の前でイネに責められて困っているお祖父さんに同情した。……事実、こういうことはあったであろう。

高子について挿雲はこう書いている。

「数々の不運の末に、今では琴屋の二階を間借りして、毎日琴の出教授をし、帰れば自炊をして、余命を継いでいる。これにはいろいろと、事情もあることであろうが、七十二歳で、自活独居せる人の淋しさと哀れさを、私はしみじみ思わずにいられなかった」

二人の夫に先立たれ、長男周三と長女たきにも先立たれた高子は、この頃、赤坂の琴販売店に間借りする独居老人だったのである。

挿雲は、米山種が高子の一周忌（昭和十四年七月十六日）に刊行した追悼文集に、「夏頭巾その俤のとこしへに」という追悼句を寄せている。季語の「夏頭巾」からして、挿雲が高子を訪問したのは大正十二年の盛夏と考えられる。

まもなく九月一日、関東大震災。地盤の脆弱な赤坂あたりの被害は大きく、高子は九死に一生を得たのであろう。東京で箏曲教授を続けられる状況ではなくなり、高子は鳴滝の楠本周三未亡人千恵子宅に身を寄せる。

十一月十三日、古賀十二郎が楠本千恵子宅で高子から談話を聴く。高子は「片桐重明に神戸港で船中強姦されて妊娠、周三を生んだ」と告白をする。いかなる理由で、高子が虚偽の告白をしたかは謎である。

楠本イネ没後史年表（年齢は満年齢）

明治三十七年	一九〇四年	楠本周三が東京慈恵医院医学専門学校に入学。このとき二十五歳で、遅い入学である。慈恵医大に進学したのは、福澤諭吉の勧めがあったと諸書にあるが、イネと親密だった石神良策の弟子高木兼寛が慈恵医大の創設者であるから、この関係があったと考えられる。
明治四十一年	一九〇八年	八月十一日、ハインリヒが南チロルのフロイデンシュタイン城で親友ベルツ博士の治療の甲斐なく病没。五十六歳。
明治四十三年	一九一〇年	八月、アレクサンダーの明治政府勤続四〇周年の祝宴に高子が出席。この年（?-）、周三が高木兼寛の斡旋で舞鶴海軍工廠職工共済会病院に勤務する。
明治四十四年	一九一一年	一月二十三日、アレクサンダーがイタリアのジェノバ郊外ペリで客死。六十五歳。
大正七年	一九一八年	高子の長女たき没。たきは新聞「日本」の記者神谷卓雄に嫁ぎ、一女を生したという。高子は「（たきは）三十九か四十歳の頃、死にました。気が狂いまして、東京の山脇には色々と世話になりました」と語り、米山種は高子追善文に「長患の揚句亡くなり」と書いている。山脇玄は男爵・貴族院議員・法学博士。妻の山脇ふさ（房子）は山脇学園創始者。高子の二女種は山脇家で花嫁修業をし、鉄道省役人米山恒章に嫁ぎ、五人の子に恵まれる。
大正九年	一九二〇年	二月二十九日、舞鶴海軍工廠職工共済会病院に十年来勤務していた楠本周三が妻千恵子、息子周篤、娘日出子を残して四十一歳で病没。千恵子は亡夫周三の鳴滝の家に帰った。高子はこの頃（?-）、嫩葉高等女学校、山脇高等女学校で箏曲指導をする。
大正十二年	一九二三年	夏、矢田挿雲が高子を訪ねて談話を聴く。 九月一日、関東大震災。高子は被災地東京を離れ、長崎鳴滝の楠本千恵子宅に同居する。

		十一月十三日、古賀十二郎が、楠本千恵子宅にて高子から談話（イネ・高子強姦秘話）を聴く。 この年、楠本家伝来シーボルト遺品が長崎県立長崎図書館に寄贈される。
大正十三年	**一九二四年**	**四月二十七日**、シーボルト渡来百年記念祭が鳴滝塾跡地の長崎中学校校庭で開催され、シーボルト胸像の除幕式があった。高子が主賓として招かれる。記念論文集が刊行され、巻末に高子の談話を収録。 古賀十二郎が、再び高子から談話を聴く。
大正十五年	**一九二六年**	呉秀三『シーボルト先生　其生涯及功業』が吐鳳堂書店から刊行される。『シーボルト先生』（明治二十九年刊行）に大幅に加筆し、写真・図版を掲載し、新たに資料編を追加した一五三二頁の大著である。
昭和三年	**一九二八年**	**十月**、大阪阿倍野の三瀬諸淵の墓を郷里大洲の大禅寺に移す。墓の近くに頌徳碑が建てられた。同月、長井石峰（音次郎）『蘭學大家三瀬諸淵先生』（不偏閣）刊行。大洲市（当時は大洲町）の地方出版である。 楠本千恵子が東京に移転（高子もか）。周篤は慈恵医大を卒業後、医師となり、日出子は慈恵医大出の長尾貞一と結婚。
昭和七年	**一九三二年**	高子が二女種の夫米山恒章宅（高田馬場?）に同居する。
昭和九年	**一九三四年**	**一月**、長井音次郎『愛媛縣先哲偉人叢書2　二宮敬作・三瀬諸淵』（愛媛縣教育會）が刊行される。
昭和十年	**一九三五年**	**春**、長井音次郎が「高田馬場に僑居」する高子を訪ね、半日、談話を聴取する。 **四月二十日〜二十九日**、東京科學博物館で「シーボルト資料展覧会」（主催：日獨文化協會・日本醫史學會・東京科學博物館）が開催される。 **五月八日**、帝国ホテルで「シーボルトを偲ぶ夕べ」開催。高子と米山種が来賓として招かれ、高子は弟子とともに山田流箏曲「新晒」を演奏。長井音次郎も出席。 **五月十七日**、高子が明治神宮内殿の参拝を許される。 **六月**、ヨーロッパにおけるシーボルトの唯一の孫であるアレクサンデル・フォン・ブランデンシュタイン・

		ツェッペリン伯爵から、高子に書簡（五月十三日付）が届く。高子がツェッペリン伯爵に送った書簡及び箏曲演奏姿の写真に対する返事である。 **十二月十六日**、台東区東上野の源空寺に高橋景保の頌徳碑が建てられる。徳富蘇峰の「為天下先」の揮毫が刻まれ、裏面にはシーボルト『日本』の一節が刻まれた。高橋景保の子孫はなく、高子が頌徳碑の除幕をした。 この年、長井音次郎が質問し、高子が答える書簡の往復があった。
昭和十一年	**一九三六年**	前進座が藤森成吉の戯曲「シーボルト夜話」を村山知義の演出で上演。**一月**に名古屋と神戸、**三月**に大阪、**五月**の東京公演に高子が招待された。 **四月二十四日**から**五月四日**まで、築地小劇場で貴司山治の「洋學年代記」が佐々木孝丸演出で上演。
昭和十二年	**一九三七年**	『三瀬諸淵先生遺品・文献目録』（松山高等商業學校商事調査會）刊行。大洲に残る三瀬諸淵の遺品や蔵書、関連資料等を列記にしたもので、調査及び執筆にあたったのは住谷悦治。吉野作造門下の住谷は、同志社大学経済学部教授であったが、治安維持法違反の疑いで検挙され、昭和十二年四月、松山高等商業学校の校長田中忠夫が英断して住谷を教授に迎えた。松山高等商業学校はのちの松山商科大学、現在の松山大学。住谷は執筆時、松山高等商業学校教授。 この年、住谷は上京して高子と面談している。
昭和十三年	**一九三八年**	**七月十八日**、世田谷区経堂の米山宅で高子没。八十六歳。 **八月**、『婦人之友』に羽仁説子の「シーボルトの娘たち」の連載が始まる。説子は母もと子が創設した自由学園を卒業後、もと子が創刊した『婦人之友』の編集者となった。説子は小田急沿線経堂の米山家に住む高子を訪ね、取材する。高子は写真帳、文書類、遺品などを取り出し、シーボルト、たき、イネ、自身のことを熱心に語った。午後早々に米山邸を訪ねた羽仁が経堂駅に戻ったのは夜九時を過ぎていた。その後、高子から、言い残したこと、念を押したいことなどが書簡で寄せられたが、まもなく高子は死去する。羽仁説子はうちのめされるが、気を取り直して『婦人之友』に連載を始めた。戯曲とも小説ともつかぬ形式で書かれ、創作部分も多く、いわば通俗読物であるが、たき、イネ、高子を紹介した画期的な作品

		ではある。九月、長井石峯（音次郎）が「シーボルトの孫高子逝く」を執筆し、翌年『伊予史談97号』に掲載。
昭和十四年	一九三九年	七月十八日、高子の一周忌に米山種が編集した『故山脇多賀子に寄壽留』が刊行。多くの人の追悼文、追善詩、追善歌、追善句などを収録している。 長井音次郎「シーボルト御國開きし勲は君の姿に光り照り添ふ」 伊達圖書館長兵頭賢一「脊のきみと御墓ならへて仰かるゝなかきえにしを偲ふ今日かな」
昭和十六年	一九四一年	長井音次郎『愛媛先賢叢書3　二宮敬作傳』（大政翼賛會愛媛縣支部）刊行。
昭和十七年	一九四二年	藤森成吉が三瀬諸淵の半生を描いた長篇小説『若き洋學者』（日新書院）を刊行。藤森は『蘭學大家三瀬淵先生』及び『愛媛縣先哲偉人叢書2　二宮敬作　三瀬諸淵』を参考にし、大洲の三瀬彦之進翁（諸淵の甥）と郷土史家近藤佶、米山種から資料を提供され、科学雑誌「科學ペン」（三省堂）に一年半連載したのち、単行本となった。 この年、住谷悦治『愛媛先賢叢書5　三瀬諸淵傳』（大政翼賛會愛媛縣支部）刊行。
昭和三十一年	一九五六年	米山種がシーボルト遺品を長崎市に寄贈。
昭和三十九年	一九六四年	十一月二十六日、楠本千恵子没。八十歳。
昭和四十年	一九六五年	五月二日から十九日まで、前進座が「第一部あぢさい伝綺、シーボルト夜話　第二部ああ三十年」を創立三五周年記念としてよみうりホール（有楽町）で上演。演出・美術／村山知義、音楽／團伊玖磨。
昭和四十一年	一九六六年	シーボルト没後百年記念式典及び記念資料展が長崎で開催。
昭和四十三年	一九六八年	古賀十二郎の大著『丸山遊女と唐紅毛人　前編・後編』（長崎文献社）刊行。後編に「付録二　ドクトル・

		フォン・シーボルトと遊女其扇　附混血児お稲さん」が収録されている。付録とはいえ、全七六六頁のうち二二六頁を占め、充実した内容である。古賀没後一四年を経ての刊行であるが、実際の執筆時期はイネ及び高子の存命中である。古賀は「一家の私事に亘ることが多いから、本書に於いては、記述を或程度に止め、それより以上は悉く省略した」と書いている。おもわせぶりな、いささか謎めいた一文であるが、高子から聴取した強姦秘話（筆録「山脇タカ子談話資料」）を割愛したことにほかならない。イネが履いていた足袋は鯨尺長さ七寸（二六・五センチ）幅二寸七分（一〇センチ）などという興味深い記述もある。
昭和四十四年	一九六九年	**十月**、朝日新聞に司馬遼太郎「花神」の連載始まる。
昭和四十五年	一九七〇年	**三月から九月**まで、ＴＢＳテレビドラマ「オランダおいね」が放映される。イネを丘みつ子、たきを馬淵晴子、シーボルトを藤原義江、高野長英を北村和夫、二宮敬作を久米明、石井宗謙を安部徹が演じた。
昭和五十年	一九七五年	**六月三日から二十五日**まで、前進座が「揺籃の歌　おいねと二宮敬作」を東横劇場（渋谷）で上演。津上忠／作・演出、高瀬精一郎／構成、西川鯉三郎／作舞。イネを客演の有馬稲子が、二宮敬作を中村翫右衛門が演じた。公演パンフレットに羽仁説子が「誇るべき女性」という一文を寄せている。 この年、サンデー毎日に吉村昭「ふぉん・しいほるとの娘」の連載始まる。
昭和五十二年	一九七七年	ＮＨＫ大河ドラマ「花神」放送。村田蔵六を中村梅之助、イネを浅丘ルリ子、高子を竹井みどり、二宮敬作を大滝秀治、石井宗謙を小松方正、大野昌三郎を北見治一、伊達宗城を大木実、松根図書を庄司永建、嘉蔵を愛川欽也が演じた。
昭和五十五年	一九八〇年	**二月**、吉村昭が「洋方女医楠本イネと娘高子」（『歴史と人物』）に石井宗謙のイネ船中強姦、片桐重明の高子船中強姦を記述。以後。通説化する。
昭和五十七年	一九八二年	**七月十四日**、楠本周篤没。六十八歳。

平成四年	一九九二年	三月十九日、米山種没。一〇五歳。
平成十二年	二〇〇〇年	四月二十三日、NHKテレビドラマ「おいね ～父の名はシーボルト～」放送。脚本市川森一。イネを宮沢りえ、たきを樋口可南子、石井宗謙を奥田瑛二が演じた。
平成十六年	二〇〇四年	十月十六日、ヴュルツブルク市誕生千三百年記念としてマインフランケン劇場で、みかん一座（松山市）のミュージカル「シーボルトの娘　イネ」上演。
平成二十二年	二〇一二年	四月から翌年三月まで、坊ちゃん劇場（愛媛県東温市）でミュージカル「幕末ガール　ドクトル☆おイネ物語」が上演される。作・作詞・演出横内謙介。ポスター・チラシ原画松本零士。
平成二十九年	二〇一七年	十一月十九日、RSK山陽放送が市民ミュージカル「オランダおイネ　あじさい物語」を岡山シンフォニーホールで上演。

楠本周篤、長尾貞一と慈恵医大の同窓生であった中村善紀という人がいて、著書『刀圭史話』（私家版）にシーボルトの日本の子孫についての記述があるという。著者は平成二十八年九月下旬、『刀圭史話』を閲覧するため、西新橋の慈恵医大図書館を訪ねた。ところが、一般人の入館は禁止とのことで、閲覧を拒絶された。季節外れの猛暑の中、汗だくになって新橋駅に向かう途中、「私はもはや強いてその謎を解く必要もなし、また興味もない」という矢田挿雲の言葉を憶い出した。イネ没後史は如上にとどめる。

参考図書・文献

呉秀三『シーボルト先生　其生涯及功業』（吐鳳堂書店　一八九六年刊）
『シーボルト先生渡来百年記念論文集』（非売品　一九二四年刊）
『シーボルト資料展覧会出品目録』（非売品　一九三五年刊）
古賀十二郎『丸山遊女と唐紅毛人』（長崎文献社　一九六八年刊）
矢田插雲「シーボルトの血筋」（『江戸から東京へ』第三巻所収　再建社　一九五三年刊）
板沢武雄『シーボルト』人物叢書　新装版（吉川弘文館　一九八八年刊）
平松勘治『長崎遊学者事典』（溪水社　一九九九年刊）
佐賀朝・吉田伸之編『シリーズ遊郭社会1　三都と地方都市』（吉川弘文館　二〇一三年刊）
松井洋子『ケンペルとシーボルト――「鎖国」日本を語った異国人たち』（山川出版社　二〇一〇年刊）
宮坂正英『シーボルトの雑記帳』（シーボルト宅跡保存基金管理委員会　二〇一二年刊）
石山禎一・宮崎克則『シーボルト年表――生涯とその業績』（八坂書房　二〇一四年刊）
石山禎一・牧幸一訳『シーボルト日記――再来日時の幕末見聞記』（八坂書房　二〇〇五年刊）
石山禎一編著『シーボルトの生涯をめぐる人びと』（長崎文献社　二〇一三年刊）
秦新二『文政十二年のスパイ合戦――検証謎のシーボルト事件（文藝春秋社　一九九二年刊）
海老原温子・宮崎克則「創られた『シーボルト事件』」（『西南学院大学　国際文化論集』第25巻第1号　二〇一一年刊）
片桐一男『シーボルト事件で罰せられた三通詞』（勉誠出版　二〇一七年刊）
渡辺京二『逝きし世の面影』（平凡社　二〇〇五年刊）
福井英俊『楠本・米山家資料にみる楠本いねの足跡』（『鳴滝紀要　創刊号』シーボルト記念館編　一九九一年刊）
図録「楠本いねとその時代――資料に見る生涯と功績」（シーボルト記念館　二〇一四年発行）

織田毅「幕末維新期における楠本いね」（『鳴滝紀要　第25号』シーボルト記念館編　二〇一五年刊）
織田毅「明治期における楠本いね」（『鳴滝紀要　第26号』シーボルト記念館編　二〇一六年刊）
太田妙子「楠本イネと石神良策の交友――海軍軍医の祖と女性医師の魁」（『鳴滝紀要　第26号』）
関口忠志ほか編「二〇〇七年度　洋学史学会大会シンポジウム　ハインリッヒ・フォン・シーボルト没後一〇〇年」（『洋学　第17号』二〇〇八年刊）
『WHO IS HEINRICH SIEBOLD』（日本シーボルト協会　二〇一一年刊）
鶴見俊輔『高野長英』（朝日選書　一九八五年刊）
図録『高野長英記念館展示録』（水沢市立高野長英記念館　一九八七年発行）
村田峰次郎『大村益次郎先生事蹟　復刻版』（マツノ書店　二〇〇一年刊）
大村益次郎先生伝記刊行会編『大村益次郎』（肇書房　一九四四年）
内田伸『大村益次郎文書』（マツノ書店　一九七七年刊）
絲屋寿雄『大村益次郎――幕末維新の兵制改革』（中公新書　一九七一年刊）
山本栄一郎『大村益次郎――幕末維新の仕事師「村田蔵六」』（大村益次郎没後一五〇年記念事業実行委員会　二〇一六年刊）
植村澄三郎編『呑象高嶋嘉右衛門翁傳』（復刻版　大空社　一九九八年刊）
愛媛教育協會北宇和部會編『北宇和郡誌』（関和洋紙店印刷部　一九一七年刊）
長井石峰『蘭學大家三瀬諸淵先生』（不偏閣　一九二八年刊）
長井石峰「シーボルトの孫高子逝く」（伊予史談　第97号　一九三八年）
米山種編輯・発行『故山脇多賀子に寄壽留』（非売品　一九三九年刊）
住谷悦治編『三瀬諸淵先生遺品・文献目録』（松山高等商業學校商事調査會　一九三七年刊）
長井音次郎『愛媛縣先哲偉人叢書第二巻　二宮敬作・三瀬諸淵』（愛媛縣教育會　一九三三年）

長井音次郎『愛媛先賢叢書第三巻　二宮敬作傳』（大政翼賛會愛媛縣支部　一九三五年刊）
住谷悦治『愛媛先賢叢書第五巻　三瀬諸淵傳』（大政翼賛會愛媛縣支部　一九三九年刊）
愛媛教育委員会『愛媛の先覚者第2　武田成章　三瀬周三　前原巧山』（愛媛県文化財保護協会　一九六五年刊）
三好昌文「三瀬周三考」（『鳴滝紀要　第8号』シーボルト記念館編　一九九八年刊）
図録『伊予の蘭学　近代科学の夜明け』（愛媛県歴史文化博物館　一九九七年発行）
図録『三瀬諸淵　シーボルト最後の門人』（愛媛県歴史文化博物館　二〇一三年発行）
井上淳「宇和島藩における洋学者の系譜――二宮敬作、楠本イネ、三瀬諸淵」（『洋学　第22号』二〇一四年刊）
築澤慧『郷土の蘭医石井宗謙の足跡をたどる』（落合町教育委員会　一九九二年刊）
今泉みね『名ごりの夢――蘭医桂川家に生れて』（平凡社東洋文庫　一九六三年刊）
山口常助『大野昌三郎のこと』（宇和島市立図書館　一九七〇年刊）
兵頭賢一『造船史上に於ける前原巧山翁の功績』（宇和島市立図書館　一九五八年刊）
三好昌文・蔦優・松岡明宏編『前原巧山一代噺』（佐川印刷株式会社　一九九七年刊）
三好昌文『宇和島藩の儒学と洋学』（佐川印刷株式会社　二〇〇一年刊）
三好昌文『幕末期宇和島藩の動向――伊達宗城を中心に』（佐川印刷株式会社　二〇〇一年刊）
三好昌文・蔦優・松岡明宏編『松根図書関係文書』（佐川印刷株式会社　一九九九年刊）
清水英ほか編『宇和島藩医学史』（宇和島市医師会　一九九八年刊）
本田南城『南宇和郷土史と人々』（青葉図書　一九九五年刊）
兵頭賢一著・伊達文化保存会監修・近藤俊文校注『伊達宗紀公傳』（創泉堂出版　二〇〇四年刊）
兵頭賢一著・伊達文化保存会監修・近藤俊文校注『伊達宗城公傳』（創泉堂出版　二〇〇五年刊）
山口美和「伊達宗城の家庭生活――正室猶姫を中心に」（宇和島歴史講座資料　二〇一二年発行）
山口美和「伊達宗城をめぐる女たち――義妹お節とお正を中心に」（宇和島歴史講座資料　二〇一四年発行）

山口美和「伊達宗城の家庭生活——愛妾栄を中心に」（『霊山歴史館紀要　第20号』　二〇一一年刊）
山口美和「伊達宗城の家庭生活——愛妾和を中心に」（『霊山歴史館紀要　第21号』　二〇一三年刊）
『幕末維新を駆け抜けた英国人医師——甦る「ウィリアム・ウィリス文書」』（創泉堂出版　二〇〇三年刊）
近藤俊文『慶応二年の英国公使ハリー・パークス卿と英国艦隊宇和島来航——その歴史的再評価』（宇和島歴史文化研究会　二〇一六年刊）
アーネスト・サトウ『一外交官の見た明治維新上・下』（岩波文庫　一九六〇年刊）
萩原延壽『遠い崖——アーネスト・サトウ日記抄』（朝日新聞社　一九八〇年刊）
アーネスト・サトウ著・長岡祥三訳『アーネスト・サトウ公使日記Ⅰ』（新人物往来社　一九八九年刊）
黒岩比佐子『歴史のかげにグルメあり』（文春新書　二〇〇八年刊）
高沢博「連載　Anecdota——隠れた史実」（国立病院機構千葉医療センターニュース）
「原病學各論——亜爾蔑聯斯の講義録　第四〇編」（新渡戸文化短期大学学術雑誌第2号　二〇一二年刊）
小野田孝義「緑陰随想　シーボルトの末裔は慈恵の出身」（慈大新聞　第512号　一九九七年刊）
松田誠『かつて慈恵に在学した興味ある人物　その一　シーボルトの曾孫楠本周三』（東京慈恵会医科大学　一九九一年刊）
●本文中に紹介・言及した文献・論文・図書で、ここに掲出していないものがある。

協力（史・資料提供、質問回答、調査支援等）
シーボルト記念館・織田毅／大洲市立博物館・山田広志／宇和先哲記念館・堀内八重／（公財）宇和島伊達文化保存会・伊達宗信／零時社・松本零士・板橋克巳・田島加代子／楠本貞夫／関口忠志／柿澤章子／井上淳／近藤俊文／山口美和／高沢博／岡本京子（順不同、敬称略）

あとがき

楠本イネは、「シーボルトの娘」「近代医学のあけぼのを生き抜いた『混血』の女医」「偏見に耐えつつ誇り高く生きた美貌の女医」などといった通俗なイメージが先行し、ともすれば興味本位に捉えられ、実証的な研究がおろそかにされてきました。

また、研究しようにも、イネは日記・身辺雑記・回想録などを残さず、書簡もごくわずかしか伝来しません。楠本イネほどの人物でありながら、楠本イネの生涯は不明なことばかりで、それゆえに本格的な伝記が書かれなかったのです。

それにしても、イネに関する史料はあまりにも貧寒とし、イネは歴史の彼方に影絵のように茫漠としています。父シーボルト、母たき、娘高子、高子の夫三瀬諸淵（周三）、高子の異母兄石井信義など近親者は当然のこと、二宮敬作、伊達宗城、大野昌三郎、大村益次郎、前原喜市といった周辺人物に紙幅を費やしたのはゆえないことではありません。周辺人物は楠本イネを映す鏡で、鏡に映ったイネはその素顔の片鱗を見せているのです。

著者は通説・誤説・伝承等と史実を闡明《せんめい》し、良質の史料のほぼすべてを小著に収録しました。これには、熱心な学究による近年の精度の高い研究成果に負うところが大きく、記して感謝を申し上げます。また、著者の幼稚で不躾な質問に回答を賜った各位にも、この場を借りてお礼を申し上げます。

なお、山口美和（元宇和島市立伊達博物館学芸員）さんには、伊達宗城と宗徳の厖大な日記からイネと高子に関する記述を探索していただきました。断片ながら、貴重な新史料です。

硯学近藤俊文先生には多くのご教示を賜りました。わけても、シーボルトの日本におけるもう一人の娘である楠本松江の妊娠堕胎事件についての情報は非常に衝撃的でした。

さらに、田島加代子さんの御支援により、シーボルト直系子孫の楠本貞夫氏から未公開資料を提供され、高子の婚外子楠本周三の出生の秘密の一端を知ることができました。著者の想像を絶する驚愕の新事実です。イネは後世に向けて都合の悪い事実を隠蔽した形跡があり、晩年の高子は取材に対して虚言を弄しています。この家族史の改竄はけだし当然の行為で、そこにシーボルトの後胤《こういん》としての矜持があったのは疑問の余地がありません。

とはいえ著者は、高子の知られざる暗部にふれたことに後ろめたい気分があり、楠本貞夫氏に原稿の該当部分を読んでいただきました。その結果、

「いままで私が知り得なかったおイネと高子の陰の部分を垣間見たことは、子孫としては少々複雑な気持ちではありますが、逆に人間らしさを見たようで何故か感動すら感じました。また、祖父楠本周三の出生に関してのご推察には、私の中での謎の部分が少し晴れたような気がいたしました」

という感想、そればかりか望外の励ましの言葉を頂戴しました。ここに著者は、あえて意を強くして小著を上梓するしだいです。

ブラームスがアガーテ・フォン・シーボルトの思い出に寄せた「弦楽六重奏曲第二番」を聴きながら

二〇一七年十月二十日

宇神幸男（うがみ・ゆきお）
昭和二十七年（一九五二）愛媛県宇和島市生まれ。
『神宿る手』『ヴァルハラ城の悪魔』（講談社）、『水のゆくえ』（角川書店）、『シリーズ藩物語 宇和島藩』、『シリーズ藩物語 伊予吉田藩』（現代書館）などの著書がある。

幕末《ばくまつ》の女医《じょい》 楠本《くすもと》イネ
――シーボルトの娘《むすめ》と家族《かぞく》の肖像《しょうぞう》

二〇一八年三月十日 第一版第一刷発行

著　者　宇神幸男
発行者　菊地泰博
発行所　株式会社現代書館
東京都千代田区飯田橋三―二―五
郵便番号　102-0072
電　話　03（3221）1321
F A X　03（3262）5906
振　替　00120-3-83725
組　版　デザイン・編集室エディット
印刷所　平河工業社（本文）
東光印刷所（カバー）
製本所　積信堂
装　幀　奥冨佳津枝

校正協力／高梨恵一

ISBN978-4-7684-5824-2
定価はカバーに表示してあります。乱丁・落丁本はおとりかえいたします。
http://www.gendaishokan.co.jp/

活字で利用できない方のための
テキストデータ請求券
『幕末の女医 楠本イネ』